Giordano Bruno

Romanica et Comparatistica

Sprach- und literaturwissenschaftliche Studien
Band 20

Herausgegeben von
Richard Baum und Willi Hirdt

Willi Hirdt (Hrsg.)

Giordano Bruno

Tragik eines Unzeitgemäßen

Stauffenburg
verlag

Die Deutsche Bibliothek – CIP-Einheitsaufnahme

Giordano Bruno : Tragik eines Unzeitgemäßen / Willi Hirdt (Hrsg.). –
Tübingen : Stauffenburg-Verl., 1993
  (Romanica et comparatistica ; Bd. 20)
  ISBN 3-923721-70-6
NE: Hirdt, Willi [Hrsg.]; GT

© 1993 · Stauffenburg Verlag Brigitte Narr GmbH
Postfach 25 67 · D-72015 Tübingen

Das Werk einschließlich aller seiner Teile ist urheberrechtlich geschützt. Jede Verwertung außerhalb der engen Grenzen des Urheberrechtsgesetzes ist ohne Zustimmung des Verlages unzulässig und strafbar. Das gilt insbesondere für Vervielfältigungen, Übersetzungen, Mikroverfilmungen und die Einspeicherung und Verarbeitung in elektronischen Systemen.
Gedruckt auf säurefreiem und alterungsbeständigem Werkdruckpapier.

Druck: Laupp & Göbel, Nehren
Verarbeitung: Geiger, Ammerbuch-Poltringen
Printed in Germany

ISSN 0940-3736
ISBN 3-923721-70-6

Für Marcello Guidi

Inhalt

Vorwort — IX

Richard Baum
Explorationen im Universum der Sprache. Der Fall Giordano Bruno — 1

Rita Sturlese
Giordano Brunos Gedächtniskunst und das Geheimnis der Schatten der Ideen — 69

Tilman Borsche
Denken in Bildern. *Phantasia* in der Erkenntnislehre des Giordano Bruno — 93

Christiane Schultz
Ein Philosoph im Theater: Anmerkungen zu Brunos Komödie *Il Candelaio* — 107

Rainer Lengeler
Zur Anwesenheit Giordano Brunos in *Love's Labour's Lost* — 137

Saverio Ricci
Die Rezeption Giordano Brunos in Frankreich und Deutschland von der zweiten Hälfte des 18. bis zu den Anfängen des 19. Jahrhunderts — 151

Josef Simon
Giordano Bruno im Spiegel des Deutschen Idealismus — 165

Maria Fancelli
Goethe und Giordano Bruno — 175

Willi Hirdt
Giordano Bruno im deutschsprachigen Drama — 187

Norbert Oellers
Bertolt Brecht und Giordano Bruno — 205

Vorwort

Giordano Bruno, seit jeher im Schatten des jüngeren, erfolgreicheren, glücklicheren Galileo Galilei stehend, ist seit geraumer Zeit Gegenstand eines spürbar verstärkten Interesses, das von denkwürdiger Aktualität zeugt. Der vorliegende Band vereinigt die Beiträge eines deutsch-italienischen Colloquiums über Giordano Bruno, welches am 4. Juni 1991 vom Bonner Romanischen Seminar in Zusammenarbeit mit der Kulturabteilung der Italienischen Botschaft an der Universität Bonn veranstaltet wurde. Der mit unterschiedlichen Ansätzen – philosophisch, sprachwissenschaftlich, rezeptionsgeschichtlich und literarkritisch – vorgenommene Versuch der Annäherung an einen so unorthodoxen und streitbaren Geist wie den Nolaner, einen – wie er sich selbst tituliert – „Akademiker keiner Akademie", der als Denker und Dichter mit seiner kosmozentrischen Betrachtungsweise das heute gültige Weltbild weitgehend antizipiert hat, konnte von vornherein nicht auf die Formulierung endgültiger Urteile oder umfassende Synthesen gerichtet sein. Zu einer solchen Synthese würde unabdingbar eine in allen Belangen zuverlässige Edition und die differenzierte Auswertung nicht nur des italienisch-, sondern auch des lateinischsprachigen Opus Brunos gehören. An beidem mangelt es bislang. Die Voraussetzungen für ein erfolgreiches Bemühen in diesem Sinne schafft derzeit mit staunenswerter Energie die Pisaner Bruno-Forscherin Rita Sturlese. Ihre *Bibliografia censimento e storia delle antiche stampe di Giordano Bruno* (Florenz 1987), mit dem geradezu detektivisch geführten Nachweis der europaweiten Verbreitung alter Bruno-Drucke ein grundlegender Beitrag zur Ideengeschichte der Neuzeit, sowie ihre wegweisende Ausgabe von *De umbris idearum* (Florenz 1991), dem ersten Band der in Pisa entstehenden historisch-kritischen Ausgabe der lateinischen Werke des italienischen Dichterphilosophen, stellen entscheidende Schritte auf dem schwierigen Weg moderner Renaissanceforschung dar, der faszinierenden Einheitsmetaphysik des Nolaners und seiner Lehre vom Zusammenwirken von Materie, Weltseele und universeller Vernunft auf wissenschaftlich gesicherter Textbasis näherzukommen.

Die Aktualität des Interesses an Giordano Bruno erstreckt sich über editorisch-interpretatorische Arbeiten hinaus zugleich auf die Erforschung der höchst komplexen Rezeption seines Werkes und Lebens, die in zahlreichen Konkretisationen eines offenbar unerschöpflich variablen Wechselspiels von objektiven Werkcharakteristika und subjektiven Wahrnehmungsmechanismen bisweilen seltsame Blüten getrieben hat. Die imposante Untersuchung von Saverio Ricci, *La fortuna del pensiero di Giordano Bruno 1600-1750* (Florenz 1990), setzt Maßstäbe für die zukünftige Forschung in diesem Bereich. Wenn Goethe die Werke Brunos als „Goldbergwerk großer Wahrheiten" veranschaulicht, aus denen er die „erhabensten" seiner Gedanken geschöpft habe, wenn Hegel „etwas Berauschendes in dem Ergreifen dieses (sc. Brunos) Bewußtseins" verspürt, so sind diese Aperçus nur besonders markante Äußerungen im langen Verlauf eines Rezeptionsvorgangs, der während sämtlicher Etappen im Zeichen der Inkommensurabilität des Italieners steht. Es ist eine Rezeption, die neben der philosophisch-wissenschaftlich-dichterischen Dimension des auf uns gekommenen Werkes in hohem Maß auch das persönliche Geschick seines Autors einbezieht. Die Tragik eines Unzeitgemäßen, der zum Märtyrer für ein unveräußerliches Ideal der Wahrheit wird, welches er jedwedem Seienden überordnet – „Über allen Dingen ist die Wahrheit. Denn sie ist die Einheit, welche alles beherrscht, und das höchste Gut, welches den Vorrang vor allen Dingen hat." –, stellt ein zeitloses Identifikationsmodell bereit, das offenbar zu stets neuer Auseinandersetzung reizt. Eugen Drewermanns fiktive Lebensbeichte *Giordano Bruno oder Der Spiegel des Unendlichen* (München, Kösel-Verlag 1992) oder das im Zusammenhang mit dem Bonner Colloquium uraufgeführte Stück *Giordano Bruno – Phönix aus unserer Asche* von Benjamin Kuras sind nur die jüngsten Hervorbringungen eines ungebrochenen Fortwirkens, dem man, ohne prophetische Gaben besitzen zu müssen, eine reiche Zukunft voraussagen darf.

Als Ausdruck aufrichtigen Dankes ist dieser Band Marcello Guidi gewidmet, dem zwischenzeitlich in seine Heimat zurückgekehrten Botschafter der Republik Italien in Bonn. Marcello Guidi hat nicht nur bereitwillig die Schirmherrschaft über das Bruno-Colloquium übernommen, dessen Akten hier vorgelegt werden, sondern ebenso engagiert wie effizient alle deutsch-italienischen Initiativen gefördert, die aus dem Bereich der Bonner Alma mater an ihn herangetragen wurden. In seine Amtszeit fielen die zahlreichen Vorbereitungsgespräche während der Planungsphase des Bonner Graduiertenkollegs „Die Renaissance in Italien und ihre europäische Rezeption: Kunst – Geschichte – Literatur", das erfreulicherweise nun die Zustimmung der Deutschen Forschungsgemeinschaft gefunden hat.

Ein besonderer Dank gilt Frau Dr. Birgit Tappert vom Romanischen Seminar der Universität Bonn, die die Entstehung des Bandes vom Beginn des Colloquiums bis zur Erstellung des druckfertigen Manuskripts mit ebenso großer Geduld wie Umsicht betreut hat.

Willi Hirdt   Bonn, im Juni 1993

Explorationen im Universum der Sprache
Der Fall Giordano Bruno

Richard Baum

1 *Modernität und Denkstil*

Am Dienstag, dem 26. Mai 1592, gibt Matteo d'Avanzo, seines Zeichens Hauptmann im Dienste des Rates der Zehn, vor dem Inquisitionsgericht zu Venedig die Ausführung eines als wichtig erachteten Auftrags zu Protokoll: „Sonnabend, 3 Uhr nachts, habe ich Giordano Bruno von Nola in Verhaft genommen, den ich antraf in einem Hause zu Sankt Samuel, in dem Herr Zuane Mocenigo wohnt. Ich habe ihn in das Gefängnis des heiligen Amtes überführen lassen, im Auftrag dieses heiligen Tribunals." – Seiner Freiheit beraubt wurde Giordano Bruno jedoch schon am Vortage, und zwar von der Persönlichkeit, von der er dies am allerwenigsten zu gewärtigen hatte, nämlich von seinem venezianischen Gastgeber, dem einem illustren Dogengeschlecht entstammenden, im Protokoll der Festnahme erwähnten Zuane Mocenigo.[1]

Der Betroffene selbst schildert in einiger Ausführlichkeit dem Inquisitionsgericht am Freitag, dem 29. Mai – dem ersten Tage der Vernehmung –, die dramatischen Ereignisse der Vorwoche und den Hergang der ungewöhnlichen Aktion. Dabei streifen einige Strahlen des im Falle Brunos höchst willkommenen Lichts Phasen der Vorgeschichte und erhellen auf diese Weise den Anlaß seines Aufenthaltes in der Lagunenstadt sowie den Grund seiner Präsenz in dem Hause des Stadtbezirks Sankt Samuel. Vermerkt sei hier sogleich, daß im Falle des aus Nola bei Neapel stammenden Philosophen Quellenmaterial besonderer Art zur Verfügung steht. Überliefert wurde Brunos Schilderung, wie der Text des zuvor zitierten Protokolls, in den erstmals während der Revolution von 1848/49 in den Archiven Venedigs zugänglich gewordenen Prozeßakten, die – außer den

---

1 Kuhlenbeck 1904-09, 6, 151 f. – Spampanato 1921, 687, *Documenti veneti*, V. – Die Quellentexte werden nach der Übersetzung von Kuhlenbeck zitiert. Unschärfen der Übersetzung oder Abweichungen Kuhlenbecks vom Quellentext werden, wo dies erforderlich erscheint, stillschweigend nach der Edition von Spampanato korrigiert. – Zum Folgenden s. u.a. Mercati (1942), Firpo (1948-49), Aquilecchia (1959), Lerner / Gosselin (1973) und Védrine (1976), ferner Berti (1868, 241 ff. u. 254 ff.; 1889, 271 ff. u. 286 ff.), Guzzo (1955, XXIX-XXXIX) und Ciliberto (1990, 259 ff.).

an biographischen Details reichen Mitschriften der langen Vernehmungstage – die aufschlußreichen Aussagen von vier Zeugen, mit denen der Philosoph als Autor, Gelehrter oder Ordensbruder in Berührung gekommen war, die von Mocenigo an den Inquisitor von Venedig gerichteten Anklage- und Bezichtigungsschreiben und die damit in Zusammenhang stehenden Schriftstücke sowie schließlich die Dokumente, die um die von Rom initiierte Auslieferungsverhandlung kreisen, umfassen. Dieses und anderes Archivmaterial, das 1868 und 1876 erstmals von Domenico Berti und 1921 zuletzt, durch Inedita ergänzt, zusammen mit weiteren Dokumenten und Zeugnissen von Vincenzo Spampanato veröffentlicht wurde, bildet die Quellen, aus denen das Wissen über das Leben und Wirken Giordano Brunos primär gespeist wird.[2] Daher: zurück zu diesen Quellen!

Am ersten Tage seiner Vernehmung schildert Bruno also das ihm Widerfahrene und eröffnet damit zugleich seine Aussagen vor dem Inquisitionstribunal, dem, in Präsenz des Apostolischen Nuntius, Giovan Gabriele da Saluzzo vorstand: „Als ich mich in Frankfurt befand, voriges Jahr, erhielt ich zwei Briefe von Herrn Giovanni Mocenigo, einem venetianischen Edelmann, in denen er mich einlud, nach Venedig zu kommen; er wünschte, wie er schrieb, Unterricht von mir in der Gedächtnis- und Erfindungskunst, versprach mich gut zu behandeln, ich würde mit ihm zufrieden sein. Und so bin ich, es werden jetzt 7 oder 8 Monate sein, hierhergekommen. Ich hatte ihm in verschiedenen Teilen der beiden Wissenschaften Unterricht erteilt, anfangs außerhalb seines Hauses und zuletzt in seinem eigenen Hause. Und nachdem es mir schien, daß ich meiner Pflicht genügt habe und er soviel gelernt habe, wie ich ihm schuldig war und für ihn genügte, beschloß ich nach Frankfurt zurückzukehren, um den Druck einiger meiner Werke zu besorgen und wollte vergangenen Donnerstag mich von ihm verabschieden, um abzureisen. Als er dies von mir vernahm, schien er zu bezweifeln, daß ich nach Frankfurt gehen wolle, behauptete vielmehr, ich wolle andern Personen in denselben Wissenschaften, die ich ihm gelehrt, und noch in anderem Unterricht erteilen, und wurde äußerst zudringlich, um mich festzuhalten, und als ich gleich-

---

[2] Kuhlenbecks Übersetzung der „Akten des Ketzerprozesses vor dem Inquisitionsgericht zu Venedig gegen Giordano Bruno" (1904-09, 6, 145-228) liegt die Edition von Berti (1868, 325-395, „Processo erettosi dal Tribunale dell'Inquisizione in Venezia contro Giordano Bruno"; vgl. Spampanato 1921, 669 ff.) zugrunde. Materialien aus römischen Archiven wurden unter dem Titel „Documenti inediti intorno alla prigionia di Giordano Bruno in Roma" (Berti 1876, 219-235; vgl. Spampanato 1921, 765 ff.) veröffentlicht. Eine systematisch zusammengestellte Sammlung von „documenti editi e inediti" begleitet die monumentale Monographie von Spampanato (1921, 599-846); sie ist im übrigen auch separat erschienen (Spampanato 1923).

wohl darauf bestand, abzureisen, begann er sich zum erstenmal zu beschweren, ich hätte ihm nicht alles gelehrt, was ich ihm versprochen hätte, und sogar mir zu drohen, wenn ich nicht gutwillig bleibe, werde er schon den Weg finden, mich festzuhalten. Und in der Nacht des darauf folgenden Tages, vom Freitag zum Sonnabend, da Herr Giovanni gesehen hatte, daß ich auf meinem Entschluß, abzureisen, bestand und daß ich bereits über meine Sachen Anordnungen getroffen und Auftrag erteilt hatte, meine Kleider nach Frankfurt aufzugeben, verlangte er, ich war schon zu Bett, unter dem Vorwand, er wolle mich sprechen, in meine Kammer eingelassen zu werden, und als er eintrat, folgte ihm einer seiner Diener mit Namen Bartolo nebst fünf oder sechs – wenn ich nicht irre, anderen, in denen ich Gondoliere zu erkennen glaubte von denen, die in der Nähe seines Hauses ihren Stand haben, und diese zwangen mich, das Bett zu verlassen und führten mich auf eine Bodenkammer und schlossen mich in dieser Bodenkammer ein. Herr Giovanni sagte dabei, wenn ich bleiben und ihm die Begriffe der Gedächtniskunst, der Redekunst und der Geometrie lehren wolle, wie er sie von Anfang an von mir gewünscht habe, wolle er mir die Freiheit wiedergeben, andernfalls werde die Sache einen schlimmen Ausgang für mich nehmen. – Und ich antwortete jedesmal, wenn er dies sagte, ich glaubte ihm genug gelehrt zu haben und mehr, als wozu ich verpflichtet sei, und verdiene es nicht, auf diese Weise behandelt zu werden. So ließ er mich in jener Kammer bis zum Ende des Tages, als ein Hauptmann erschien, begleitet von einigen mir unbekannten Leuten, der mich in den Keller des Hauses führen ließ, in ein unterirdisches Loch, wo man mich während der Nacht ließ, bis ein anderer Hauptmann mit seinen Leuten kam und mich in das Gefängnis des heiligen Amtes überführte, wohin ich glaube, auf Veranlassung des besagten Herrn Giovanni geführt zu sein, der aus Rache, aus dem Grunde, den ich schon genannt, gegen mich irgendeine Anzeige erstattet haben wird."[3]

Giovanni – venezianisch Zuane – Mocenigo verfaßte in der Tat ein Bruno in höchstem Maße belastendes Schreiben und richtete es an Giovan Gabriele da Saluzzo, den Inquisitor von Venedig. Es datiert vom Sonnabend, dem 23. Mai, dem auf die Nacht der Festsetzung folgenden Tage, und enthält all die belastenden Punkte, die den Verlauf des bis Ende Juli 1592 sich hinziehenden Verhörs bedingen und bestimmen sollten. „Ich, Zuan Mocenigo", so ist zu lesen, „denunziere Ihnen, hochwürdiger Vater, gezwungen von meinem Gewissen und auf Befehl meines Beichtvaters, daß ich den Giordano Bruno aus Nola bei verschiedenen Gelegenheiten, indem er sich mit mir in meinem Hause unterhielt, sagen hörte, es sei ein großer

---

3 Kuhlenbeck 1904-09, 6, 159 f. – Spampanato 1921, 694-696, *Doc. ven.*, VIII.

Blödsinn seitens der Katholiken, zu behaupten, das Brot verwandle sich in Fleisch; er sei ein Feind der Messe; ihm gefalle keine Religion; Christus sei ein Betrüger gewesen und habe, wenn er, um das Volk zu verführen, betrügerische Werke ausübte, leicht voraussagen können, daß man ihn hängen werde; es gebe nicht mehrere unterschiedliche Personen in Gott, das würde eine Unvollkommenheit in Gott sein; die Welt sei ewig und es gebe unzählige Welten, und Gott schaffe deren unaufhörlich unzählige, denn er behauptet, Gott wolle auch alles, was er kann; Christus habe nur scheinbare Wunder verrichtet und sei ein Magier gewesen ebenso wie die Apostel, und er selbst könne ebenso viele und größere Wunder verrichten; Christus habe gezeigt, daß er den Tod fürchtete und sei vor ihm geflohen, solange er konnte; es gebe keine Strafen für die Sünden, und die Seelen, die von der Natur geschaffen würden, wanderten von einem Tier zum anderen und entstünden, wie die niederen Tiere, aus der Verwesung, so entstünden auch die Menschen, so oft sie nach den Fluten ins Leben zurückkehrten. – Er bezeugte die Absicht, eine neue Sekte zu begründen unter dem Namen «neue Philosophie», er hat gesagt, die Jungfrau habe nicht gebären können, und unser katholischer Glaube sei voll von Lästerungen gegen die Majestät Gottes, man müsse den Brüdern die Lehrfähigkeit und überhaupt den Eintritt versagen, da sie die Welt verdummen und alle Esel seien, und unsere Ansichten seien die Ansichten von Eseln, wir hätten keinen Beweis, daß unser Glaube bei Gott verdienstlich sei; einem andern nicht zu tun, was man selber nicht wolle, daß uns getan werde, genüge um ehrlich zu leben, und er lache über andere Sünder, und er wundere sich, daß Gott so viele Ketzereien der Katholiken geduldig ansehe; er sagte, er hoffe die seherische Kunst zu erlangen und werde noch bewirken, daß ihm alle Welt nachlaufe; der heilige Thomas und alle Doktoren hätten nichts gewußt im Vergleich mit ihm, und er werde die ersten Theologen der Welt so verdutzen, daß sie ihm nicht antworten könnten."[4] – Doch nicht genug damit! Auf diese Anzeige, die im übrigen noch andere Punkte umfaßt, folgen weitere flammende Anklagen, die Mocenigo in seinen vom 25. und 29. Mai 1592 datierten Eingaben formuliert.

Das Vertrauen, das Bruno zu dem zehn Jahre jüngeren Mocenigo gefaßt hatte, wurde ihm zum Verhängnis. Als er sich überzeugt hatte, daß – wie

---

4 Kuhlenbeck 1904-09, 6, 146 f. – Spampanato 1921, 679 f., *Doc. ven.*, I; zu Giovanni Mocenigo s. 457 ff. u. *passim*, ferner Berti (1868, 405-407; 1889, 469-471). – Die Texte der Eingaben vom 25. und 29. Mai 1592 finden sich bei Kuhlenbeck (148-150 u. 162-164) und Spampanato (682-684 u. 685 f., *Doc. ven.*, II u. IV). Verwiesen sei in diesem Zusammenhang sodann auf Ciliberto (1990, 259-276, „Il ritorno in Italia e il processo"), der in seiner Bibliographie, unter der Rubrik „Vita" (288), weitere Literatur zum Ketzerprozeß verzeichnet.

im Falle der meisten Zeitgenossen – dogmatische Vorgaben und inveterierte Denktraditionen den geistigen Horizont des Venezianers begrenzten und dem Verständnis seiner Vorstellungswelt unüberwindliche Hindernisse entgegenstanden, und als er sich daraufhin anschickte, wieder seiner Wege zu gehen, war es bereits zu spät. Die von Wilhelm Dilthey geäußerte Vermutung, daß Mocenigo „ihn in das Netz der großen Spinne der Inquisition gelockt hatte", ist nicht ohne weiteres von der Hand zu weisen. Mocenigo selbst rechtfertigt seine Initiative in dem zweiten Schreiben an den Inquisitor mit den Worten: „und erst dadurch, daß ich so verfuhr, konnte ich mich seiner Person versichern, daß er nicht abreiste, ohne mir vorher wenigstens ein Wort zu sagen. In Wahrheit aber habe ich mir immer schon gelobt, ihn der Zensur des heiligen Amtes auszuliefern!" – „... intanto che mi ho promesso sempre di poterlo far capitare alla censura di questo Santo Offizio."[5]

Durch Mocenigo gelangte Bruno in die Gewalt der Inquisition; seine Freiheit – die körperliche wie die geistige – sollte er nie wiedererlangen. Neun Monate währte seine Haft im Kerker des Heiligen Offiziums zu Venedig, sieben Jahre, beginnend mit dem 27. Februar 1593, im Kerker des Heiligen Offiziums zu Rom. Er verließ diesen Ort nur, um verhört zu werden und um – am Morgen des 17. Februars 1600, im Alter von zweiundfünfzig Jahren – den Scheiterhaufen zu besteigen.

Für das, was Bruno mit seinem Werk und durch sein Wirken zu bewegen versuchte, hatten diejenigen Kreise, die es vermocht hätten, sich ihres eigenen Verstandes zu bedienen, kein Verständnis, und damit war sein Schicksal besiegelt. Seine Hinrichtung, wie Zeitzeugnissen zu entnehmen, in den Augen der sich zum katholischen Glauben bekennenden Welt ein Akt der Gerechtigkeit, ließ sich als Exempel deklarieren und in diesem Sinne als ein die Schaulust breitester Kreise stimulierendes, kathartischen Schauder und Schrecken einflößendes Spektakel inszenieren.

Einen Eindruck von der Atmosphäre, in der sich die Hinrichtung vollzog, vermittelt die Aufzeichnung eines römischen Chronisten, der im *Libro degli Avvisi* unter dem Eintrag „12 febbraio, sabato, 1600" in geradezu journalistisch anmutender Manier festhielt: „Heute hofften wir eine feierliche Hinrichtung zu sehen, und man weiß nicht, warum sie verschoben ist. Es handelt sich um einen Dominikaner aus Nola, einen sehr hartnäckigen Ketzer, der vergangenen Mittwoch im Palaste des Kardinals Madruccio abgeurteilt wurde als Vertreter verschiedener ungeheuerlicher Ansichten, bei denen er mit Hartnäckigkeit verblieb – und gleichwohl hört man, daß

---

5 Dilthey 1914, 311. – Kuhlenbeck 1904-06, 6, 150. – Spampanato 1921, 683 f., *Doc. ven.*, II.

jetzt noch täglich Theologen sich um seine Bekehrung bemühen! Dieser Bruder soll zwei Jahre lang in Genf gewesen sein, sich dann nach Toulouse begeben haben, um an der Universität zu lesen, danach nach Lyon und von dort nach England, wo übrigens seine Ansichten wenig gefallen haben sollen, und dann ging er nach Nürnberg, und als er von dort nach Italien kam, wurde er abgefaßt; und man sagt, daß er in Deutschland zu mehreren Malen mit dem Kardinal Bellarmin disputiert hat; und in Summa, wenn ihm der Herrgott nicht hilft, will er als verstockter Ketzer sterben und lebendig verbrannt werden."[6]

Und so nahm denn das Verhängnis seinen Lauf. „… Giordano Bruno da Nola, imputato non solo di heretico, ma anco di heresiarca, havendo composto diversi libri nei quali laudando assai la regina d'Inghilterra et altri principi heretici scriveva alcune cose concernenti il particular della religione che non convenivano sebene egli parlava filosoficamente…" Mit diesen Worten wird der ‚Fall' in dem vom 28. September 1592 datierten Protokoll des Auslieferungsbegehrens, das ein Gesandter der römischen Kurie dem Inquisitionstribunal zu Venedig vortrug, umrissen.[7] Da Bruno an dem, was er schrieb und dachte in den langen Jahren der Kerkerhaft beharrlich festhielt, wurde er zum aburteilbaren Ketzer und Häresiarchen und somit zu einem Fall für die Gerichtsbarkeit. Das gegen ihn verhängte Urteil wurde am Mittwoch, dem 8. Februar 1600, von Ludovico Madruzzo, dem Dekan der Kardinalskongregation, in dessen Residenz an der Piazza Navona verkündet. Es impliziert, den Kernsätzen zufolge, seine Ausstoßung aus Orden und Kirche, die Notifikation der Strafe und die Verbrennung und Indizierung seiner Schriften: „Dicemo, pronunziamo, sentenziamo e dichiaramo te fra Giordano Bruno predetto essere eretico impenitente, pertinace ed ostinato, e perciò essere incorso in tutte le censure ecclesiastiche e pene dalli sacri Canoni, leggi e costituzioni, cosí generali come particolari a tali eretici confessi, impenitenti, pertinaci ed ostinati imposte: e come tale te degradiamo verbalmente e dechiariamo dover essere degradato, sí come ordiniamo e comandiamo che sii attualmente degradato da tutti gli ordini ecclesiastici maggiori e minori, nelli quali sei costituito, secondo l'ordine de' sacri Canoni; e dover essere scacciato, sí come ti scacciamo dal foro nostro ecclesiastico e dalla nostra santa ed immaculata Chiesa, della cui misericordia ti sei reso indegno; e dover essere rilasciato alla Corte secolare, sí come ti rilasciamo alla Corte di Voi mons. Governatore di Roma qui presente per punirti delle debite pene, pregandolo però efficacemente che voglia mitigare il rigore delle

---

6 Kuhlenbeck 1904-09, 6 227 f. - Spampanato 1921, 784, *Documenti romani*, VIII.
7 Ranke 1854-57, 1, 493 f. - Spampanato 1921, 748, *Doc. ven.*, XIX; vgl. 669 f.

leggi circa la pena della tua persona che sia senza pericolo di morte o mutilazione di membro. – Di piú condanniamo, riprobamo e proibemo tutti gli sopradetti ed altri tuoi libri e scritti, come eretici ed erronei e continenti molte eresie ed errori, ordinando che tutti quelli che sinora si son avuti, e per l'avenire veranno in mano del S. Offizio, siano publicamente guasti e abbruciati nella piazza di S. Pietro avanti le scale; e come tali siano posti nell'Indice de libri proibiti, sí come ordiniamo che si facci."[8]

Auf Weisung von Martino Cappelletti da Rieti, des Gouverneurs von Rom, wurde Bruno in den am linken Tiberufer, in der Nähe des Ponte Sisto und des Hadrian-Mausoleums gelegenen Torre di Nona verbracht, in dem die von den römischen Gerichten verurteilten Schwerverbrecher inkarzeriert waren.[9] Ein letzter Versuch, ihn vor dem Gang zum Scheiterhaufen zum Widerruf zu bewegen, fruchtete ebensowenig wie alle vorangegangenen Versuche. Im Register der Compagnia di S. Giovanni Decollato ist der entsprechende Bericht festgehalten: „A ore 2 di notte fu intimato alla Compagnia che la mattina si dovea far giustizia di un inpenitente, e però alle 6 ore di notte radunati li confortatori e Capellano in Sant'Orsola, ed andati alla carcere di torre di Nona, entrati nella nostra Capella e fatte le solite orazioni, ci fu consegniato l'infrascritto a morte condennato, cioè: Giordano del q. Giovanni Bruni frate apostata da Nola di Regno, eretico inpenitente. Il quale esortato da nostri fratelli con ogni carità, e fatti chiamare due Padri di San Domenico, due del Giesú, due della Chiesa nuova e uno di San Girolamo, i quali con ogni affetto e con molta dottrina mostrandoli l'error suo, finalmente stette senpre nella sua maladetta ostinazione, aggirandosi il cervello e l'intelletto con mille errori e vanità; e tanto perseverò nella sua ostinazione che da ministri di giustizia fu condotto in Campo di fiori, e quivi spogliato nudo e legato a un palo fu brusciato vivo, aconpagniato sempre dalla nostra Compagnia cantando le letanie, e li confortatori sino a l'ultimo punto confortandolo al lasciar la sua ostinazione con la quale finalmente finí la sua misera ed infelice vita."[10]

Im *Libro degli Avvisi* wurde am 19. Februar, eine Woche nach der ersten Aufzeichnung, mit holzschnittartiger Kargheit der Vollzug des fraglos als ‚gerecht' erachteten Urteils registriert: „Am Donnerstagmorgen wurde auf dem Campo di Fiore jener verbrecherische Dominikanerbruder aus Nola lebendig verbrannt, von dem wir auf einem der letzten Blätter

---

8 Spampanato 1921, 782, *Doc. rom.*, VI; vgl. 579 ff.
9 Spampanato 1921, 582.
10 Spampanato 1921, 785, *Doc. rom.*, IX.

berichteten: ein sehr hartnäckiger Ketzer, der nach seiner Laune verschiedene Dogmen gegen unseren Glauben ersonnen hatte und zwar insbesondere gegen die heilige Jungfrau und die Heiligen. Dieser Bösewicht wollte in seiner Verstocktheit dafür sterben, und er sagte, er sterbe als Märtyrer und sterbe gern und seine Seele werde aus den Flammen zum Paradies emporschweben. Aber jetzt wird er ja erfahren haben, ob er die Wahrheit gesagt hat!"[11] Auf diese Zeilen und auf die entsprechenden Bemerkungen eines noch zu erwähnenden Zeitzeugen stützte sich Hermann Brunnhofer, als er folgerte: „Bruno starb, wie er gelebt, als ein Held. Kein Schrei, ja nicht einmal ein Seufzer kam über seine Lippen. Man hielt ihm noch ganz zuletzt, als er schon mit dem Tode rang, ein Crucifix vor die Augen, er aber wandte sich schweigend mit Geberden der Verachtung von demselben ab." Für Brunnhofer ergibt sich daraus zugleich, daß Bruno „im *vollen* Bewusstsein lebte, einen *weltgeschichtlichen* Tod zu sterben".

Anders aber verlief das eigentliche Geschehen. Es findet seinen Niederschlag in einem weiteren, erst von Spampanato zugänglich gemachten Eintrag im *Libro degli Avvisi*. „Quantunque il Previti, il Mariano, il De Martinis e talora anche il Berti abbiano creduto di tacere qualcuno di essi Avvisi, a me è sembrato opportuno darli tutti ..." Der dritte Chronisteneintrag, der sich auf Bruno bezieht und – wie der zweite – ebenfalls vom 19. Februar 1600 datiert, lautet: „Giovedí fu abbrugiato vivo in Campo di Fiore quel frate di S. Domenico, di Nola, eretico pertinace, con la lingua in giova, per le bruttissime parole che diceva, senza voler ascoltare né confortatori né altri. Era stato dodici anni prigione al S. Offizio, dal quale fu un'altra volta liberato." – Die italienische Wendung *con la lingua in giova* begegnet heute so selten wie das deutsche *Angstbirne*, „... so der Henker den armen Sündern in der Marterkammer in den Mund schiebt".[12] Brunos lautloses Sterben findet so eine ganz und gar unpathetische Erklärung.

Das Autodafé des Philosophen auf dem Platz der Flora am Morgen des 17. Februars war ein im wahrsten Sinne des Wortes spektakuläres Ereignis. Zur Belebung der Vorstellungskraft sei in Erinnerung gebracht, daß Rom damals im Zeichen des Außergewöhnlichen stand und von Millionen von Pilgern wimmelte; „denn Clemens VIII., jener kirchenfromme und staatskluge Papst, dem es gelungen war, Heinrich IV. von Frankreich wieder zum Katholicismus zurückzubringen, feierte ein Jubiläum" – das Heilige Jahr, „anno del Signore placabile, anno di remissione e di perdo-

---

11 Kuhlenbeck 1904-09, 6, 228. – Spampanato 1921, 786, *Doc. rom.*, XI.
12 Brunnhofer 1882, 128 f. u. 129, Anm. – Spampanato 1921, 768 f. u. 785 f., *Doc. rom.*, X. – Das deutsche Pendant der italienischen Wendung *con la lingua in giova* begegnet in Wilhelm Raabes Novelle „Des Reiches Krone".

no, di vera indulgenza e di spirituale allegrezza". Die Geistlichkeit war in großer Vollständigkeit versammelt. „Wohl fünfzig Cardinäle mochten in Rom anwesend sein, die ganze katholische Kirche in ihren höchsten Würdenträgern um ihr Oberhaupt versammelt, wohnte dem Schauspiel der Verbrennung Bruno's bei und weidete sich, wie einst Nero und sein Hof an den als Fackeln brennenden Christen, so nun sie, die Häupter der Religion der Liebe, am langsamen Todeskampfe des sterbenden Philosophen."[13]

Im Heer der Schaulustigen befand sich ein federerfahrener Beobachter, ein vor kurzem in Rom ansässig gewordener junger deutscher Gelehrter, dem – nach der Konversion zum Katholizismus – sein in mehreren Schriften für die Belange von Papsttum und Kirche bekundeter Eifer alsbald schon den Titel eines Eques sacrique Lateranensis Palatii et Curiae Romanae Comes eintragen sollte. In Humanistenmanier pflog er einen Briefwechsel mit dem Altorfer Rechtsgelehrten Konrad Rittershausen, seinem Lehrer und langjährigen Freund, der der reformierten Kirche angehörte, und richtete an ihn jene vom 17. Februar 1600 datierte berühmt-berüchtigte Epistel, in der die denkwürdige Begebenheit des Tages in polemisch-propagandistischer Intention in den Mittelpunkt der Aufmerksamkeit gerückt wird. „Wenn ich Dir aber auch jetzt wieder schreibe", heißt es einleitend, „so reizt mich dazu der heutige Tag selber, an welchem Giordano Bruno wegen Ketzerei lebendig und vor aller Augen öffentlich auf dem Campus Florae vor dem Theater des Pompejus verbrannt wurde. Denn ich glaube, daß auch dieses sich auf den letzten Teil meines gedruckten Briefs, der über die Bestrafung der Ketzer handelt, beziehen läßt." Der Autor dieser Zeilen, Kaspar Schoppe, der sich als Philologe durch textkritische Arbeiten bereits in jungen Jahren eine solide Reputation erwerben konnte und der heute in Fachkreisen bisweilen im Zusammenhang mit der Erneuerung der spekulativen Grammatik durch Port-Royal Erwähnung findet, erfreute sich kraft seines römischen Wirkens der besonderen Gunst Ludovico Madruzzos, was nicht zuletzt dadurch zum Ausdruck kam, daß er in dessen Residenz gastliche Aufnahme gefunden hatte. Seine Ausführungen stützen sich auf erste Quellen und besitzen den Charakter eines regelrechten ‚Tatsachenberichts', denn er selbst war zugegen, als das Urteil gegen Bruno verkündet wurde. So hatte er erfahren, „welcher Ketzerei er geständig war" – „quamnam ille haeresin professus fuerit". Was ihm von diesem Akt – außer einigen Marksteinen der Lebensgeschichte – in Erinnerung geblieben war, kann in gewissem Sinne als Ergänzung und als Bekräftigung der von Mocenigo vorgebrachten Anschuldigungen betrachtet werden.

---

13 Brunnhofer 1882, 128; Spampanato 1921, 584 f.

„Es war nämlich dieser Bruno seiner Herkunft nach ein Nolaner aus dem Königreich Neapel, gehörig zum Orden der Dominikaner." Mit diesen Worten beginnt Schoppe den eigentlichen Bericht, um fortzufahren: „Er begann schon vor 18 Jahren an der Transsubstantiation zu zweifeln, die ja freilich, wie Dein Chrysostomus lehrt, der Vernunft widerstreitet, ja er leugnete sie völlig, und ebenso zog er die Jungfräulichkeit der heiligen Maria in Zweifel, die doch derselbe Chrysostomus reiner als alle Cherubim und Engel nennt. Er ging dann nach Genf und verweilte dort zwei Jahre; schließlich aber, weil der den Kalvinismus, der den geradesten Weg zum Atheismus führt, nicht völlig billigte, wurde er von dort vertrieben und kam zuerst nach Lyon, von dort nach Toulouse und von dort nach Paris und bekleidete hier eine außerordentliche Professur, da er sah, daß die ordentlichen Professoren verpflichtet waren, der heiligen Messe beizuwohnen."

Im folgenden kommt Schoppe auf einige Werke Brunos und die aus ihnen sich ergebenden Todsünden zu sprechen. „Darauf", so heißt es, „ist er nach London gereist, hier hat er jene Schmähschrift herausgegeben über die triumphierende Bestie, d.h. über den Papst, welchen die Eurigen ehrenhalber eine Bestie zu nennen pflegen" – das letztere auf den Adressaten des Briefes bezogen. „Von dort", so fährt Schoppe fort, „ging er nach Wittenberg, und hier hat er zwei Jahre, wenn ich mich nicht irre, öffentliche Vorlesungen gehalten. Von dort wandte er sich nach Prag und gab hier ein Buch heraus über das Unendliche und ein anderes über die unzähligen Welten (wenn ich mich der Titel recht erinnere, denn die Bücher selbst habe ich in Prag gehabt)..." – In Prag, das sei am Rande erwähnt, hielt Schoppe 1598 im Umfelde des kaiserlichen Hofes nach einer Anstellung Ausschau und trat schließlich, zur Verbesserung seiner Karrierechancen, zum Katholizismus über. Bruno seinerseits veröffentlichte in Prag, wie weiterhin vermerkt wird, auch das Buch über die Schatten der Ideen, „in welchem er schreckliche und vollständig absurde Sachen lehrt, wie z.B. es gäbe unzählige Welten, die Seele könne von einem Körper in einen anderen übergehen, ja sogar in eine andere Welt, eine Seele könne sogar zwei Körper beleben, die Magie sei eine gute und erlaubte Sache, der heilige Geist sei nichts anderes als die Weltseele, und dies habe Moses gemeint, wenn er schreibt, der Geist Gottes schwebte über den Wassern; die Welt sei von Ewigkeit her". „Moses habe seine Wunder durch Magie bewirkt, in der er es weiter gebracht habe, als die übrigen Ägypter, er habe seine Gesetze selbst erdacht, die heilige Schrift sei Träumerei, die Teufel würden selig werden. Nur die Hebräer stammten von Adam und Eva ab, die übrigen Völker von solchen Menschen, die Gott schon vorher erschaffen habe, Christus sei nicht Gott, sondern nur ein ausgezeichneter Magier gewesen und habe die Menschen betrogen und sei daher von Rechts wegen aufgehängt, nicht gekreuzigt worden; die Propheten und

Apostel seien nichtswürdige Menschen gewesen, Magier, und die meisten seien aufgehängt worden. Übrigens würde es ins Unendliche gehen, wollte man alle die Ungeheuerlichkeiten mitteilen, die er in Schrift und Wort behauptet hat. Um es mit einem Worte zu sagen: für alles, was jemals von den heidnischen Philosophen oder von alten und neueren Ketzern vorgebracht worden ist, ist er als Vorkämpfer aufgetreten. Von Prag begab er sich nach Helmstedt und soll auch dort eine Zeitlang Professor gewesen sein. Von dort ging er, um ein Buch herauszugeben, nach Frankfurt und gelangte schließlich in Venedig in die Hände der Inquisition, wo er lange festgehalten wurde."

Im Anschluß daran verbreitet sich Schoppe über Brunos widerspenstiges Verhalten gegenüber der römischen Inquisition und das gegen ihn – als alle Versuche, ihn zum Widerruf seiner ‚Lehren' zu bewegen, nichts fruchteten – gerechtermaßen gefällte Todesurteil. „Als dies alles beendet war", so klingt der ‚sachliche' Teil des Briefes aus, „hat jener nichts anderes geantwortet als mit drohender Gebärde: «Mit größerer Furcht verkündigt ihr vielleicht das Urteil gegen mich, als ich es entgegennehme!» So wurde er von den Stadtknechten ins Gefängnis abgeführt und dort noch eine Zeitlang bewacht, in der Hoffnung, daß er auch jetzt noch seine Irrtümer widerrufen möge, aber vergeblich. Heute also ist er zum Scheiterhaufen oder Brandpfahl geführt worden. Als hier dem schon Sterbenden das heilige Kruzifix vorgehalten wurde, wandte er mit verachtender Miene sein Haupt und ist so geröstet elendiglich eingegangen, ich glaube wohl, um in jenen anderen, von ihm erdichteten Welten zu berichten, wie mit lästerlichen und unfrommen Menschen von uns Römern verfahren zu werden pflegt."

Für Schoppe ist der Fall Bruno, da es in ihm letztlich um das geht, was für ihn die ‚Wahrheit' darstellt, grundsätzlicher Natur. Strengstens zu ahnden ist, was von dieser Wahrheit, den – wie Leopold Ranke es ausdrückt – „obersten Principien", die „keinen Zweifel" zulassen, abweicht. Daher die an Ritterhausen gerichtete Frage: „oder glaubst Du etwa, es müsse jedermann freistehen, zu denken und zu bekennen, was ihm paßt?" Daß der vorliegende Fall eine paradigmatische Dimension besitzt, erhellt aus einer weiteren Frage Schoppes an den alten Lehrer und nunmehrigen Kontrahenten: „Wenn also auch Luther ein Bruno gewesen ist, was meinst Du, hätte mit ihm geschehen müssen?"[14] Damit gibt sich Schoppe als das

---

14 Kuhlenbeck 1904-09, 6, 228 f., 230, 230 f., 232 u. 233. – Spampanato 1921, 798, 799 f., 800 f., 801 f. u. 802. – Ranke 1854-57, 1, 493. – Zu Kaspar Schoppe s. – außer Spampanato (558 ff., 585 ff. u. 787-798) – Bartholmèss 1846-47, 1, 319-340 („Gaspard Scioppius et sa lettre"). Den Text von Schoppes Brief veröffentlicht auch Berti (1868, 397-404, u. 1889, 461-468).

zu erkennen, zu was er zur maßlosen Enttäuschung Rittershausens geworden ist: zu einem eifernden Apologeten der kirchlichen Doktrin.

Schoppes Ausführungen verdeutlichen, daß Bruno mit seinem Denken gegen ein Tabu verstieß; „... scriveva alcune cose concernenti il particular della religione che non convenivano sebene egli parlava filosoficamente". Bei Ranke findet sich dieser Befund in Gestalt einer generalisierenden Aussage: „Mit den philosophischen Untersuchungen waren damals physische und naturhistorische fast ununterscheidbar verschmolzen. Das ganze System bisheriger Vorstellungen war in Frage gestellt worden. In der That ist in den Italienern dieser Epoche eine große Tendenz: Suchen, Vordringen, erhabene Ahnung. Wer will sagen, wohin sie gelangt sein würden? Allein die Kirche zeichnete ihnen eine Linie vor, die sie nicht überschreiten durften. Wehe dem, der sich über dieselbe hinaus wagte."[15] Bruno, der dies tat, büßte sein Wagnis mit dem Leben.

Bruno ist aber auch mit seinem Denken selbst gescheitert, einem Denken, das nicht nur dem Fassungsvermögen eines Mocenigo unüberwindliche Hindernisse entgegensetzte. Mit der resümierenden Feststellung, daß „für alles, was jemals von den heidnischen Philosophen oder von alten und neueren Ketzern vorgebracht worden ist", Bruno „als Vorkämpfer" aufgetreten ist, trifft Schoppe – abgesehen von der standpunktbedingten Art der Formulierung – insofern etwas Richtiges, als er damit die Komplexität der ‚Substanz' dieses Denkens charakterisiert. Mit der Ausweitung des Gegenstandsbereiches überschreitet Bruno die Grenzen des Denkens seiner Zeit und verstößt damit – zwangsläufig – gegen die Vorgaben eines kanonischen Schrifttums.

Schwerer zu erkennen und noch schwerer zu begreifen allerdings ist die Eigenart von Brunos Denken. Sein Wesensmerkmal ist eine auf eigenen Gesetzmäßigkeiten beruhende ‚Offenheit', die mit dem herkömmlichen Denken kontrastiert. Auf seinem Hintergrund tritt – bei genauerem Zusehen – dessen durch fraglos akzeptierte Prämissen und Axiome bedingte Eigenart deutlicher in Erscheinung. Auf eine Formel gebracht: Bruno überschreitet mit seinem Denken in formaler und substantieller Hinsicht den Rahmen zeitgenössischen Philosophierens. Auf der Transgression dieses Denkens beruht andererseits aber auch dessen *Modernität*, die neuere Autoren, beginnend mit Jacobi, Schelling und Goethe, in den Schriften des Nolaners finden oder zu entdecken glauben.

Modernität als Korrelat von Transgression, als Konsequenz traditions-

---

15 Ranke 1854-57, 1, 495.

transzendierenden Philosophierens, ist das Kennzeichen eines Denkens eigenen *Stils*. Dieser Stil – der Denkstil Brunos – aber erfährt, wie aufzuzeigen sein wird, seine Ausprägung in dem Medium und durch das Medium, in dem er sich manifestiert: in dem Medium und durch das Medium der *Sprache*. Sie ist die Conditio sine qua non der Manifestationen eines ‚offenen' Denkens. Das durch sie begründete *Universum* soll – zur Erhellung seiner Dimensionen – umgrenzt, beschrieben und charakterisiert werden. Der folgende Abschnitt ist daher dreifach untergliedert: (1.) „Die Konturen des Universums", (2.) „Die Konfiguration des Universums" und (3.) „Die Konstitution des Universums". Der letzte Abschnitt der Ausführungen, „Fiktion und Methode" überschrieben, ist der Analyse des generativen Prinzips eines sprachbedingten und sprachorientierten Denkstils gewidmet.

2 Das Universum der Sprache

2.1 Die Konturen des Universums

„Alla bibliografia bruniana, che è immensa, ha dedicato il meglio delle sue forze uno studioso pisano, Virgilio Salvestrini, *Bibliografia delle opere di G. Bruno e degli scritti ad esso attinenti*, Pisa, Spoerri, 1926, con prefazione di Giovanni Gentile. Una seconda edizione aggiornata a tutt'oggi sarebbe desideratissima, e l'autore la prepara da anni." Diese zweite Auflage, die den Zeitraum von 1582 bis 1950 umfaßt, konnte der Autor selbst nicht mehr zum Abschluß bringen. Luigi Firpo hat sie, auf den Nachlaß gestützt, vollendet und 1958 veröffentlicht. Willkommene Ergänzungen und wertvolle Nachträge zu diesem *Opus fundamentale* haben Joseph G. Fucilla, Giovanni Aquilecchia und Andrzej Nowicki, aber auch Antonio Corsano und Giorgio Radetti beigesteuert.[16] Die Auseinandersetzung mit dem Nolaner und seinen Schriften hat aber auch in jüngster Zeit keineswegs geruht, sondern – wie Michele Ciliberto zu dokumentieren versucht – weitere Fortschritte gemacht. Ein systematisches Inventar des einschlägigen Schrifttums in der Nachfolge Salvestrinis bleibt allerdings ebenso ein Desiderat wie ein orientierender Überblick über die neuere

---

16 Guzzo 1956, 31. – Die zweite Auflage der *Bibliographie* von Salvestrini ist 1958 erschienen. Guzzo (1955, XXXIX-XLIII; 1956, 31-33) unternimmt seinerseits – mit dem Ziel einer ersten bibliographischen Orientierung – den Versuch, „di organizzare la letteratura sul Bruno secondo le linee degli indirizzi e tendenze che vi si fanno valere" (31). – Zu den Ergänzungen und Nachträgen s. Fucilla (1959), Aquilecchia (1960) und Nowicki (1968, 1970 u. 1972) sowie Corsano (vor allem 1968, aber auch 1967, 1979 u. 1980) und Radetti (1975).

Bruno-Forschung – „una ricognizione, magari rapida, di tutta la vasta letteratura bruniana più recente, del suo profondo rinnovarsi ...", um es mit den Worten Eugenio Garins zu wiederholen.¹⁷

Die Bruno-Forschung beginnt andererseits Schritt für Schritt eine neue Dimension zu erschließen. Nachdem Augusto Guzzo schon 1933 eine mit sicherer Hand verfertigte Skizze der von den Schriften des Nolaners ausgehenden Einflüsse und Wirkungen vorgelegt hatte, mehren sich seit den fünfziger Jahren, nicht zuletzt im Gefolge von Nicola Badalonis richtungweisenden Studien „Intorno alla fama di Bruno" (1955) und „Appunti intorno alla fama di Giordano Bruno nei secoli XVII e XVIII" (1958), die Beiträge zur Rezeptionsgeschichte.¹⁸ Einen ersten Eindruck von der Intensität der Aktivitäten in diesem Bereich vermittelt Ciliberto in seiner Monographie unter der Rubrik „Aspetti e momenti della fortuna di Bruno". Einen anschaulichen Eindruck von Artung und Ausdehnung des explorierbaren Gefildes ermöglicht Saverio Ricci mit seinem Werk *La fortuna del pensiero di Giordano Bruno, 1600-1750* (1990). In ihm tritt in aller Deutlichkeit das vor Augen, was eigentlich schon zu vermuten wäre, nämlich daß die Schriften des Philosophen, „nonostante il rogo di Campo dei Fiori e il decreto del Santo Uffizio in forza del quale «Iordani Bruni Nolani libri, & scripta, omnino prohibentur»", sich von Anbeginn an des lebhaftesten Interesses erfreuten. Zu nennen – oder aber nur in Erinnerung zu bringen – wären in diesem Zusammenhang zugleich die stark rezeptionsorientierten, auf Einzelaspekte abhebenden und allgemeine Tendenzen sichtbar machenden Arbeiten von Frances A. Yates, die wesentlich dazu beigetragen haben, Brunos Positionen in Philosophie- und Geistesgeschichte zu präzisieren.¹⁹ Kurz: auch der jüngere Zweig der Bruno-Forschung – die Bruno-Rezeption – steht in voller Blüte.

Eines allerdings ist dazu angetan, schon bei kurzer Besinnung in lebhaftes Erstaunen zu versetzen. Obwohl die Auseinandersetzung mit Bruno eine Tradition kennt, die sich auf die Zeit seines Wirkens zurückverfolgen läßt, und obwohl der Nolaner und sein Denken seit dem Ende des 18. Jahrhunderts in Abhandlungen zur Philosophie- und Geistesgeschichte

---

17 Garin, in der „Premessa" zu Ricci (1990, 8). – Der bibliographische Anhang in der Monographie von Ciliberto (1990, 285-302) ist in dreiundzwanzig Abschnitte untergliedert. – Die ins Deutsche übersetzten Werke Brunos verzeichnet und charakterisiert in großer Ausführlichkeit Hausmann (in Hausmann / Kapp 1992 ff.).
18 Guzzo 1933, XXXIX-XLI („Il brunianismo nel '600 e nel '700") u. XLI-XLIII („Il ritorno del Bruno"). – Badaloni 1955, 279-366 („Intorno alla fortuna di Bruno").
19 Ciliberto 1990, 299-302. – Ricci 1990, 14 f. – Yates 1964, 190-397 (Kap. XI-XX); 1966, bes. 199-230 u. 243-319 (Kap. IX u. XI-XIV) und 1988; vgl. Yates 1947, *passim*.

Eingang finden und damit zu Gegenständen der ‚Sekundärliteratur' avancieren, gebricht es noch immer an einer *Gesamtausgabe* der Werke. Dieser ernüchternde Befund findet – abgesehen von unschwer zu supplierende gegenstandsinhärenten Gründen – eine denkbar einfache Erklärung. Das schriftstellerische Schaffen des Nolaners steht im Zeichen einer zweifachen Polarität, einer *sprachlichen* und einer *inhaltlichen*.

Ein Großteil der in der Zeit von 1582 bis 1612 erschienenen Druckwerke Brunos ist in lateinischer Sprache abgefaßt, etwa ein knappes Viertel – sieben an der Zahl – in italienischer. Der ‚Bilingualismus' des Werkes hat allerdings nicht, wie man zunächst anzunehmen geneigt sein könnte, in dem sich weiter ausbreitenden Vulgärhumanismus, dessen formales Merkmal die schrittweise Ablösung des Lateinischen in den Wissenschaften durch die ‚Volkssprache' darstellt, seine Wurzeln. Leonardo Olschki, der diesen Vorgang in der monumentalen *Geschichte der neusprachlichen wissenschaftlichen Literatur* (1919-27) beschreibt, sieht den Gebrauch des Italienischen bei Denkern wie Bruno und Galilei vielmehr in der ‚Mächtigkeit des eigenen Denkerlebnisses' begründet; sie sind bestrebt, „den aus ihm entstandenen Wahrheiten unmittelbaren, aufrichtigen und persönlichen Ausdruck zu geben".[20] Bruno, erfüllt von 'aristokratischem Denkerbewußtsein', bediente sich seiner Muttersprache also nicht, um ein möglichst breites Publikum zu erreichen. „Die Wahl der Sprache war für ihn weder problematisch noch mit bestimmten Absichten verknüpft, sondern eine ganz persönliche Angelegenheit, die von Stimmungen oder Umständen entschieden wurde." „In London", so fährt Olschki, Dilthey zitierend, fort, „ward sein dichterisch philosophischer Geist aller Fesseln schulmäßiger Tradition ledig, und so überließ er sich in der Sprache seiner Heimat zum ersten Male ganz den Eingebungen seines Genius." Für die Geschichte der neueren Sprachen bleibt im übrigen das Faktum bestehen, daß Brunos italienische Dialoge die ersten vulgärsprachlichen Werke der philosophischen Literatur sind, „die eine originelle Weltanschauung und ein neues Weltgefühl zum Ausdruck bringen".[21]

Die *inhaltliche* Polarität von Brunos Werk manifestiert sich in der

---

20 Olschki 1919-27, 2, 3. – Leonardo Olschki widmet im dritten Band seiner *Geschichte der neusprachlichen wissenschaftlichen Literatur* das ganze erste Kapitel („Die philosophische Literatur", 1-67) Giordano Bruno; es wird antithetisch ergänzt durch das zweite Einleitungskapitel: „Die Literatur der mathematischen Wissenschaften" (68-113). Unabhängig davon, „jedoch zur Vervollständigung dieser Spezialuntersuchungen von Wert" (3, 1, Anm.) ist Olschkis Abhandlung „Giordano Bruno" (1924; it. Version 1927).
21 Olschki 1919-27, 3, 15 u. 12. – Dilthey 1914, 308; der Autor widmet Bruno einen eigenen Abschnitt (297-311).

Tatsache, daß es – seit dem Aufkommen der neueren Philologien – in den ‚Zuständigkeitsbereich' zweier Disziplinen, nämlich in den der Philosophie und in den der Literaturwissenschaft, fällt. Die in lateinischer Sprache abgefaßten Werke und Abhandlungen Brunos sind – außer in den älteren Editionen ausgewählter Schriften von Wagner (1829) und Gfrörer (1834-35) – in relativer Vollständigkeit nach wie vor allein in der von Francesco Fiorentino, Felice Tocco, Girolamo Vitelli, Vittorio Imbriani und Carlo Maria Tallarigo besorgten Ausgabe (Neapoli, Florentiae 1879-91) zugänglich. Als erster Band einer ‚kritischen' Neuausgabe moderner Konzeption ist unter dem Patronat des Istituto Nazionale di Studi sul Rinascimento und des Istituto Italiano per gli Studi Filosofici im Jahre 1991 *De umbris idearum* erschienen. Rita Sturlese, die Herausgeberin, hat mit ihrer Publikation *Bibliografia, censimento e storia delle antiche stampe di Giordano Bruno* (1987) dafür ebenso mustergültige Vorarbeit geleistet wie für die Edition anderer lateinischer Abhandlungen und die in der Muttersprache redigierten Schriften.

Die Möglichkeiten intensiverer ‚philologischer' Aktivität, die sich im Bereiche der Literaturwissenschaft bieten, manifestieren sich – nicht zuletzt – auch in einer regeren Editionstätigkeit. Die italienischen Werke Brunos stehen dem Laien und dem Spezialisten infolgedessen in mehreren Teil- oder Gesamtausgaben – Paulo de Lagarde (1889), Giovanni Gentile (1907-08, 1925 u. 1958), Antonio Renda (1941), Luigi Firpo (1949) und Augusto Guzzo (1956) – sowie in einer Reihe von Einzelausgaben (u.a. Spampanato 1909 u.1923, Guzzo 1933 u. 1955, Aquilecchia 1955 u. 1973) zur Verfügung.

Angesichts dieser Editionstradition ist es wiederum nicht sonderlich erstaunlich, daß die höchst einfache Frage, auf welche Zahl sich die Summe der Einzelschriften Brunos beläuft, nicht ohne weiteres beantwortet werden kann, und eine eindeutige Antwort ist auch nicht mit einem bloßen Blick in die Bibliographien von Salvestrini und Sturlese zu erhalten. Salvestrini führt bei seiner Zählung, der im Prinzip das Kriterium der Chronologie zugrunde liegt, unter einigen der fünfunddreißig Nummern der Rubrik „Opere singole", an die Gepflogenheiten älterer Editionen anknüpfend, zwei oder mehrere Titel auf; sein Inventar umfaßt zugleich – unter den Nummern XXVII bis XXXV – die handschriftlich überlieferten Texte, die in die *Opera latine conscripta* (1879-91) Eingang gefunden haben. Unter der Rubrik „Opere smarrite" wird schließlich eine Liste derjenigen Schriften gegeben, die in den Werken Brunos oder in zeitgenössischen Dokumenten Spuren ihrer Existenz hinterlassen haben. Sturlese hingegen stellt – der Intention ihrer Monographie entsprechend – lediglich die dreißig in der Zeit von 1582 bis 1612 erschienenen Editionen von

Explorationen im Universum der Sprache 17

Werken Brunos zusammen und registriert akribisch die Exemplare, die von den jeweiligen Editionen in den Bibliotheken Europas und Nordamerikas erhalten geblieben sind.

Die Frage nach der Zahl der von Bruno verfaßten größeren und kleineren Schriften kann daher allein durch die Betrachtung des Inhaltes der Publikationen aus alter und neuer Zeit beantwortet werden. Das Ergebnis dieser Musterung, das mit Hilfe der beiden Bibliographien, der Publikationen von Berti (1868 u. 1889), Tocco (1889), Spampanato (1921) und Aquilecchia (1957 u. 1964) sowie der Ausgabe der lateinischen Schriften zustande gekommen ist, wird in der folgenden Übersicht zusammengestellt.

(1.) *Veröffentlichte Schriften*

(1.1) *Als Druckwerke überlieferte Schriften*

1. *Philothei Iordani Bruni Nolani dialogus praelibatorius apologeticus pro umbris idearum ad suam memoriae inventionem* (1582).
   (In: De umbris idearum. Implicantibus artem, Quaerendi, Inveniendi, Iudicandi, Ordinandi, et Applicandi, [1.]).
   Salvestrini 1958, I; Sturlese 1987, 1. Ed. Fiorentino u.a. 1879-91, 2, 1, 7-19; 2-6: „Philotheus Iordanus Brunus Nolanus amico et studioso lectori" (2), „Henrico III. Serenissimo Gallorum, Polonorumque Regi, etc. Philotheus Iordanus Brunus Nolanus S.P." (3), „Merlinus artifici" (4), „Merlinus iudici sobrio" (5), „Merlinus apto iudici" (6). Ed. Sturlese 1991, 11-24; 3-9: Einleitungstexte (3 f., 5, 6, 7 f. u. 9).
2. *Triginta intentiones umbrarum* (1582).
   (In: De umbris idearum..., [2.])
   S. 1958, I; St. 1987, 1. Ed. Fiorentino u. a. 1879-91, 2, 1, 20-40; Ed. Sturlese 1991, 25-46.
3. *De triginta idearum conceptibus* (1582).
   (In: De umbris idearum ..., [3.]).
   S. 1958, I; St. 1987, 1. Ed. Fiorentino u.a. 1879-91, 2, 1, 41-55; Ed. Sturlese 1991, 47-64.
4. *Ars memoriae Iordani Bruni* (1582).
   (In: De umbris idearum ..., [4.]).
   S. 1958, I; St. 1987, 1. Ed. Fiorentino u.a. 1879-91, 2, 1, 56-166; Ed. Sturlese 1991, 65-183.
5. *Ars brevis et expedita ad eundem Christianissimum Galliarum Regem* (1582).
   (In: De umbris idearum ..., [5.]).
   S. 1958, I; St. 1987, 1. Ed. Fiorentino u.a. 1879-91, 2, 1, 167-169; Ed. Sturlese 1991, 185-188.
6. *Iordani Bruni Nolani ars brevis alia pro rebus diversorum ordinum ad ordinem proprium referendis, atque potenter retinendis, quod aegre aliae praestare valent artes* (1582).

(In: De umbris idearum ..., [6.]).
   S. 1958, I; St. 1987, 1. Ed. Fiorentino u.a. 1879-91, 2, 1, 170-172; Ed. Sturlese 1991, 189-192.
7. *Iordani Bruni Nolani ars alia brevis ad verborum rerumque memoriam* (1582).
   (In: De umbris idearum ..., [7.]).
   S. 1958, I; St. 1987, 1. Ed. Fiorentino 1879-91, 2, 1, 173-177; Ed. Sturlese 1991, 193-197.
8. *Philothei Iordani Bruni Nolani cantus Circaeus ad eam memoriae praxim ordinatus quam ipse Iudiciariam appellat* (1582).
   S. 1958, II; St. 1987, 2. Ed. Fiorentino u.a. 1879-91, 2, 1, 185-257; 181-184: „Illustrissimo altissimoque Principi Henrico d'Angoulesme Magno Galliarum Priori, Provinciae Gubernatori, ac Locumtenenti generali, & totius maris orientalis pro Regia Maiestate Admiralio, Io. Regnault eiusdem Illustrissimi a secretis Consiliarius" (181-183), „Iordanus Libro" (Eingangsgedicht) (184).
9. *Candelaio* (1582).
   S. 1958, IV; St. 1987, 4. Vgl. Sturlese 1991, IX f. Ed. Spampanato 1909 u. 1923.
10. *De architectura libri Lullii commentum* (1582).
    (De compendiosa architectura et commento artis Lullii, [1.]).
    S. 1958, III; St. 1987, 3. Ed. Fiorentino u.a. 1879-91, 2, 2, 6-62; 5: „Illustrissimo D. D. Ioanni Moro, pro serenissima Venet. R. P. apud Christianissimum Gallorum et Polonorum Regem oratori, Iord. Brun. Nol. S. D.".
11. *Raymundi Lullii de definitione disputationis, et conditionibus eiusdem* (1582).
    (In: De compendiosa architectura ..., [2.]).
    S. 1958, III; St. 1987, 3. Ed. Fiorentino u.s. 1879-91, 63-64; 65: lateinische Distichen (s. S. 1958, S. 54 f.).
12. *Ars reminiscendi* [1583].
    (In: Recens et completa ars reminiscendi et in phantastico campo exarandi. Ad plurimas in triginta sigillis inquirendi, disponendi, atque retinendi implicitas novas rationes et artes introductoria, [1.]).
    S. 1958, V; St. 5. S. Ed. Fiorentino u.a. 1879-91, 2, 2, 67-72.
13. *Triginta sigilli* [1583].
    (In: Recens et completa ars reminiscendi ..., [2.]).
    S. 1958, V; St. 6. Ed. Fiorentino u.a. 1879-91, 2, 2, 79-119; 74-78: „Sigillo sigillorum" (74), „P. Ior. Br. No. illustrissimo Domino Michaeli a Castello Novo ..." (75), „Ad excellentissimum Oxoniensis Academiae Procancellarium clarissimos Doctores atque celeberrimos Magistros" (76-78).
14. *Triginta sigillorum explicatio* [1583].
    (In: Recens et completa ars reminiscendi ..., [3.]).
    S. 1958, V; St. 6. Ed. Fiorentino u.a. 1879-91, 2, 2, 121-160.
15. *Sigillus sigillorum ad omnes animi dispositiones comparandas habitusque perficiendos adcommodatus* [1583].
    (In: Recens et completa ars reminiscendi ..., [4.]).
    S. 1958, V; St. 6. Ed. Fiorentino u.a. 1879-91, 2, 2, 161-217.
16. *La cena de le Ceneri* (1584).
    S. 1958, VI; St. 1987, 7. Ed. Gentile 1958, 1; Ed. Aquilecchia 1955.
17. *De la causa, principio e uno* (1584).

S. 1958, VII; St. 1987, 8. Ed. Gentile 1958, 1; Ed. Guzzo 1933 u. 1955; Ed. Aquilecchia 1973.
18. *De l'infinito, universo e mondi* (1584).
S. 1958, VIII; St. 1987, 9. Ed. Gentile 1958, 1.
19. *Spaccio de la Bestia trionfante* (1584).
S. 1958, IX; St. 1987, 10. Ed. Gentile 1958, 2.
20. *Cabala del cavallo pegaseo* (1585).
S. 1958, X; St. 1987, 11. Ed. Gentile 1958, 2.
21. *L'asino cillenico* (1585).
S. 1958, IX; St. 1987, 10. Ed. Gentile 1958, 2.
22. *De gli eroici furori* (1585).
S. 1958, XI; St. 1987, 12. Ed. Gentile 1958, 2.
23. *De quindecim imaginibus auditionis physicae figurativis* [1586].
(In: Figuratio Aristotelici physici auditus ad eiusdem intelligentiam atque retentionem per quindecim imagines explicanda, [1.]).
S. 1958, XII; St. 1987, 13. Ed. Fiorentino u.a. 1879-91, 1, 4, 136-141; 133-135: „Iordanus Brunus Nolanus illustri atque reverendiss. D. D. Petro Dalbenio abbati Bellevillae Sal.".
24. *De physico auditu Aristotelis* [1586].
(In: Figuratio Aristotelici physici auditus ..., [2.]).
S. 1958, XII; St. 1987, 13. Ed. Fiorentino u.a. 1879-91, 1, 4, 142-221.
25. *Mordentius, sive de geometricis fractionibus ad exactam cosmimetriae praxim conducentibus* [1586].
(In: Dialogi duo de Fabricii Mordentis Salernitani prope divina adinventione ad perfectam cosmimetriae praxim, [1.], u. Dialogi Idiota triumphans, de somnii interpretatione, Mordentius, de Mordentii circino, [3.]).
S. 1958, XIII; St. 1987, 14 u. 15. Ed. Fiorentino u.a. 1879-91, 1, 4, 231-246; 227-230: „Iordani Bruni Nolani in Mordentium et de Mordentii circino dialogos". Ed. Aquilecchia 1957, 35-48; 31-38: ‚Vorrede'. S. auch Aquilecchia 1960, 322 f., "Zwei unbekannte Dialoge Giordano Bruno's".
26. *De Mordentii Salernitani circino dialogus* (1586).
(In: Dialogi duo de Fabricii Mordentis Salernitani ..., [2.], u. Dialogi Idiota triumphans ..., [4.]).
S. 1958, XIII; St. 1987, 14 u. 15. Ed. Fiorentino u.a. 1879-91, 1, 4, 247-255; Aquilecchia 1957, 49-55.
27. *Insomnium* (1586).
(In: Dialogi duo de Fabricii Mordentis Salernitani ..., [3.], u. Dialogi Idiota triumphans ... [5.]).
S. 1958, XIII; St. 1987, 14 u. 15. Ed. Fiorentino u.a. 1879-91, 1, 4, 256-257; Aquilecchia 1957, 57-58.
28. *Idiota triumphans seu de Mordentio inter geometras deo, dialogus* (1586).
(In: Dialogi Idiota triumphans ..., [1.]).
S. 1958, XIII; St. 1987, 15. Ed. Aquilecchia 1957, 5-17; 3 f.: „Illustri, admodumque reverendo Domino, D. Petro Dalbenio Abbati Belle-Villae, Iordanus Brunus Nolanus S. P. D.".
29. *Dialogus qui de somnii interpretatione, seu Geometrica sylva inscribitur* (1586).
(In: Dialogi Idiota triumphans ..., [2.]).
S. 1958, XIII; St. 1987, 15. Ed. Aquilecchia 1957, 19-28.

30. *Centum, et viginti articuli de natura et mundo adversus peripateticos.* Per Ioh. Hennequinum nobilem Parisien. Lutetiae propositi (1586).
   S. 1958, XIV; St. 1987, 16. Ed. Fiorentino 1879-91, 2, 2, 221-224. – Zweitveröffentlichung unter dem Titel:
   Catalogus articulorum. Articuli de physico auditu. Articuli de coelo et mundo in primum librum. In secundum de coelo. In tertium librum de coelo. In quartum librum (1588).
   (In: Camoeracensis acrotismus, seu rationes articulorum physicorum adversus Peripateticos Parisiis propositorum etc., [1.]).
   S. 1958, XVIII; St. 1987, 20. Ed. Fiorentino 1879-91, 1, 1, 72-80; 55-71: „Iordanus Brunus Nolanus Parisiensibus et aliis e generosissimis Galliarum regno philosophis sensatioris philosophiae dogmatum amicis, et defensoribus. S. " (55), „Forma epistolae ad Regem. Henrico III. christianissimo Gallorum Polonorumque Regi, Iordanus Bruno Nolanus. S. P." (55 f.), „Forma epistolae ad Rectorem. Amplissimo, excellentissimoque Domino D. I. f. Parisiensis Academiae Rectori Iordanus Nolanus. S. P." (56-58), „Excubitor, seu Ioh. Hennequini Apologetica declamatio habita in auditorio Regio Parisiensis Academiae in fest. Pentec. An. 1586. pro Nolani articulis" (58-71). S. Nr. 36 u. 37.

31. *Amplissimo excellentissimoque D. D. Rectori, et Witebergensis Academiae Senatui Iord. Brun. Nol. S. P. D.* [Praefatio in Lampadam combinatoriam] (1587 u. 1588).
   (In: De lampade combinatoria Lulliana, [1.], u. De specierum scrutinio ..., [2.]; s. Nr. 38).
   S. 1958, XV; St. 1987, 17 u. 21. Ed. Fiorentino u.a. 1879-91, 2, 2, 229-241.

32. *De lampade combinatoria Lulliana* (1587 u. 1588).
   (In: De lampade combinatoria Lulliana, [2.], u. De specierum scrutinio ... [3.]; s. Nr. 38).
   S. 1958, XV; St. 1987, 17 u. 21. Ed. Fiorentino u.a. 1879-91, 2, 2, 242-327.

33. *De progressu logicae venationis* (1587).
   (In: De progressu et lampade venatoria logicorum. Ad prompte atque copiose de quocumque proposito problemate disputandum, [1.]).
   S. 1958, XVI; St. 1987, 18. Ed. Fiotentino u.a. 1879-91, 2, 3, 7-15; 5-6: „Excellentissimo, et adm. rev. D. D. Georgio Mylio Augustano, Witebergensis Academiae cancellario, Iordanus B. Nolanus S. P. D.".

34. *De lampade venatoria logicorum* (1587).
   (In: De progressu et lampade venatoria logicorum ..., [2.]).
   S. 1958, XVI; St. 1987, 18. Ed. Fiorentino u.a. 1879-91, 2, 3, 16-84.

35. *Oratio valedictoria a Iordano Bruno Nolano D. habita, ad amplissimos et clarissimos professores, atque auditores in Academia Witebergensi* (1588).
   S. 1958, XVII; St. 1987, 19. Ed. Fiorentino u.a. 1879-91, 1, 1, 1-25; Ed. Guzzo 1956, 659-691.

36. *Pythagoricae, et Platonicae Peripateticis imperviae assertiones, quas probamus et defendimus* (1588).
   (In: Camoeracensis acrotismus ..., [2.]; s. Nr. 30).
   S. 1958, XVIII; St. 1987, 20. Ed. Fiorentino u.a. 1879-91, 1, 1, 80-81.

37. *Articuli de natura et mundo* (1588).
   (In: Camoeracensis acrotismus ..., [3.]; s. Nr. 30).
   S. 1958, XVIII; St. 1987, 20. Ed. Fiorentino u.a. 1879-81, 1, 1, 82-190.

38. *De Lulliano specierum scrutinio* (1588).

(In: De specierum scrutinio et de lampade combinatoria Raymundi Lullii Doctoris eremitae omniscii propemodumque divini, [1.]).
S. 1958, XIX; St. 1987, 21. Ed. Fiorentino u.a. 1879-91, 2, 2, 335-256; 331-334: „Illustrissimo excellentissimoque D. Don Guilhelmo A. S. Clemente, Equiti ordinis S. Iacobi de Espata, Serenissimi Hispaniarum Regis Catholici a consiliis eiusdemque ad Caesaream Rodolphi II. Imperatoris Maiestatem Legato Ior. Brunus Nol. S. D.".

39. *Geometrica principia et elementa iuxta veriorem, antiquiorem, et propriam sententiam* (1588).
    (In: Articuli centum et sexaginta adversus huius tempestatis mathematicos atque philosophos, [1.]).
    S. 1958, XX; St. 1987, 22. Ed. Fiorentino u.a. 1879-91, 1, 3, 9-15; 3-8: „Divo Rodolpho II. Romanorum Imperatori semper augusto Iordanus Brunus Nolanus S.".

40. *Articuli adversus vulgares geometrarum et astronomorum theses et hypotheses, pro veritate* (1588).
    (In: Articuli centum et sexaginta ..., [2.]).
    S. 1958, XX; St. 1987, 22. Ed. Fiorentino u.a. 1879-91, 1, 3, 16-118.

41. *Oratio consolatoria Iordani Bruni Nolani Itali D. habita in illustri celeberrimaque Academia Iulia, in fine solemnissimarum exequiarum in obitum Illustrissimi potentissimique Principis Iulii,* Ducis Brunsuicensium, Lunaeburgensium, etc. (1589).
    S. 1958, XXI; St. 1987, 23. Ed. Fiorentino u.a. 1879-91, 1, 1, 27-52; Guzzo 1956, 693-725.

42. *De triplici minimo et mensura ad trium speculativarum scientiarum et multarum activarum artium principia libri V* (1591).
    S. 1958, XXII; St. 1987, 24. Ed. Fiorentino u.a. 1879-91, 1, 3, 131-361; 123-129: „Illustriss. et reverendiss. Principi Henrico Iulio Brunsuicensium et Lunaeburgensium Duci, Halberstatensium Episcopo, patrono summa observatio colendo; Ioannes Wechelus S." (123 f.), „Librorum istorum capita" (125-129).

43. *De monade numero et figura, secretioris nempe physicae, mathematicae et metaphysicae elementa* (1591 u. 1614).
    (In: De monade numero et figura liber consequens quinque De minimo magno et mensura. Item De innumerabilibus immenso et infigurabili; seu De universo et mundis libri octo, [1.]).
    S. 1958, XXIII u. XXIV; S. 1987, 25 u. 26. Ed. Fiorentino u.a., 1879-91, 1, 2, 323-484; 321 f.: lat. Gedicht. – 1, 1, 193-199: „Epistola dedicatoria et clavis. Illustrissimo, reverendissimoque Principi Henrico Iulio Brunsuicensium et Lunaeburgensium Duci, Halberstatensium Episcopo Iordanus B. N. S.".

44. *De innumerabilibus, immenso et infigurabili; seu De universo et mundis libri octo* (1591 u. 1614).
    (In: De monade numero et figura ..., [2.]).
    S. 1958, XXIV; St. 1987, 25 u. 26. Ed. Fiorentino u.a. 1879-91, 1, 1, 201-398, u. 1, 2, 1-318; Ed. Guzzo 1956, 727-755 (Auszüge auch Buch I, III, IV, VII u. VIII).

45. *De imaginum, signorum, et idearum compositione ad omnia inventionum, dispositionum et memoriae genera libri tres* (1591).

S. 1958, XXV; St. 1987, 27. Ed. Fiorentino u.a. 1879-91, 2, 3, 94-322; 83-89: „Nobilissimo illustrique D. Heinrico Eincellio Elcoviae domino Iordanus Brunus Nolanus S.".

46. *Praemissa de ente eiusque tum synonymis, tum in actum et potentiam distinctione, quae auctor in Summa terminorum paulo post allegat* (1595 u. 1609).

(In: Summa terminorum metaphysicorum, ad capessendum logicae et philosophiae studium, ex Iordani Bruni Nolani entis descensu manusc. exerpta; nunc primum luci commissa; a Raphaele Eglino Iconio, Tigurino, [1.]).

S. 1958, XXVI; St. 1987, 28 u. 29. Ed. Fiorentino u.a. 1879-91, 1, 4, 7-13; 5 f.: „Nobilissimo iuveni Friderico a Salicibus generosi viri Ioannis F. Raphael Eglinus Iconius S. D.".

47. *Summa terminorum metaphysicorum ex Iordani Bruni Nolani entis decensu manusc. excerpta per Raphaelem Eglinum Iconium edita* (1595 u. 1609).

(In: Summa terminorum metaphysicorum ..., [2.]).

S. 1598, XXVI; St. 1987, 28. u. 29. Ed. Fiorentino u.a. 1879-91, 1, 4, 14-72.

48. *Eiusdem praxis descensus, seu applicatio entis* (1609).

(In: Summa terminorum metaphysicorum ..., [3.]).

S. 1958, XXVI; St. 1987, 28. u. 29 Ed. Fiorentino u.a 1879-91, 1, 4, 73-101.

49. *Intellectus seu idea* (1609).

(In: Summa terminorum metaphysicorum ..., [4.]).

S. 1958, XXVI; St. 1987, 28. u. 29. Ed. Fiorentino u.a. 1879-91, 1, 4, 102-127.

50. *Explicatio rhetoricae Aristotelis ad Alexandrum privatim a Iordano Bruno Nolano Italo dictata Wittembergae anno 1587* (1612).

(In: Artificium perorandi traditum a Iordano Bruno Nolano Italo, communicatum a Iohanne Henrico Alstedio, [1.]).

S. 1958, XXVII; St. 1987, 30. Ed. Fiorentino u.a. 1879-91, 2, 3, 336-374; 327-335: „Nobilissimo et litteratissimo viro Dn. Abrahamo Wrsotzky Gorni Polono, Domino et fautori honorando S. D. Iohann. Henricus Alstedius" (327-329), „Iohan. Henrici Alstedii introductio in Iordani Bruni Nolani Itali rhetoricam" (330-335).

51. *Secunda pars rhetorices addita praecedenti a Iordano Bruno Nolano Italo. De elocutione seu exornatione: in duas sectiones tributa, quarum prima de copia verborum, altera de copia rerum* (1612).

(In: Artificium perorandi ..., [2.]).

St. 1958, XXVII; St. 1987, 30. Ed. Fiorentino u.a. 1879-91, 2, 3, 375-404.

(1.2) *Im Manuskript überlieferte Schriften*

1. *Animadversiones circa Lampadem Lullianam* [1587].

S. 1958, XXVIII. Ed. Fiorentino u.a. 1879-91, 2, 2, 357-366.

2. *Lampas triginta statuarum* [um 1587].

S. 1958, XXIX. Ed. Fiorentino u.a. 1879-91, 3, 1-258. Vgl. Berti 1868, 30, XXXV.; Berti 1889, 483, XXXV.

3. *Libri physicorum Aristotelis explanati* [zw. 1586 u. 1591].

S. 1958, XXX. Ed. Fiorentino u.a. 1879-91, 3, 259-393.

4. *De magia* [zw. 1586 u. 1591].

S. 1958, XXXI. Ed. Fiorentino u.a. 1879-91, 3, 397-454.
5. *Theses de magia* [zw. 1586 u. 1591].
S. 1958, XXXI. Ed. Fiorentino u.a. 1879-91, 3, 455-491.
6. *De magia mathematica* [zw. 1586 u. 1591].
S. 1958, XXXII. Ed. Fiorentino u.a. 1879-91, 3, 492-506.
7. *De rerum principiis, elementis et causis.*
S. 1958, XXXIII. Ed. Fiorentino u.a. 1879-91, 3, 507-567.
8. *Medicina Lulliana partim ex mathematicis partim ex physicis principiis educta.*
S. 1958, XXXIV. Ed. Fiorentino u.a. 1879-91, 3, 569-633.
9. *De vinculis in genere.*
S. 1958, XXXV. Ed. Fiorentino u.a. 1879-91, 3, 635-700.
10. *Praelectiones geometricae* [1591-1592].
Ed. Aquilecchia 1964, 1-79.
11. *Ars deformationum* [1591-1592].
Ed. Aquilecchia 1964, 81-94.

Zu ergänzen wäre diese Übersicht durch einen dritten Abschnitt, der alle weiteren Zeugnisse aus der Feder Brunos umfaßt; er entspräche dem Abschnitt „Lettere, dediche e motti" in der Bibliographie von Salvestrini (1958, XXXVI).[22]

Bei dem in der Übersicht an vorletzter Stelle genannten Text (2.2, 21.) handelt es sich – dem „Feria V, 20 ianuarii MDC, coram Sanctissimo" überschriebenen Dokument zufolge – um die letzte schriftliche Äußerung Brunos: „Fratris Iordani Bruni, carcerati in S. Officio, memoriale directum Sanctissimo fuit apertum, non tamen lectum." – „... et Sanctissimus Dominus Noster, auditis votis eorumdem Illustrissimorum, decrevit ut procedatur in causa ad ulteriora, servatis servandis, ac proferatur sententia et dictus frater Iordanus tradatur Curiae saeculari."[23] Da es höchst unwahrscheinlich ist, daß die an Klemens VIII. gerichtete Denkschrift vernichtet wurde, kann mit einiger Wahrscheinlichkeit von der Annahme ihrer Aufbewahrung im Archiv des Heiligen Offiziums ausgegangen werden.

In das Archiv des Heiligen Offiziums sind aller Wahrscheinlichkeit nach auch die Bücher und Manuskripte gelangt, die Bruno bei seiner Rückkehr aus Deutschland mit sich führte und die ihm, wie er selbst zu Protokoll gab, im Augenblick der Festnahme verlorengingen. Auf die am 4. Juni 1582, am fünften Tage seiner Vernehmung an ihn gerichtete Frage, ob er in Venedig irgendeinen Feind hätte oder ob es in dieser Stadt eine ihm übelwollende Person gäbe, antwortete er: „Für einen Feind halte ich hier niemanden außer dem Herrn Giovanni Mocenigo und seinen Anhängern und Dienern; dieser hat mich schwerer gekränkt als irgendeiner unter allen Lebenden, er hat mich geradezu meuchlerisch um Leben, Ehre, Freiheit

---

22 Salvestrini 1958, 171-174; s. auch 379 u. 380.
23 Spampanato 1921, 779 f., *Doc. rom.*, V.

gebracht, mir sogar meine Kleider weggenommen, mich, seinen Gast, in seinem eigenen Hause eingekerkert, mir alle meine Schriften, Bücher und sonstigen Sachen geraubt..."[24].

Einige Hinweise auf die Schriften und Bücher, die sich im konfiszierten ‚Nachlaß' Brunos befanden, sind der Anzeige und den beiden denunziatorischen Eingaben Mocenigos zu entnehmen. „Ich übersende Ew. Hochwürden", so äußert sich dieser am 23. Mai 1592, „auch drei Druckschriften desselben, in denen von mir einige Sachen angestrichen sind, und ein kleines Werk von seiner Hand über Gott, zum Beweise seiner allgemeinen Eigenschaften, woraus Sie sich ein Urteil bilden können." – In dem Schreiben, das am 25. Mai auf die Hauptanzeige folgte, führt Mocenigo an, was Bruno vorbrachte, als er ihn in seinem Hause vor der ins Auge gefaßten Abreise zur Rede stellte: „... wenn ich ihm die Freiheit wiedergebe, würde er mich alles lehren, was er wisse, und mir die Geheimnisse aller Werke enthüllen, die er bislang vollendet habe, und er denke auch noch mancherlei Schönes und Seltenes zu schaffen, und er wolle dann mein Diener sein ohne andere Belohnung, als was ich ihm bereits gegeben hätte, und wenn ich es wolle, würde er mir alles lassen, was er in meinem Hause habe; er hatte aber in jeder Weise alles von mir erhalten, und er sagte, ich solle ihm wenigstens ein Büchlein mit Beschwörungsformeln, das ich unter gewissen Handschriften bei ihm entdeckt hatte, wieder ausliefern. Über alles dies habe ich Ihnen, hochwürdiger Vater, noch Rechenschaft geben wollen, damit Sie im übrigen über die Sache urteilen können nach Ihrem eigenen Urteil und heiligem Verstande. – Hier sind noch einige Gelder, Kleider, Schriftstücke und Bücher von ihm, über die Sie verfügen mögen ..."

In seiner Eingabe vom 29. Mai 1592 schließlich lenkt Mocenigo die Aufmerksamkeit des Inquisitors auf eine weitere Veröffentlichung Brunos: „Ich füge noch ein Buch des besagten Giordano bei, in dem ich eine schlechte Stelle angestrichen habe, wie Sie sehen werden, und sie können es wie die anderen zur Beurteilung heranziehen."[25]

Eine Anzahl von Büchern und Handschriften wurden diesen Ausführungen zufolge dem Inquisitionstribunal übergeben.

Den venezianischen Prozeßakten ist sodann zu entnehmen, daß Bruno zwei weiteren Manuskripten eine besondere Bedeutung beimaß. Von Venedig aus wollte er sich wieder nach Frankfurt begeben, um dort einige

---

24 Kuhlenbeck 1904-09, 6, 205. – Spampanato 1921, 739, *Doc. ven.*, XIV.
25 Kuhlenbeck 1904-06, 6, 147, 149 f. u. 164. – Spampanato 1921, 681, 683 u. 686, *Doc. ven.*, I., II. u. IV.

andere seiner Werke drucken zu lassen, „besonders aber dasjenige über die sieben freien Künste", denn er hatte die Absicht, dieses Werk mit einigen anderen seiner Druckschriften, die er nach wie vor billige, „zu den Füßen Seiner Heiligkeit zu legen". – Im Verlaufe der Vernehmung vom 30. Juni 1592, der letzten, die Bruno in Venedig über sich ergehen lassen mußte, äußerte er sich in ähnlichem Sinn; Erwähnung findet, neben dem genannten Werk, jedoch noch ein anderes: „... ma dissegnava di ritornare in Francoforte, per far stampar alcune mie opere delle sette arti liberali e sette altre arti inventive, e dedicar queste opere al Papa."[26]

Es ist nicht ausgeschlossen, daß sich im Archiv des Heiligen Offiziums auch das Verzeichnis der Schriften Brunos befindet, von dem in der Aussage vor dem Inquisitionstribunal des Buchhändlers Giacomo Bertano, mit dem Bruno bekannt war, die Rede ist. Auf die an ihn gerichtete Frage, ob er alle Werke des Angeklagten gesehen und gelesen habe, „und was er für ein Urteil darüber habe, und welches diese Werke sind und wo sie gedruckt sind", antwortet er: „... ich habe diverse Bücher von ihm gesehen: eins mit dem Titel: Zaubergesang der Kirke, gedruckt zu Paris, ein anderes über das Gedächtnis, gedruckt in Paris, ein anderes von der Fackel der Kombination, gedruckt zu Prag, und andere, daran ich mich nicht mehr erinnere, die ich übrigens nicht gelesen habe; allein, wenn ich mich mit ihm über seine Werke unterhielt, habe ich wohl aus seiner Unterhaltung entnommen, daß sie sämtlich bedeutsam sind und von schönem Genie zeugen; und ich glaube, daß ich ein Verzeichnis aller Schriften des besagten Giordano besitze, das er selber mir gegeben hat, ich werde es suchen und wenn ich es finde, sofort dem heiligen Amte übergeben."[27]

Das Manuskript des Werkes *Delle sette arti liberali* findet auch im Vorwort von Giovanni Gentile zur Ausgabe der *Opere italiane* mit dem kommentierenden Zusatz Erwähnung: „che ancora l'Archivio del S. Uffizio nega al legittimo desiderio, e diritto, degli studiosi".[28] Diese nur

---

26 Kuhlenbeck 1904-09, 6, 168 f. – Spampanato 1921, 703 f., *Doc. ven.*, IX, u. 744 f., *Doc. ven.*, XVII. Kuhlenbeck (1904-09, 211) übersetzt in dem letzteren Falle: „... um mein Werk über die sieben freien Künste und über sieben andere Forschungsmethoden drucken zu lassen ...". Vgl. Anm. 42.
27 Kuhlenbeck 1904-09, 6, 157 f. – Spampanato 1921, 693 f., *Doc. ven.*, VII.
28 Gentile, in Bruno 1907-09, 1, VII. – Über den Verbleib von Brunos Nachlaß hat u.a. Brunnhofer (1882, 117 f.) Überlegungen angestellt: „Um die Verantwortung für ein Urtheil von sich abzuwenden, hatte desshalb das venetianische Inquisitionsgericht die sämmtlichen Aktenstücke im Processe Bruno's an die Oberinquisition nach Rom eingesandt und es ist wahrscheinlich, dass unter denselben sich auch sämmtliche Bücher und Manuskripte Bruno's befanden." Brunnhofers Vermutung wird durch eine Bemerkung bestätigt, die Berti (1889, 448) im Anschluß an den Text der „Documenti intorno alla prigionia di Giordano Bruno in Roma trascritti

beiläufig getroffene Feststellung kennzeichnet die Situation bis heute und trifft uneingeschränkt auch auf die übrigen Werke des ‚Nachlasses' zu, dessen Spuren hier nachgegangen wurde. Andere Spuren in den Publikationen Brunos, in den Prozeßakten und in zeitgenössischen Quellen können als Indiz für die Existenz von Handschriften und Druckwerken, die bisher verschollen geblieben sind, gewertet werden. Einen Eindruck von den unbekannten Schriften Brunos soll die folgende Liste, welche den Abschnitt „Opere smarrite" in Salvestrinis Bibliographie in einigen Punkten ergänzt, vermitteln.

(2.) *Nicht zugängliche oder verschollene Schriften*

(2.1) *Publikationen*

1. *L'Arca di Noè* [Rom ?, 1568-1571]
    Salvestrini 1958, 175, Nr. 229. Vgl. Berti 1868, 23, I.; Berti 1889, 475, I.;
    Spampanato 1921, 851; Sturlese 1991, IX f.
2. *De' segni de' tempi* [Venedig, 1577].
    Salvestrini 1958, 176, Nr. 234. Vgl. Berti 1868, 24, IV.; Berti 1889, 476, IV.;
    Spampanato 1921, 851; Sturlese 1991, IX f.
3. '*Responses et invectives contre Mr. de la Faye*' [Genf, 1579].
    Salvestrini 1958, 176 f., Nr. 235. Vgl. Berti 1889, 476; Spampanato 1921, 851;
4. *Clavis magna* [1579-1581].
    Salvestrini 1958, 177, Nr. 237. Vgl. Berti 1868, 24, VI.; Berti 1889, 476, VI.;
    Spampanato 1921, 851; Sturlese 1991, X f.
5. *Purgatorio de l'Inferno* [Paris ?, 1582-1583].
    Salvestrini 1958, 178, Nr. 239. Vgl. Berti 1868, 25, XII.; Berti 1889, 478, XII.; Spampanato 1921, 851; Sturlese 1991, X, Anm. 5.

(2.2) *Manuskripte*

1. ‚*Poema*' [1570-1571 ?].
    Salvestrini 1958, 175, Nr. 230. Vgl. Berti 1868, 23, II.; Berti 1889, 475, II.;
    Spampanato 1921, 851;
2. *Gli pensier gai* [vor 1576 ?].
    Salvestrini 1958, 176, Nr. 231. Vgl. Sturlese 1991, X, Anm. 5.

---

dagli archivî dell'Inquisizione di Roma" (439-448; auch Berti 1876, 219-231) formuliert: „Questi nuovi documenti dimostrano adunque che oltre gli atti del processo si debbono trovare negli archivi dell'Inquisizione in Roma: a) Il *memoriale* che il Bruno indirizzò al papa e que fu aperto ma non letto; b) I libri, i manoscritti e tutte le carte che il Bruno aveva con sè in Venezia."

3. *Il tronco d'acqua viva* [vor 1576 ?].
   Salvestrini 1958, 176, Nr. 232. Vgl. Sturlese 1991, X, Anm. 5.
4. *Vorlesungen zum Thema "la Sfera"* [1576-1581].
   Salvestrini 1958, 176, Nr. 233. Vgl. Berti 1868, 23, III.; Berti 1889, 475, III; Spampanato 1921, 851.
5. *Vorlesungen zum Thema "De anima"* (von Aristoteles) [1579-1581].
   Salvestrini 1958, 177, Nr. 236. Vgl. Berti 1868, 24, V.; Berti 1889, 475, V; Spampanato 1921, 851.
6. *Praedicamenta Dei* [1581-1582].
   Archivio del S. Uffizio (?). Salvestrini 1958, 177, Nr. 238. Vgl. Berti 1868, 24, VII.; Vgl. Berti 1889, 476, VII; Spampanato 1921, 851.
7. *Arbor philosophorum* [1585 ?].
   Salvestrini 1958, 178, Nr. 240. Vgl. Spampanato 1921, 852.
8. *Vorlesungen zum Thema "Organon" (von Aristoteles) und über ‚Philosophie'* [1586-1588].
   Salvestrini 1958, 178, Nr. 241.
9. *De sigillis Hermetis, Ptolomaei et aliorum* [1589-1591].
   Salvestrini 1958, 178 f., Nr. 242. Vgl. Berti 1868, 31; Berti 1889, 484; Spampanato 1921, 852.
10. ‚*Beschwörungsformeln*' („libretto di congiurazioni") [1589-1591].
    Archivio del S. Uffizio (?). Salvestrini 1958, 179, Nr. 243. Vgl. Berti 1868, 31, XLIII.; Berti 1889, 483, XLIII.; Spampanato 1921, 852.
11. *Delle sette arti liberali* [1589-1591].
    Archivio del S. Uffizio (?). Salvestrini 1958, 179, Nr. 244. Vgl. Berti 1868, 30, XXXIV.; Berti 1889, 482, XXXIV.; Spampanato 1921, 852.
12. *Delle sette arti inventive* [1589-1591].
    Archivio del S. Uffizio (?). Salvestrini 1958, 179, Nr. 245. Vgl. Spampanato 1921, 852.
13. *De rerum imaginibus* [1591].
    Salvestrini 1958, 179, Nr. 246. Vgl. Berti 1868, 29, XXXIII.; Berti 1889, 482, XXXIII.
14. *Templum Mnemosynes* [1591?].
    Salvestrini 1958, 180, Nr. 247. Vgl. Berti 1868, 30, XXXVI.; Berti 1889, 483, XXXVI.
15. *De multiplici mundi vita* [1591?].
    Salvestrini 1958, 180, Nr. 248. Vgl. Berti 1868, 30, XXXVII.; Berti 1889, 483, XXXVII.
16. *De naturae gestibus* [1591?].
    Salvestrini 1958, 180, Nr. 249. Vgl. Berti 1868, 30, XXXVIII.; Berti 1889, 483, XXXVIII.
17. *De principiis veri* [1591?].
    Salvestrini 1958, 180, Nr. 250. Vgl. Berti 1868, 30, XXXIX., Berti 1889, 483, XXXIX.
18. *De astrologia* [1591?].
    Salvestrini 1958, 180, Nr. 251. Vgl. Berti 1868, 30, XL.; Berti 1889, 483, XL.
19. *De magia physica* [1591].
    Berti 1868, 30, XLI.; Berti 1889, 483, XLI.

20. *De physica* [1591].
    Berti 1868, 30, XLII.; Berti 1889, 483, XLII.
21. *Memoriale directum Sanctissimo* [1600].
    Archivio del S. Uffizio (?). Spampanato 1921, 779.
22. *Verzeichnis Brunos der eigenen Werke.*
    Archivio del S. Uffizio (?). Spampanato 1921, 693 f., *Doc. ven.*, VII.

Erwähnt sei in diesem Zusammenhang schließlich das *Lessico di Giordano Bruno* (1979), dem bei der Beschäftigung mit dem Werke des Philosophen im wahrsten Sinne des Wortes grundlegende Bedeutung zukommt. Michele Ciliberto, sein Verfasser, dem im Verlaufe der Analyse von Brunos italienischen Schriften bewußt geworden war, daß der Schaffensprozeß des Nolaners sich auf eine „molteplicità di materiali, di lingue e di linguaggi, non risolvibile nel solco di una sola tradizione", gründet, hat daraufhin den Versuch unternommen, „d'individuare alcuni elementi generali, di carattere interpretativo". Das Ergebnis seiner Arbeit ist ein Wörterbuch besonderer Art. „Lo strumento che presentiamo", so wird präzisiert, „non aspira dunque, volutamente, a una *rappresentatività indiscriminata* dell'intera esperienza linguistica di Bruno. Intende invece selezionare, sulla base dei criteri detti, nell'ambito e a seconda dei vari linguaggi, lemmi ed esempi rivelatisi, attraverso l'analisi delle occorrenze e nella costruzione delle singole voci, particolarmente significativi, ed utili per illustrare l'universo filosofico e linguistico di Bruno, nel quadro della filosofia e della lingua italiana del Cinquecento. Entro questa prospettiva, il *Lessico di Giordano Bruno*, sul piano metodico e su quello dell'organizzazione del materiale, è uno strumento diverso, autonomo e indipendente dalle concordanze complete, che rispondono ad esigenze e domande di carattere differente".[29] Daß es sich um ein Werk handelt, dessen Ziel es ist, das ‚Verständnis' des Nolaners zu befördern, soll durch den Titel *Lessico di Giordano Bruno* zum Ausdruck gebracht werden. Die Voraussetzung für ein lateinisches Pendant des monumentalen Werkes von Ciliberto und für einen ‚Index locorum' sind allerdings noch nicht geschaffen: „Mancano tuttora studi organici sul latino bruniano"[30] und – vor allem – die dafür unabdingbare Gesamtausgabe der Werke Brunos.

Der Zeitpunkt, da der erste Band einer Neuausgabe der lateinischen Schriften Brunos erscheint, sollte zum Anlaß genommen werden, um auf möglichst breiter Ebene Überlegungen anzustellen, welche Initiativen ergriffen werden könnten, um die im Falle des Nolaners gegebene Edi-

---

29 Ciliberto 1979, XXXIX, XXXVI f. u. XXXIX; vgl. IX u. XXVI f.
30 Ciliberto 1979, XXXVI, Anm. 63; „... parallelamente al *Lessico*, o a breve distanza da esso, sarà pubblicato, a cura di Aldo Duro, l'*Index locorum* completo delle opere volgari" (XXXIX). Das entsprechende Werk ist noch nicht erschienen.

tionstradition aus ihrer Eigendynamik zu befreien und die freigesetzten Kräfte zur Arbeit an einer *Gesamtausgabe*, in die auch der im Archiv des Heiligen Offiziums lagernde ‚Nachlaß' Eingang fände, zusammenzuführen. Bis zum Erscheinen einer solchen Ausgabe werden die Konturen des facettenreichen Werkes zwangsläufig Unschärfen aufweisen.

2.2 *Die Konstellation des Universums*

Die Verfügbarkeit einer *Gesamtausgabe* der Schriften Brunos bildet – wie die Entwicklung zeigt – keineswegs die Voraussetzung für die Entstehung einer Literatur über Werk und Wirken des Nolaners und gibt auch nicht den Ausschlag für den Grad ihrer Komplexität. Die Genese dieses Schrifttums steht vielmehr ebenfalls im Zeichen einer eigenen Dynamik und ist eine Funktion der unterschiedlichsten Beweggründe. Der Eindruck, der beim Betrachten der von Bibliographen geleisteten Arbeit entsteht, ist überwältigend. Die Feststellung, daß an philosophischen Abhandlungen über Bruno kein Mangel herrsche, wäre demnach – angesichts dieses Sachverhalts – alles andere als erstaunenswürdig, geschweige denn – falls dieses Kriterium überhaupt in Betracht käme – originell. Ihre explizite Formulierung lieferte im übrigen bereits Felice Tocco im letzten Jahrhundert. „Di esposizioni della Filosofia del Bruno", so lauten die ersten Worte der großangelegten Studie seiner Schriften, „non è penuria, e ve ne ha per tutti i gusti. Chi ama un panteista precursore dello Spinoza e dell'Hegel legga l'opera del Bartholmèss, che a suo tempo ebbe larga e meritata fama. Chi preferisce piuttosto un teista o semiteista si raccomandi al Clemens o al Carriere. Chi infine cerca un filosofo monista e naturalista, un darwiniano prima del Darwin o forse anche dell'Haeckel, studii il Brunnhofer..."[31] Bruno – ein Vertreter des Pantheismus, des Theismus, des Monismus, eines Monismus naturwissenschaftlicher oder materialistischer Prägung: das sind einige der Thesen, die in der Bruno-Literatur immer wieder variiert und in unterschiedlicher Weise instrumentalisiert und orchestriert werden. Die von dem Bemühen um Synthese und Genera-

---

31 Tocco 1889, V. Schon Bartholmèss (1846-47, 1, XII) vermerkte in ähnlichem Sinne: „En deçà des Alpes, je l'ai dit, le nom de Bruno est arrivé à une célébrité extraordinaire. Un philosophe allemand, un des écrivains les plus classiques et les plus populaires du siècle dernier, a conçu l'idée de le rajeunir. Depuis il a été en quelque sorte adopté par l'Allemagne, d'abord comme un personnage de circonstance où bien des gens croyaient retrouver leur propre image, puis comme un grand homme: le dirai-je? comme un saint. Chacun voit la bizarrerie d'une semblable apothéose ..." Vgl. Guzzo 1956, 28 f. Verwiesen sei in diesem Zusammenhang auch auf Spampanato (1921, XXXVI ff., bes. XXXVIII).

lisierung geleitete Annäherung an den Philosophen ist, wie hier sogleich hervorzuheben wäre, Tradition. Als Autorität zur Bekräftigung dieses Befundes sei Vincenzo Spampanato berufen, der der Beobachtung Toccos eine allgemeine Wendung gibt. Die Mehrzahl der Autoren, die sich, zumeist gestützt auf das Werk Domenico Bertis, mit dem Nolaner befaßten, taten dies in ihrem eigenen Sinne: „foggiarono il Bruno a modo loro, lo giudicarono secondo le proprie idee, colmandolo di lodi o di biasimi, di benedizioni o di maledizioni..."[32]

Diese für die Modalität der Bruno-Rezeption des 19. Jahrhunderts formulierte Regel hat in der Folgezeit von ihrer Gültigkeit kaum etwas eingebüßt. Wilhelm Dilthey, Ernst Cassirer, Leonardo Olschki, Frances A. Yates, Hans Blumenberg und Helmut Friedrich Krause – um nur einige Autoren dieses Jahrhunderts zu nennen – konzentrieren ihre Aufmerksamkeit ebenfalls auf denjenigen Aspekt im Werke Brunos, den sie für den bedeutsamsten halten. Sie charakterisieren ihn infolgedessen als pantheistischen Denker, als Propagator eines transzendenten kosmischen Gestaltungsprinzips, als durch die Ausdrucksmittel der Sprache beflügelten Philosophen und durch das Potential philosophischer Prämissen inspirierten Dichter, als Vertreter eines zu höchster Entfaltung gelangten Hermetismus und einer souverän praktizierten Mnemonik, als Visionär eines neuen, an der ‚Epochenschwelle' sich artikulierenden Universums und als genialen Promulgator einer über die Entwürfe der modernen Physik weit hinausweisenden Relativitätstheorie. Kurz: all diejenigen, die Bruno von einer bestimmten – nicht selten der eigenen – Warte aus betrachten, finden bei ihm, der jeweiligen Perspektive entsprechend, Fragmente und Elemente eines bestimmten Denkansatzes. Heute – wie in der Vergangenheit – erscheint daher der Nolaner entweder als herausragender Vertreter einer ‚klassischen' Denktradition oder aber als kühner Wegbereiter einer neuen. Er ist so Vollender und Vorläufer in einem. Auf dieser Kategorisierung beruht die Praxis seiner zwanglosen Zuordnung zu einer philosophischen Richtung und die Möglichkeit seiner kritischen Beurteilung auf der Grundlage anderer Prämissen. Zwei Beispiele mögen diese Manifestation des philosophiegeschichtlichen Diskurses beleuchten.

Bei Bruno begegnen, wie Dilthey, den Wurzeln modernen Denkens nachspürend und damit gleichsam gewisse Autoren des 19. Jahrhunderts bestätigend, bekräftigt, Impulse richtungweisender Natur. „Giordano Bruno ist das erste Glied in der Kette pantheistischer Denker, welche durch Spinoza und Shaftesbury, durch Robinet, Diderot, Deschamps und Buffon, durch Hemsterhuys, Herder, Goethe und Schelling zur Gegenwart geht. So bildet seine Stellung in dieser Entwicklung und sein geschicht-

---

32 Spampanato 1921, XXXVII.

liches Verhältnis zu dem pantheistischen Monismus von Spinoza und zu der Monadologie von Leibniz ein erhebliches geschichtliches Problem. [...] Auf Grund der Entdeckung des Copernicus hat er zuerst den Widerspruch des wissenschaftlichen Bewußtseins gegen die Dogmen aller christlichen Konfessionen aus einem großen Gesichtspunkt gezeigt und den modernen Ideen und Lebensidealen einen ersten ganz universalen philosophischen Ausdruck in einem von der Autonomie des Denkens erfüllten System gegeben. Seine erklärenden Naturbegriffe gehören noch der Vergangenheit an: aber der Atem, der sie beseelt und verbindet, ist moderner Geist: dieser kündigt sich in ihm wie in einer Morgendämmerung an, in welcher die Schatten der Nacht sich noch mit dem Licht der aufgehenden Sonne mischen."[33] Für Dilthey steht das Denken des Nolaners nur insofern im Blickfeld der Aufmerksamkeit, als es sich zu dem der Folgezeit in Beziehung setzen läßt. Der Kernpunkt der Fragestellung des Philosophiehistorikers läßt sich in der elementaren Formel „Bruno und ..." fassen.

Bruno als weitsichtigen Vertreter der von Kopernikus wiederbelebten ‚neuen Weltsicht' zu charakterisieren, impliziert zugleich seine Situierung gegenüber Kepler und Galilei. „So wichtig seine Gedanken für die Reform der Kosmologie sind", urteilt standpunktbewußt Cassirer, „so handelt es sich doch in ihnen gegenüber dem Kreis der Naturphilosophie, aus dem er hervorgeht, noch keineswegs um eine völlig veränderte Richtung der Betrachtung und Forschung. Der moderne Begriff der *mathematischen Kausalität* bleibt Bruno gänzlich fremd. Alle Wirksamkeit zwischen den Einzelgliedern des Alls gilt ihm durch das Walten eines gemeinsamen seelischen Prinzips vermittelt, an dem sie gleichmäßig teilhaben. Der Begriff der *Weltseele* ist das notwendige Korrelat zum Gedanken der ursächlichen Verknüpfung..."[34] Bruno – im Sinne Cassirers und anderer – verbindet eine ‚moderne Weltansicht' mit einem Kredo, mit einer ‚metaphysischen Erkenntnislehre'. Auf diesem Umstande beruht seine ‚Beschränktheit', und aus dieser Verquickung resultiert seine Rolle als ‚Vorläufer'.

Einer historisch orientierten, auf ideengeschichtliche Zusammenhänge abhebenden Betrachtungsweise, abgesehen davon, daß sie standpunktbedingte Einzelaspekte in systematisierender oder generalisierender Inten-

---

33 Dilthey 1914, 297. – Beziehungen zwischen der ‚Philosophie' Brunos und dem ‚System' eines Descartes, Spinoza, Leibniz, Hamann, Jacobi, Kant, J.G. Fichte, Schelling, Hegel, J.H. Fichte, Hillebrand, J.U. Wirth, Trendelenburg und Kapp hat schon Carriere (1847, 469-486) aufzudecken versucht. S. auch Berti 1889, 346-359: „I. Scrittori italiani che ragionarono del Bruno ..."; „II. Principali scrittori stranieri ...". Vgl. Tocco 1889, 412 ff.
34 Cassirer 1922, 278.

tion privilegiert, gelingt es zwar, Manifestationen und Modifikationen des Brunoschen Philosophierens zu beschreiben, nicht aber dessen Vielschichtigkeit und Facettenreichtum bewußtzumachen. Sie erweisen sich nämlich als Wesensmerkmale eines Denkens, das eingangs als ‚offen' bezeichnet wurde, eines Denkens, das – wie Ciliberto es ausdrückt – seine eigene Dynamik entfaltet: „... se c'è qualcosa che colpisce in Bruno è la straordinaria ricchezza di una vicenda umana e intellettuale sviluppatasi, sul piano pubblico, nel corso di poco più di un decennio, ma capace, al tempo stesso, di mettersi, volta per volta, in questione, «variando» in una sorta di movimento infinito i motivi strutturali della sua filosofia."[35]

Einen Eindruck von dem Facettenreichtum des Denkens Brunos sollte – nicht zuletzt – das ‚analytische' Inventar seiner Schriften vermitteln. Eine Charakteristik der ihm eigenen Denkweise erfordert allerdings einen anderen Angang. Um diese zu verdeutlichen und deren Konstanten und Variablen freizulegen, bedarf es einer Art der Betrachtung, die als ‚synoptisch' bezeichnet werden könnte. Ihre Grundlage und ihren Ausgangspunkt bildet eine Klassifizierung der Komponenten des Gesamtwerks in der Vielfalt ihrer Erscheinungsformen nach thematischen Gesichtspunkten.

Auf dem Wege einer Klassifizierung der Brunoschen Schriften nach Themenschwerpunkten ergeben sich verschiedene Kategorien, deren Anordnung, am Kriterium der Chronologie orientiert, hinsichtlich der formulierten Fragestellung erste Aufschlüsse zu liefern vermag[36]:

1. *Die mnemotechnischen Schriften*, die in der Tradition der Memoria-Lehre der antiken Rhetorik stehen:
(1.1) 1., 2., 3., 4., 5., 6., 7., 8., 12., 13., 14., 15., 45.;
(2.1) 4.;

---

35 Ciliberto 1990, 3 f. – Als Beispiel für eine neuere Charakteristik des Denkens Brunos, die der Tradition philosophiegeschichtlicher Darstellungsweise verpflichtet ist und daher – zwangsläufig – mit den der Gattung ‚Philosophiegeschichte' eigenen Kategorien operiert, sei auf die Ausführungen von Gerl (1989, 192-206, „Giordano Bruno, 1548-1600: Die Dignität des Einen, Ganzen") verwiesen.
36 Diese Klassifikation orientiert sich an der Klassifikation der lateinischen Werke von Tocco (1889), die vier Kategorien – „le opere lulliane", „le opere mnemoniche", „le opere o espositive o polemiche", „le opere costruttive" (1 u. 419 f.) – und an dem „systematischen Katalog" des Gesamtwerkes von Olschki (1924, 1 f.), der neun Rubriken – die „lullischen Schriften", die „mnemonischen Schriften", die „lehrhaften Schriften", die „magischen Schriften", die „naturphilosophischen Schriften", die „ethischen Schriften", die „Gelegenheitswerke", die „Komödie ‚il Candelaio'", die „verschollenen und unveröffentlichten Werke" – umfaßt. – Eine Klasse der auf die ‚Lullische Kunst' bezüglichen Schriften hat schon Carriere (1847, 372-378) ausgegliedert. – Es bedarf eigentlich kaum der Erwähnung, daß die hier vorgenommene Klassifizierung nicht nur im Falle der „Nicht zugänglichen oder verschollenen Schriften" Unschärfen aufweist.

(2.2) 13., 14.

Explorationen im Universum der Sprache

2. *Die lullischen Schriften*, die mit den ‚erkenntnistheoretischen' Abhandlungen des großen Katalanen in Zusammenhang stehen und die infolgedessen denen der ersten Kategorie verwandt sind:
   (1.1) 10., 11., 32., 33., 34., 38., 50., 51.;
   (1.2) 1., 2.
3. *Die ethischen Schriften*, die Gegenstände aus dem Bereich von Moral und Sitte auf dem Hintergrund der philosophischen und literarischen Tradition in populärer Weise erörtern und darstellen:
   (1.1) 9.; 19., 20., 21., 22.;
   (2.1) 1., 2., 5.;
   (2.2) 1., 2., 3.
4. *Die didaktischen und polemischen Schriften*, in denen die Lehren anderer Philosophen – allen voran die des Aristoteles – objektiv dargestellt oder zum Gegenstand systematischer Kritik gemacht werden:
   (1.1) 23., 24., 25., 26., 27., 28., 29., 30., 36., 37., 39., 40., 47., 48., 49.;
   (1.2) 3., 10., 11.;
   (2.2) 4., 5., 6., 7., 8., 11., 12., 18.
5. *Die naturphilosophischen Schriften*, in denen Bruno, an die magisch-hermetische Tradition anknüpfend, seine eigenen Vorstellungen entwickelt:
   (1.1) 16., 17., 18., 42., 43., 44., 46., 47., 48., 49.;
   (1.2) 4., 5., 6., 7., 8., 9.;
   (2.2) 9., 10., 15., 16., 17., 19., 20.
6. *Die Gelegenheitsschriften*:
   (1.1) 31., 35., 41.;
   (2.1) 3.;
   (2.2) 21., 22.

Betrachtet man diese Schriften unter dem Gesichtspunkt der ‚Eigenständigkeit', so lassen sich – von den *Gelegenheitsschriften* abgesehen – zwei *Typen* von Texten unterscheiden:

(1.) diejenigen, in denen sich Bruno mit der philosophischen Tradition auseinandersetzt oder einzelne Aspekte dieser Tradition berührt, und

(2.) diejenigen, in denen er weitgehend als selbständiger Denker hervortritt.

Zu den Schriften des ersten Typs gehören die der ersten vier Klassen, zu denen des zweiten, die naturphilosophischen: die italienische Trilogie der „nolana filosofia" von 1584 – *La cena de le Ceneri, De la causa, principio e uno, De l'infinito, universo e mondi* –, die lateinische Trilogie von 1591 – *De triplici minimo et mensura, De innumerabilibus, immenso et infigurabili, De monade numero et figura* – sowie die im Manuskript überlieferten Schriften magisch-hermetischer Inspiration.

Eine etwas eingehendere Betrachtung der thematischen ‚Konstellation' der Schriften Brunos eröffnet die Möglichkeit, die Grundzüge seines Denkens – die Grundkomponenten und die Grundprinzipien eines *Denkstils* – freizulegen.

2.3 *Die Konstitution des Universums*

Auf die an Bruno von den venezianischen Inquisitoren am ersten Tage seiner Vernehmung gerichtete Frage, welches „sein Name sei und sein Vorname, wessen Sohn er sei, wo seine Heimat und welches seine Nationalität, und welchen Beruf er selbst habe, welchen Beruf sein Vater gehabt habe", lautet die Punkt für Punkt berührende Antwort: „Ich heiße Giordano, stamme aus der Familie der Bruni, meine Vaterstadt ist Nola, ungefähr 12 Meilen von Neapel, in jener Stadt bin ich geboren und erzogen. Mein Beruf ist, und ist stets gewesen jegliche Wissenschaft und Schrifttum. Mein Vater heißt Giovanni und meine Mutter Fraulissa Savolina, und der Beruf meines Vaters war der eines Soldaten; er ist ebenso wie meine Mutter bereits gestorben." Von Belang ist in diesem Zusammenhang vor allem Brunos Antwort auf die Frage nach seinem Beruf: „... e la professione mia è stata ed è di littere e d'ogni scienzia". Es ist dies eine Aussage, die Bruno am vierten Tag seiner Vernehmung durch den Hinweis bekräftigt, daß er „in allen Teilen der Philosophie" bewandert sei und „in allen Wissenschaften" – die Jurisprudenz jedoch offensichtlich ausgenommen – geforscht habe.[37] Diesen Bemerkungen kommt insofern eine gewisse Bedeutung zu, als sie erlauben, den Gelehrten – in erster Annäherung – unter ‚fachlichem' Gesichtspunkt zu charakterisieren. Bruno verfügt über ein ungewöhnlich breitgefächertes Wissen; er besitzt in den unterschiedlichsten Disziplinen spezielle Kenntnisse und wäre damit – modern ausgedrückt – als Polyhistor einzustufen.

Der junge Nolaner, früh schon für sein phänomenales Gedächtnis berühmt, war ein ungewöhnlich eifriger Leser. „Nel decennio abbondante che passò nei conventi domenicani di Napoli e dintorni, il Bruno lesse di tutto, e si formò quella cultura strana e immensa: cultura, forse, da uomo del Quattrocento, piuttosto che da uomo del tardo Cinquecento." Welchen Gegenständen und welchen Autoren nun Bruno seine Zeit widmete, versuchte Hermann Brunnhofer – die Bemerkung Augusto Guzzos gewisser-

---

37 Kuhlenbeck 1904-09, 6, 160 u. 198. – Spampanato 1921, 696 u. 732, *Doc. ven.*, VIII u. XIII. – Zur Verwendung des Wortes *filosofia* in den italienischen Werken Brunos s. Ciliberto (1979, 1, 453-456; vgl. 457-461, *filosofo*).

maßen präzisierend – zu verdeutlichen: „Während der 12 oder 13 Jahre seines Klosterlebens legte Bruno den Grund zu jener immensen Belesenheit in den Schriften der alten und neueren Philosophen, die wir von nun an in allen Werken des Nolaners anzustaunen Gelegenheit haben werden. Sei es durch die Schule, sei es durch Privatstudien, gewann nun Bruno seine umfassende Kenntniss der Philosophie der Griechen, von deren Schulen ihn hauptsächlich die Eleaten, Empedocles und, neben Plato und Aristoteles, ganz insbesondere die Neuplatoniker, an deren Spitze Plotin, beeinflussten. Auch die Kabbalah, jene Alleinheitslehre der mittelalterlichen Juden, blieb ihm nicht fremd und unter den arabischen Philosophen, deren Werke er in lateinischen Uebersetzungen kennen lernte, wählte er sich neben Al Ghazzali vorzugsweise Averroës zum Führer. Neben den Scholastikern, unter welchen er ausser Thomas von Aquino insbesondere den Raimundus Lullus feierte, studirte er immer und immer wieder die naturphilosophischen Schriften des deutschen Cardinalbischofs Nicolaus von Cusa und die astronomischen Werke des Copernicus." Wenn Brunnhofer betont, daß Bruno – wie kaum ein anderer Autor in alter und neuer Zeit – mit großer Lust und Offenheit „auf die Quellen seiner eigenen Bildung" hingewiesen hat, so ist dem beizupflichten.[38] Es darf freilich nicht erwartet werden, daß diese Hinweise vollständig sind; Entscheidendes – wie sich zeigen wird – wurde ausgespart.

Doch nicht nur die Frage nach dem Umfang des Wissens erheischt einige Aufmerksamkeit, sondern auch die Frage nach dessen ‚Topologie'. Ein Blick auf Brunos ‚Lehrjahre' kann sich diesbezüglich, wie es scheint, als recht aufschlußreich erweisen.

Im Alter von neun oder zehn Jahren kam Bruno nach Neapel, wo er wahrscheinlich im Hause eines Oheims, Sammetweber seines Zeichens, Aufnahme fand, um – wie er sich ausdrückt – „die humanen Wissenschaften, Logik und Dialektik zu lernen" – „a imparar littere de umanità, logica e dialettica". Bruno erachtete es als zweckdienlich, den ‚orthodoxen'

---

[38] Guzzo 1956, 14. – Brunnhofer 1882, 8 f. In einer neueren Bruno-Monographie werden zum Lektürekanon die folgenden Angaben gemacht: „Wahrscheinlich hat der Nolaner einen nicht unbeträchtlichen Teil der Werke, die er in seinen späteren Schriften erwähnt, bereits als Mönch gelesen. Dies gilt insbesondere für das naturphilosophische Werk des Aristoteles. [...] Neben den großen Griechen studierte der Mönch Giordano die Kirchenväter und die Neuplatoniker sowie die arabischen Kommentatoren des Aristoteles, Averroës, Avicenna und Avicebron, die römischen Dichter Vergil, Ovid und Lukrez und den Cusaner ..., den er verehrte und in gewissen Grenzen als einen Vorläufer betrachtete. Auch die epochemachende Schrift des Kopernikus dürfte Bruno bereits als Mönch gelesen haben." (Kirchhoff 1980, 26 f.)

Charakter seines Unterrichts zu betonen: „und zwar wurde ich", so fährt er fort, „privatim in der Logik unterrichtet von einem Vater Augustiner mit Namen Bruder Teofilo da Vairano, der später über Metaphysik in Rom gelesen hat". „Mit 14 oder ungefähr 15 Jahren", so Brunos zeitliche Präzisierung, „nahm ich das Ordenskleid des heiligen Domenicus im Kloster oder Konvent des heiligen Domenicus in Neapel ..." Ein weiterer namentlich bekannter Lehrer, bei dem der junge Nolaner sein philosophisches Rüstzeug erwarb, war Giovan Vincenzo Colle da Sarno, genannt ‚il Sarnese'. Die Vermutung, daß im Rahmen dieses Unterrichts Aristoteles eine bedeutsame Rolle spielte, findet – durch beiläufige Bemerkungen in den italienischen Dialogen – ihre Bestätigung.[39]

Brunos Benennung von Disziplinen, die Gegenstände seiner beginnenden Unterrichts- und Lehrtätigkeit darstellten, erlaubt – in einem ersten Schritt – die Umgrenzung dessen, was unter den ‚humanen Wissenschaften' – den ‚*littere de umanità*' – zu verstehen ist: „Ich verweilte in Noli ... ungefähr vier Monate, in denen ich Knaben in der Grammatik unterrichtete und einigen Edelleuten Vorlesungen über die Sphäre hielt" – „... insegnando la grammatica a figliuoli e leggendo la Sfera a certi gentilomini". Das letztere bezieht sich auf eine Disziplin des Quadriviums, die *Astronomie*, die sich mit den Erscheinungen der ‚Himmelskugel' beschäftigt. Da nun zwei Disziplinen des Triviums, die *Dialektik* und die *Grammatik*, im vorangehenden Erwähnung finden, darf wohl schlüssig gefolgert werden, daß mit den ‚*littere de umanità*' die Hauptdisziplinen der *Artes liberales* gemeint sind, der Kanon der ihnen zuzurechnenden Schriften also den Grundstock des Wissens bildete, auf dem Bruno systematisch aufbaute und das er zielstrebig zu erweitern trachtete.[40]

Einen Eindruck davon, welche Disziplinen ein erweiterter Wissenskanon im Sinne Brunos umfaßt, vermittelt die kompositionstechnisch motivierte *Enumeratio* in dem ‚moralphilosophischen' Traktat mit dem Titel *Spaccio de la Bestia trionfante*. Genannt werden – als Töchter der

---

39 Kuhlenbeck 1904-09, 6, 160 f. – Spampanato 1921, 697, *Doc. ven.*, VIII. – Zum letzteren s. Bruno (1907-09, 1, 98, *La Cena de le ceneri*, u. 2, 298, *De gli Eroici furori*) sowie Ciliberto (1986, 56, 114 u. 122; 1990, 8 u. 10). In seinem *Lessico di Giordano Bruno* (1979, 1, 88-94) präsentiert Ciliberto eine eindrucksvolle Zahl von Erwähnungen des Stagiriten in den in der Muttersprache verfaßten Werken. Verwiesen sei sodann auf Brunnhofer (1882, 6 f.) und – vor allem – auf Spampanato (1921, 67-103: „I primi maestri"). – Zur rhetorischen Propädeutik der Dominikaner s. Spampanato (1921, 147 ff.). Vgl. Olschki 1924, 78.
40 Kuhlenbeck 1904-09, 1, 164 (ähnlich 162); vgl. 166 (die Bemerkung zum Thema ‚Himmelskugel'). – Spampanato 1921, 698, *Doc. ven.*, IX (698, oben, *Doc. ven.*, VIII); vgl. 700, *Doc. ven.*, IX. – S. auch Ciliberto 1990, 2, 1097-99, s.v. *sfera*.

Mnemosyne, der Mutter der Musen – die Arithmetik, die Geometrie, die Musik, die Logik, die Poesie, die Astrologie, die Physik, die Metaphysik und die Ethik. Deutlich zu vernehmen ist in diesem Zusammenhang ein Anklang an die „für das ganze Mittelalter maßgebende Darstellung der freien Künste": an Martianus Capellas *De nuptiis Philologiae et Mercurii*.[41]

Es kann daher festgehalten werden, daß für die Lehre und das schriftstellerische Schaffen Brunos die *Artes liberales* und die in ihrem Zyklus klassifizierbaren Gegenstände insofern eine zentrale Rolle spielen, als sie den alles fundierenden Ausgangspunkt und den durchgängig präsenten ‚topologisch' bedeutsamen Bezugsrahmen darstellen. In Einklang mit diesem Befund steht die bereits erwähnte Tatsache, daß unter den Werken, die Bruno im Jahre 1592 in Frankfurt zu drucken gedachte, sich eines befand, das den „sieben freien Künsten" gewidmet war. Mit des Philosophen eigenen Worten: „Ed andavo a Francoforte di novo ... per far stampare altre mie opere, ed una in particular *Delle sette arte liberali*, con intenzione de pigliar queste ed alcune mie altre opere stampate e che io approbo, ché alcune non approbo, ed andarmi a presentar alli piedi de Sua Beatitudine, la qual ho inteso che ama li virtuosi, ed esporli il caso mio..." Bruno maß diesem Werk offensichtlich besondere Bedeutung zu, denn er kommt – wie ebenfalls erwähnt – vor dem Inquisitionstribunal abermals darauf zu sprechen: „E se bene a Venezia non ho procurato l'absoluzione dalle censure, io non era però lontano dalla disposizione che ho sempre avuto, di ritornar alla Chiesa catolica; ma dissegnava di ritornare in Francoforte, per far stampar alcune mie opere delle sette arte liberali e sette altre arti inventive, e dedicar queste opere al Papa." Es steht zu vermuten, daß Bruno in diesem auf dem Höhepunkt seiner schriftstellerischen Aktivität entstandenen Werk die Voraussetzungen für den schrittweisen Erwerb einer *Copia rerum*, eines Potentials an sachlichem Wissen, und einer damit aufs engste verbundenen *Copia verborum*, eines gediegenen Arsenals von sprachlichen Ausdrucksmitteln, zu entwickeln versuchte. Berührt wird diese Thematik im übrigen auch im zweiten Teil seiner postum erschiene-

---

41 Bruno 1907-09, 2, 118-120. S. auch Kuhlenbeck 1904-09, 2, 330 f., Anm. 172, Olschki 1919-27, 3, 41 ff., „Allegorie und Gleichnis", sowie Ciliberto 1990, 2, 670 u. 785, s.v. *Lira* u. *musa*. *Astrologie* wird im Sinne von ‚Astronomie' verwandt; vgl. Ciliberto 1979, 1, 115. – Ähnlich wie Curtius (1953, 47 f.) erinnert Garin (1964-66, 1, 10) an die Bedeutung Martianus Capellas, dessen Abhandlung über die sieben freien Künste in Gestalt einer ‚geglückten Allegorie' „im Mittelalter als Autorität galt" und die Grundlage des Systems des „enzyklischen Wissens" bildete.

nen ‚Rhetorik': „De elocutione seu exornatione: in duas sectiones tributa, quarum prima de copia verborum, altera de copia rerum".[42]

Mit dem Erwerb einer *Copia rerum* steht ein anderes Problem, dem Bruno schon früh seine Aufmerksamkeit widmete, in engstem Zusammenhang: das Problem des Einprägens, Behaltens und bewußten Erinnerns. Er selbst verfügte, wie angedeutet, seit jungen Jahren über ein phänomenales Gedächtnis.[43] In Paris, wohin er sich – von Toulouse aus – im Herbst 1581 begeben hatte, erregte er deswegen sogar die Aufmerksamkeit des Königs. Um sich bekannt zu machen, heißt es in der Aufzeichnung seines Berichts, kündigte er eine außerordentliche Vorlesung an und hielt dreißig Vorträge, „die zum Gegenstande die dreißig göttlichen Attribute hatten, entnommen dem ersten Teile des heiligen Thomas". Bruno trug offensichtlich ohne Konzept vor, denn seine Reputation drang zu Heinrich III., der ihn eines Tages zu sich beschied und fragte, ob das Gedächtnis, das er besäße und an den Tag legte, „natürlich wäre oder auf magischer Kunst beruhe". „Ich gab ihm befriedigende Auskunft", so berichtet Bruno weiter; „nach meinen Worten und Werken erkannte er bald, daß es sich nicht um magische Kunst, sondern um Wissenschaft handelte, und danach ließ ich ein Buch drucken über das Gedächtnis unter dem Titel *de Umbris*

---

42 Spampanato 1921, 703 f. u. 744 f., *Doc. ven.*, IX u. XVII. – Nr. 51 der als Druckwerke überlieferten Schriften (1.1). Der aus Siena stammende Buchhändler Gian Battista Ciotti erwähnt das den *Artes liberales* gewidmete Werk in seiner Aussage vor dem venezianischen Inquisitionsgericht am 23. Juni 1592: „Io non ho da dir altro se non che un giorno dimandando io nella mia bottega, nel principio del mese di maggio, a detto Giordano che opere che faceva, mi rispose che faceva un libro *Delle sette arti*; fornito questo, voleva fare un libro e portarlo a Sua Santità; ma non mi disse che libro voleva che fosse, né a che fin né a che effetto volesse far questo, solo me disse: «So che Sua Santità si diletta di littere, e voglio far questo libro ed andar a presentarglielo»." (Spampanato 1921, 741 f., *Doc. ven.*, XVI.) Daß Bruno mit den genannten Werken schon während seiner Aufenthalte in Frankfurt (Juni 1590 bis Februar 1591 und März / April bis Juli / August 1591) befaßt war, ließe sich der Aussage des Buchhändlers Giacomo Bertano, der ihn während dieser Zeit kennenlernte, entnehmen: „... ich weiß auch nichts von allem", so Bertano, „was er gemacht hat, ausgenommen, daß er mir mehrfach gesagt hat, er sei mit einem Buch beschäftigt, das, wenn es erst vollendet wäre, in allen Wissenschaften Aufsehen erregen werde". (Kuhlenbeck 1904-09, 6, 156 u. 286, Anm. 120; Spampanato 1921, 692, *Doc. ven.*, VII.)

43 „Aus einwandfreien Zeugnissen und Aussagen wissen wir, daß Bruno mit einem phänomenalen Gedächtnis begabt war." Olschki (1924, 74 f.; vgl. 78.) verweist in diesem Zusammenhang auf die Biographien von Berti (1868) und Spampanato (1921, 314 ff.).

idearum, das ich Seiner Majestät widmete, und aus diesem Anlaß ernannte er mich zum außerordentlichen Professor mit Gehalt ..."[44]

Um seine einschlägige Begabung zu höchster Entfaltung zu bringen, hatte Bruno sich früh schon den Werken des Raymundus Lullus zugewandt; durch sie erschloß sich ihm die Tradition der *Ars memorativa*. In den Werken des großen Katalanen fand er jedoch noch ein Zweites: eine *Methode*, die es ermöglichte, erworbenes Wissen *systematisch* – und in originärer Weise – zu ‚verarbeiten'. Die vor 1583 entstandenen Schriften – insbesondere die ‚ethischen' – sind im wesentlichen das Ergebnis ‚methodischer' Verarbeitung von traditionellem, mit dem Dogma der Kirche in Einklang stehendem Wissen.

Zu nennen wären sodann zwei weitere Autoren, deren Studium auf Bruno eine nachhaltige Wirkung ausübte: Lorenzo Valla und Erasmus von Rotterdam. Ihre Schriften waren es, die seine Einstellung zu den ‚Autoritäten' der Überlieferung und seinen Umgang mit ihnen beeinflußten und prägten. Die ‚Textkritik' des Erasmus war ihm, wie er im Verlaufe der Vernehmung bekundete, schon in Neapel vertraut: „... ich bin dann von Rom geflohen, weil ich Briefe von Neapel erhielt und benachrichtigt wurde, nach meiner Abreise von Neapel seien gewisse Bücher gefunden worden, nämlich die Werke des heil. Chrysostomus und Hieronymus mit den Scholien des Erasmus ..."[45] Es ist durchaus anzunehmen, daß Bruno auch andere Werke des im Geiste Vallas wirkenden Erasmus kannte, seine einschlägigen Kenntnisse sich also nicht allein auf dessen textkritische Arbeiten, zu denen im übrigen die Erstausgabe von Vallas *Adnotationes* zum Neuen Testament (Basel 1505) zählte, beschränkten.

Als eigentlicher Lehrer Brunos, als derjenige, der ihm die Einstellung gegenüber den Autoritäten der Philosophie und der Theologie, die für ihn bezeichnend werden sollte, zu finden verhalf, aber kommt Lorenzo Valla in Betracht. Bereits ein Blick in das Vorwort zu den *Dialecticae disputationes* läßt erkennen, daß die hier formulierte kritische Grundhaltung gegenüber tradierten ‚Wahrheiten' die durchgängige Position Brunos umreißt: „Immer besaßen die Philosophen die Freiheit, unerschrocken das zu sagen, was sie dachten – nicht allein den führenden Männern anderer Schulen, sondern auch denen der eigenen gegenüber; um wieviel mehr gilt das für Philosophen, die keiner Schule angehörten! Um so weniger kann man die neuen Peripatetiker ertragen, die den Männern, die sich zu keiner

---

44 Kuhlenbeck 1904-09, 6, 166 f. – Spampanato 1921, 701 f., *Doc. ven.*, IX. – S. hierzu Sturlese 1991, XI f. Vgl. Ciliberto 1990, 14 f.
45 Kuhlenbeck 1904-09, 6, 203. – Spampanato 1921, 737, *Doc. ven.*, XIII. – Brunos Verhältnis zu Erasmus versucht u.a. Ciliberto (1986 u. 1990, jeweils *passim*) etwas schärfer zu umreißen. Vgl. Brunnhofer 1882, 14.

Schule rechnen, die Freiheit nehmen, anders als Aristoteles zu denken: Als ob dieser ein Weiser und nicht ein Weisheitsliebender, ein Philosoph wäre und als ob es nicht schon früher Andersdenkende gegeben hätte. Sie wissen nicht, daß nicht nur schon vor der peripatetischen andere Schulen bestanden haben, wie die pythagoreische und die demokritische, sondern zusammen mit der peripatetischen auch allmählich andere Schulen aufkamen, wie die stoische und die epikureische, die – obgleich sie in der Heimat der Philosophie, in Athen, erwuchsen – Lukas in der Apostelgeschichte erwähnt; und daß schon vor der peripatetischen die platonische und die aus dieser Quelle entspringende akademische Schule bestand. Was soll ich über die anderen Philosophen sagen? Pflegte nicht Theophrast, der Nachfolger des Aristoteles, furchtlos anders als sein Meister zu denken?"[46] Durch Überlegungen dieser Art wurde Bruno zweifellos angeregt, das *Sapere aude!* zum Prinzip seines Philosophierens zu machen.

Der Einfluß Vallas auf Bruno geht allerdings noch wesentlich tiefer: Bruno steht in der von Valla begründeten Tradition des Philosophierens und vollendet gleichsam dessen humanistische Programmatik, *Rhetorik als Philosophie* zu begreifen. In seinem Wirken und in seinem Werk manifestiert sich die Umsetzung des Konzepts einer *Scienza nuova*.[47]

Eine einschneidende Veränderung erfährt Brunos Umgang mit Autoritäten und traditionellem Wissen nach einer intensiveren Auseinandersetzung mit der Kopernikanischen Lehre. Wer das Bewegungsprinzip der Sternenwelt erkannt hat, so verkündet – gleichsam programmatisch – Filoteo im dritten Dialog von *De l'infinito, universo e mondi*, „dem müssen sich die Pforten des Verständnisses öffnen für die wahren Prinzipien der natürli-

---

46 Garin 1964-66, 2, 215 f. (deutsche Übersetzung von Werner Raith). Der lateinische Text lautet: „Libertas semper philosophis fuit fortiter dicendi quae sentirent, nec solum contra principes aliarum sectarum, sed etiam contra principem suae; quanto magis his qui nulli sectae se addixerunt! Quominus ferendi sunt recentes Peripatetici, qui nullius sectae homini interdicunt libertatem ab Aristotele dissentiendi, quasi *sophos* hic non philosophus, et quasi nemo hoc antea fecerit. Ignari, peripatetica haeresi inventa, non modo priores viguisse, ut pythagoream democriticamque, sed alias quoque subortas fuisse, ut stoicam epicureamque, de quibus, tanquam florentibus in domicilio philosophiae Athenis, meminit Lucas in *Actis Apostolorum*; nec ante Peripateticam nominatos fuisse Platonicos et, qui ab eodem fonte manarunt, Academicos. Quid alios loquar? nonne Theophrastus, Aristotelis successor, a praeceptore suo dissentire non timide solet?" Vgl. Tocco 1889, 415 f.

47 Eine grundsätzliche Neubestimmung des philosophischen Ansatzes von Valla ist Hanna-Barbara Gerl (1974; 1989, 97-108) zu verdanken. – Bereits an dieser Stelle sei präzisiert, daß das ‚neue Denken', das Grassi (1968) bei Vico diagnostiziert, in seinen Konturen von Valla entwickelt wird und in Bruno seinen Protagonisten besitzt.

chen Dinge, und mit Riesenschritten wird er den Weg zur Wahrheit weiterschreiten ..."[48] In den Jahren 1583 und 1584, während des Aufenthaltes in England, vollzieht sich ein Umschwung in Brunos Art zu philosophieren. Jenseits des im Geiste Vallas praktizierten ‚kritischen' Umgangs mit Autoritäten eröffnet sich ihm nunmehr ein Freiraum unauslotbarer Dimension. Die Revolution im Bereiche der Kosmologie bedeutet für Bruno eine *Revolution im Bereiche des Denkens*.

Die Abkehr von dem bisherigen Bezugssystem impliziert eine Relativierung der Standpunkte. Der ‚geschlossene' Kosmos des als gesichert geltenden philosophischen Wissens erfährt eine Öffnung, verliert zugleich aber auch seine Verankerung in einem wohldefinierten Koordinatensystem. Für Bruno ist damit buchstäblich alles ‚denkbar' geworden; die Grenzen zwischen Philosophie und Dichtung beginnen sich für ihn zu verwischen. Substanz für sein Denken und Dichten liefert fortan in zunehmendem Maße das ‚nicht-kanonische' Schrifttum – nicht zuletzt das Arsenal von Werken magisch-hermetischer Inspiration –, dessen Rezeptions- und Wirkungsgeschichte Frances A. Yates in bewundernswerter Weise darzustellen begonnen hat.

Keinem Wandel hingegen unterliegt die Art und Weise, wie sich Bruno die Substanz ‚neuen' Schrifttums anverwandelt. Nicht die Methode seiner Bearbeitung und Verarbeitung ändert sich, sondern lediglich die *Quantität* und die *Qualität* des bearbeiteten und verarbeiteten Materials. Die Begriffe und die Begriffskomplexe, mit denen Bruno umzugehen pflegt und die als Grundkomponenten dem ihm eigenen Philosophieren die charakteristische polymorphe Ausprägung verleihen, werden fortan – und das wäre der Schlüssel zu einem Verständnis seiner Funktionsweise – im großen Stil miteinander kombiniert. Das bis dahin zur Anwendung gelangende methodische Prinzip – die *Ars combinatoria* Lullischer Provenienz – wird keineswegs aufgegeben, im Gegenteil: es operiert lediglich mit einem umfassenderen Inventar von Komponenten. Kennzeichnen ließe sich dieser

---

48 Bruno 1904-09, 3, 87. – Bruno 1907-09, 1, 333. – Den Umschwung in Brunos Art zu philosophieren konstatiert auch Olschki (1919-27, 3, 18): „Die Anschauungswelt der Pariser Schriften philosophischen Inhalts ist noch die der plotinischen Lehren und der lullischen Ideenverkettung vermittels der Schatten der Ideen. Diese Werke spiegeln Brunos ungestörte Lehrtätigkeit an der Pariser Universität und sein Auftreten als Gedächtniskünstler und Meister der lullischen Denkmaschine wider. Von den Grundgedanken seiner Londoner Schriften, die sich auf die kopernikanische Lehre stützen, um die Unendlichkeit des Universums und der Welten nachzuweisen, ist in den früheren keine Spur enthalten. Zwar versichert Bruno, von Jugend auf ein Anhänger des Kopernikus gewesen zu sein; aber erst in London entfaltete sich diese Vorliebe zu einem philosophischen Bewußtsein und zu einem geistigen Besitz." Vgl. Tocco 1889, 414 f. Verwiesen sei in diesem Zusammenhang sodann vor allem auf die Ausführungen von Ciliberto (1990, 29-195, „L'esperienza inglese").

Umstand durch einen bezeichnenden Zusatz: Brunos *Ars investigandi, demonstrandi et inveniendi* beruht auf dem Mechanismus einer ‚*Ars magna combinatoria*'. Wenn Gustav René Hocke in einer Kombinatorik Lullischer Provenienz, die sich sprachlicher Elemente bedient, ein Wesensmerkmal des ‚literarischen Manierismus' sieht, dann könnte deren ‚ideologische' Spielart durchaus als ein Wesensmerkmal seines Gegenstücks – des ‚*philosophischen Manierismus*' – betrachtet werden.[49]

Nach diesen Bemerkungen zum Thema des ‚Umfangs', des ‚Bezugsrahmens' und des ‚Wesens' des von Bruno erworbenen Wissens und zum Thema der bewußten ‚Anverwandlung' und eigenständigen ‚Verarbeitung' dieses Wissens können die Umrisse von Brunos Philosophieren, das ganz im Zeichen der *Rhetorik* steht, präzisiert werden. Es ist eine Rhetorik im Sinne von Quintilian, so wie sie Valla wieder zu beleben versuchte, eine Rhetorik, die auf den Fundamenten einer idealistischen Weltanschauung ruht und die – als Selbstverständlichkeit – die Rhetorik als ‚technische' Disziplin in sich begreift.[50] Der zielstrebig betriebene Erwerb einer *Copia rerum*, beginnend in dem durch die Tradition der *Artes liberales* abgesteckten Bereich, korreliert mit dem ‚Ideal' der humanistischen Rhetorik. Die traditionelle Rhetorik – die Rhetorik im engeren Sinne – stellt andererseits ihr Methodenarsenal zur Verfügung, und zwar in erster Linie für eine gedächtnismäßige Verankerung und eine zielsetzungsgemäße Verarbeitung der *Copia rerum*. Auf diesem Hintergrund erscheint das Folgende leichter nachvollziehbar.

Die *Ars memorativa*, die im Schaffensprozeß von Raymundus Lullus und Giordano Bruno von grundlegender Bedeutung ist, besitzt ihren ‚systematischen' Ort im Lehrgebäude der Rhetorik, das einem Dominikaner – wie Frances A. Yates in Erinnerung bringt – von alters her bestens ver-

---

49 Besonders aufschlußreich ist Hockes auf die Bewußtmachung ‚manieristischer Konstanten' abzielende Auseinandersetzung mit dem Thema „Ars combinatoria" in dem Werk *Manierismus in der Literatur* (1959, 50-60). – Zur Tradition der *Ars memorativa* s. Tocco (1889, 21-43, „Cenni sulla memoria artificiale nell'antiquità e nel Medio Evo"), Rossi (1960) und Yates (1966). Verwiesen sei in diesem Zusammenhang sodann auf Sturlese (1991a, bes. LIV ff., u. 1991b). Weitere Literatur zu diesem Themenkomplex wird von Ciliberto (1990, 294 f.) unter der Rubrik „Sugli scritti lulliani, mnemotecnici e magici" aufgeführt.

50 Verwiesen sei in diesem Zusammenhang auf die Ausführungen von Gerl (1974, 80-97, „Vallas Quellen für die Kritik an der rationalistischen Philosophie: Comparatio Ciceronis Quintilianique"). Vgl. Cassirer (1922, 121 ff., „Die Auflösung der scholastischen Logik"). – Ein substantieller Beitrag zur neueren Geschichte der ‚literarischen' Rhetorik (oder Rhetorik im engeren Sinne) stammt aus der Feder von Fumaroli (1980). Zur „Wirkungsgeschichte der Rhetorik" s. weiterhin Kopperschmidt (1990-91, 2).

traut war. Das gleiche gilt für die *Ars combinatoria*, die eine zielstrebig betriebene Weiterentwicklung des zweiten Teiles der Rhetorik – der Lehre von der *Inventio* – darstellt.

Den Schlüssel für eine Charakteristik der spezifischen *Form* der Brunoschen Schriften liefert die Lehre von der *Dispositio*. Bruno hat es sich angelegen sein lassen, und dies könnte im einzelnen gezeigt werden, die traditionellen Vorgaben dieser Lehre in souveräner Manier – alle Gattungsgrenzen überschreitend – zu variieren.[51]

Brunos Sprachgebrauch schließlich tritt in seiner ganzen Eigenart auf dem Hintergrund der Lehre von der *Elocutio* in Erscheinung. Zum Ausdruck der ihm zu Gebote stehenden *Copia rerum* verfügt er über eine *Copia verborum* sondergleichen. Seine Sprachmächtigkeit, die sich in der Differenziertheit der Wortwahl und in dem Nuancenreichtum der Formulierungen manifestiert, erlauben es, ihn – bildlich gesprochen – als eine ‚Inkarnation des Wortes' zu apostrophieren und in einem Atemzuge mit einem Rabelais, Shakespeare oder Victor Hugo zu nennen. Das rhetorische Talent des Philosophen, das ihn in die Nähe großer Dichter rückt, manifestiert sich aber auch in der Art und Weise der Textgestaltung. Die Prämissen des sprachlichen *Aptums* befinden sich – ebenso wie die kompositorischen und adressatenspezifischen – in Einklang mit den anlaßbedingten und anlaßinspirierten Vorstellungen des Autors.

Brunos *aptum*-bewußte Verwendung des Ornatus, in der seine ‚barocke' Sprachgestaltung am augenfälligsten in Erscheinung tritt, ließe sich systematisch – den Regeln der Kunst gemäß aufgeführt unter den Rubriken „Ornatus in verbis singulis" und „Ornatus in verbis coniunctis" – belegen.

---

51 S. hierzu Olschki (1919-27, 3, 29-44, „Die Struktur der Dialoge", u. 44-49, „Die «Eroici furori»"). – Den Dialogen, so Olschki (29 f.), fehlt „die strukturelle Geschlossenheit, der konventionelle Aufbau, die eintönige Gemessenheit der übrigen italienischen Werke dieser Art und Zeit". „Sie sind originell und selbständig infolge der Einführung von Personen, Motiven, Szenen und Zugaben, die allen anderen fehlen, und sie zeichnen sich durch die einzigartige Vermischung erhabenster Gespräche und possenhafter Schnurren, des echtesten Pathos und der trivialsten Akzente vor ihnen aus. Der in der Mystik Plotins gereifte Denker und der derbste Lustspieldichter der Renaissance sind vereinigt am Werke gewesen und haben überall die Spuren ihrer Individualität in diesen seltsamen Kompositionen hinterlassen: der Philosoph, indem er auf antiker Grundlage ein eigenes, rational unvollständiges und in sich widerspruchsvolles Weltbild entwirft; der Dichter, der die Figuren der Komödie mit dem eigenen Fühlen und Erleben zu Symbolen verdichtet, ohne die realistische Darstellung dem eigentlichen Zwecke dieser Dialoge mildernd anzupassen ..." Olschki, der als hervorragender Bruno-Kenner die Kompositionsweise der Dialoge trefflich zu charakterisieren versteht, ist gleichwohl verborgen geblieben, daß diese auf ‚methodischen Prinzipien' beruht.

Aus dem breiten Spektrum von Wort- und Gedankenfiguren, das für seinen Stil kennzeichnend ist, sei die *Enumeratio* als besonders markantes Exempel herausgegriffen.[52] Das Zitat, das einer weiteren zentralen Stelle in dem Dialog *De l'infinito, universo e mondi* (1584) entstammt, möge zugleich als Beleg für Brunos überbordende Kreativität im Bereiche des Lexikalischen dienen. Auf die Frage des im Sinne des Kopernikus argumentierenden Fracastorio, ob derjenige schlecht zu handeln scheine, der die verkehrte Welt wieder in die richtige Lage bringt, entgegnet der autoritätsgläubige Scholastiker Burchio, bestrebt, seine ausweglose Position zu kaschieren, in bester ‚rhetorischer' Manier: „Volete far vane tante fatiche, studii, sudori di fisici auditi, de cieli e mondi ove s'han lambiccato il cervello tanti gran commentatori, parafrasti, glosatori, compendiarii, summisti, scoliatori, traslatatori, questionarii, teoremisti? ove han poste le sue base e gittati i suoi fondamenti i dottori profondi, suttili, aurati, magni, inexpugnabili, irrefragabili, angelici, serafici, cherubici e divini?" Darauf Fracastorio: *„Adde* gli frangipetri, sassifragi, gli cornupeti e calcipotenti. *Adde* gli profundivedi, palladii, olimpici, firmamentici, celesti empirici, altitonanti?" – *Burchio*: „Le deveremo tutti a vostra instanza mandarle in un cesso? Certo, sarà ben governato il mondo, se saranno tolte via e dispreggiate le speculazioni di tanti e sì degni filosofi!"[53]

Das vom Standpunkt dogmatischer Vorgaben oder autoritätsgestützter Gewißheit aus mit Begrifflichkeiten operierende Denken aristotelischer Inspiration wird durch begriffsrelativierende Wortkaskaden persifliert und

---

52 „Die merkwürdigste Verknüpfung von rhetorischem Ausdruck und sachlicher Meinung, die Brunos Stil und Werk charakterisiert, finden wir in dem am häufigsten von ihm gebrauchten Kunstgriff der *Enumeratio*. An zahllosen Stellen seiner italienischen Dialoge, eigentlich fast auf jeder Seite und in jedem Zusammenhang schichtet Bruno reihenweise meist zur Erzeugung einer Steigerung der Überzeugungskraft und der rhetorischen Wirkung Worte und Wendungen auf, die jeweils den gerade behandelten Gegenstand nach allen Richtungen hin erschöpfen." (Olschki 1919-27, 3, 54.) Im folgenden (54-60) werden Beispiele gegeben und andere ‚rhetorische Kunstgriffe' Brunos charakterisiert.

53 Bruno 1907-09, 1, 358 f. – Bruno 1904-09, 3, 112 f. – Bruno gibt in dieser Passage – so Olschki (1924, 17, Anm. 2) – „seiner Verachtung der gesamten scholastischen Literatur, die er während seiner Lehrjahre studiert hatte, in einer Form Ausdruck, welche stark an Rabelais (Gargantua, II, § 7) erinnert, indem ihr Wesen und ihre Sprache mit grotesk satirischen Wortbildungen verhöhnt wird. Brunos Spott trifft ebenso die «gran commentatori, parafrasti, glosatori, compendiarii, summisti, scoliatori, traslatatori, questionarii, teoremisti» wie die Meister der scholastischen Philosophie, d.h. «i dottori profondi (Aegidius Columna), suttili (Duns Scotus), aurati (?), magni (Albertus Magnus), inexpugnabili (?), irrefragibili (Alexander von Hales), angelici (Thomas Aquinas), serafici (Bonaventuara), cherubici e divini» ..."

damit in seinen Grundstrukturen freigelegt. Die *Enumeratio*, die diese Möglichkeit eröffnet, erfreut sich nicht zuletzt aus diesem Grunde bei Bruno größter Beliebtheit.

Im Gebrauch seiner *Muttersprache* fühlte Bruno sich, wie das vorangehende Zitat ebenfalls erkennen läßt, absolut souverän. Er beherzigte – von einem der Tradition verpflichteten Standpunkt aus betrachtet – weder Vorgaben noch Grundsätze des sich konsolidierenden Sprachgebrauchs. In schöpferischem Elan, jedoch in aller Regel wirkungsbedacht ‚antithetisch' operierend, überschreitet er alle Vorgaben einer am Kriterium allgemeiner Akzeptanz orientierten Sprachverwendung. Schärfere Umrisse erhält seine sprachliche Originalität daher auf dem Hintergrund der idealtypischen *Virtutes elocutionis*. In kreativem Kontrast zu den Merkmalen der *Virtus* der *Puritas* stehen die Eigentümlichkeiten der sprachlichen *Form*, in Opposition zum Imperativ der Virtus der *Perspicuitas* andererseits aber auch deren Modalitäten *sinnstiftender Verwendung*.

Zur Erhellung dieses Befundes kann Leonardo Olschki berufen werden, der sich im dritten, Galilei und seiner Zeit gewidmeten Band der *Geschichte der neusprachlichen wissenschaftlichen Literatur* mit „Brunos Sprache" bereits eingehender befaßte. Ebenso wie der ‚Dichterphilosoph' „im Aufbau der einzelnen Schriften keinem geschlossenen Plane, sondern der augenblicklichen Eingebung eines eiligen Improvisators folgte, so strebte er niemals nach der Vereinheitlichung seiner Ausdrucksweise und bediente sich bald frei, bald willkürlich der elementaren sprachlichen Werkzeuge, indem er sie teils seiner heimatlichen Mundart, teils der literarischen Einheitssprache Italiens, aber auch den antiken und den lebenden fremden Idiomen entnahm". „Im Wortschatz, in der Flexion und Syntax, in der Schreibung gehen die Archaismen und die persönlichen Neubildungen, die gelehrten und die volkstümlichen Formen, die literarischen und die mundartlichen, die einheimischen und die fremden bunt durcheinander. Auch hier bewahrt Bruno seine Unabhängigkeit von allen Normen und Geboten des akademischen Geistes ... Seine Sprache kontrastiert mithin mit den Geboten, die in der zweiten Hälfte seines Jahrhunderts das gesamte Schrifttum Italiens regelten, und sie betont, gegenüber der klassizistischen Aufhebung der Individualiät, deren Rechte der freien Entfaltung." Prägnanter gefaßt und zugleich auf einen spezifischen Nenner gebracht: Die *Questione della lingua* ist für Bruno inexistent.

Schärfer konturieren lassen sich auch diejenigen Ausführungen Olschkis zu „Brunos Sprache", die das Angedeutete anschaulich explizieren. Der das Ideal der *Puritas* transzendierende Sprachgebrauch ist besonders evident im Bereiche der Wortverwendung. Sie könnte – am Kriterium des

Ideals gemessen – geradezu als dessen Negierung bezeichnet werden. Am stärksten, so wiederum Olschki, sind die Latinismen in Brunos Wortschatz vertreten, „und zwar sind diejenigen charakteristisch, die nicht durch Assimilierung schon Gemeingut der vulgären Buch- und Umgangssprache geworden waren, oder solche, die eine italienische Entsprechung bereits besaßen. Die meisten dieser Wörter und zahllose andere, die durch die bloße Schreibung ihren lateinischen Charakter wiedergewonnen haben, bezwecken weder eine Nüancierung der Bedeutung, noch eine etymologische Palingenese. Sie sind von Bruno aus der gleichen Liebe zum Archaismus verwendet worden, die ihn veranlaßte, in seinen lateinischen Lehrgedichten altertümliche Worte und Wendungen zu gebrauchen. Sie sind zugleich rhetorische Akzente im Flusse seiner Prosa, wie der Ausdruck jener instinktiven Preziosität, die so zahlreiche Erscheinungen seines Stils hervorgerufen hat." Es liegt auf der Hand, daß die Latinismen in Brunos italienischen Schriften in größerer Zahl vertreten sind als gelehrte Übernahmen aus dem Griechischen oder ‚umfeldbedingte' Entlehnungen aus dem Französischen und Spanischen. Weitere Elemente des von Bruno verwandten ‚heterogenen' Wortschatzes, die – im Sinne des Nolaners – eine Bereicherung der *Copia verborum* darstellen, lassen sich den Kategorien ‚Archaismen' und ‚Neologismen', ‚Technizismen' und ‚Dialektismen' zuordnen. Die letzteren, durch Neapolitanismen vertreten, sind in Brunos Wortschatz häufig, „aber erst mit den flexivischen Formen und Erscheinungen geben sie seinen Schriften den ausgesprochen süditalienischen Charakter, der sie sprachlich so wenig von seinem Lustspiele unterscheidet."[54]

Die Prinzipien, nach denen Bruno beim Gebrauch der Muttersprache verfährt, kommen auch beim Gebrauch des *Lateinischen* zur Anwendung. Der Nolaner, der sich – Augusto Guzzo zufolge – dieser Sprache mit gleicher ‚Spontaneität' bediente, „piegava e forzava a suo modo la lingua tramandata, non arretrando dinanzi a nessuna specie di licenza, anzi avendo l'aria di beffardamente vantarsi di così spregiudicata libertà d'uso del latino. A ciò s'aggiunga che, non umanista nei gusti, ma umanista nella cultura classica (e universale) adunata a gran braccia, bisogna indovinare a che cosa pensa, e che cosa tenta di dire in quel suo linguaggio roccioso, per trovar l'imbocco del corridoio per il quale egli ha camminato

---

54 Olschki 1919-27, 3, 22 f., 25 u. 26. – Im letzteren Zusammenhang bringt Olschki in Erinnerung, daß der Einfluß der heimatlichen Mundart sich auch „im Vokalismus und in der phonetischen Schreibung" zeige, „welche in auffallender Weise mit der gelehrten kontrastiert". Verwiesen wird auf die entsprechenden Ausführungen von Gentile (1907-09, 1, XIV-XX) und Spampanato (1921, LVff.). – S. auch Olschki 1919-27, 2, 157 ff., sowie Ciliberto 1979, 1, XXXIX.

e il lettore deve saper seguirlo." Brunos Latein ist – analytisch betrachtet – ein Konglomerat lexikalischer Elemente unterschiedlichster Provenienz, eine Polyphonie von Stilen und Registern. Seine Eigenart läßt sich bündig mit Hilfe des von Olschki geprägten Begriffs der ‚humanistischen Preziosität' charakterisieren.[55]

Bei einer zweiten Art von Bemerkungen, die sich innerhalb der Ausführungen Olschkis zu „Brunos Sprache" ausmachen läßt, schwingt ein Unterton leisen Tadels mit (der im übrigen auch in der Bemerkung Guzzos zu Brunos Latein vernehmbar ist). Sie können unter der Rubrik „Abweichungen vom Ideal der *Perspicuitas*" subsumiert werden. Olschkis Kritik an Brunos Prinzip der *Dispositio* klang an mit der Bemerkung, daß dieser „im Aufbau der einzelnen Schriften keinem geschlossenen Plane, sondern der augenblicklichen Eingebung eines eiligen Improvisators" folge. Etwas später wird dann Bruno mit seinem Landsmann Campanella konfrontiert und als Befund vermerkt, daß in dessen Werken – „selbst in den Phantasien des Sonnenstaates" – „entweder sachliche Trockenheit oder die dialektische Strenge nach scholastischem Muster vorherrschen". Von der letzteren sei bei Bruno wenig zu merken, zumal im Gebrauch der ‚Terminologie'. „Der neu gebildete oder zweckmäßig nüancierte Terminus, der ein neues philosophisches Bewußtsein bezeichnet oder eine Lehre sinnvoll zusammenfaßt, fehlt bei Bruno vollkommen. Die überlieferte scholastische Terminologie bereichert sich zwar häufig mit antiken und orientalischen Entsprechungen, aber nur in deutender, nicht in schöpferischer Funktion. Da aber diese Annäherungen und Interpretationen stets flüchtig oder willkürlich sind, verwirren sie den ihnen zugrunde liegenden Ausdruck, statt ihn zu klären. Wir sind nicht in der Lage festzustellen, was Bruno beispielsweise unter Substanz oder Atom verstand. Dieser grundsätzliche Mangel ist aus Brunos Abneigung gegen die Begriffsbildung und -formu-

---

55 Guzzo 1956, 13. – Vgl. Olschki 1919-27, 3, 25. – Im Gebrauche und in der Wahl der Sprachen – so Olschki (15) – zeigte Bruno „eine gewisse Gleichgültigkeit, indem er sich unterschiedlich bald der einen, bald der anderen bediente, um die gleichen Dinge zu sagen. Die Wahl der Sprache war für ihn weder problematisch noch mit bestimmten Absichten verknüpft, sondern eine ganz persönliche Angelegenheit, die von Stimmungen oder Umständen entschieden wurde. In London «ward sein dichterisch philosophischer Geist aller Fesseln schulmäßiger Tradition ledig, und so überließ er sich in der Sprache seiner Heimat zum ersten Male ganz den Eingebungen seines Genius» [Dilthey 1914, 30]." – *Anmerkung*: „Das lateinische Lehrgedicht de immenso et innumerabilibus ist im wesentlichen eine Übertragung des italienischen Dialogs de l'infinito, universo e mondi." Im Hinblick auf eine systematische vergleichende Charakteristik von Brunos italienischem und lateinischem Ausdruckspotential stellen diese Schriften einen ausgezeichneten Ausgangspunkt dar.

lierung zu erklären, so daß es ebenso zwecklos erscheint, nach terminologischen Neubildungen zu suchen, wie nachträglich solche zur Klärung seiner Lehre zu prägen."[56] Brunos Verwendung philosophischer Termini steht damit – vom Standpunkt der *Virtus elocutionis* der *Perspicuitas* aus betrachtet – im Zeichen der *Obscuritas*.

Olschkis Bewertung von Brunos Gebrauch philosophischer Termini fällt – sozusagen zwangsläufig – recht negativ aus, denn – standpunktfixiert – orientiert sie sich an dem epistemologischen Kriterium intendierter Eindeutigkeit. „Die Analyse der wesentlichsten strukturellen Elemente der Brunoschen Dialoge hat gezeigt, daß der Denker ebenso die strenge Begrifflichkeit der Philosophie, wie die intuitive Freiheit der Poesie konsequent vermeidet und eine Ausdrucksform ermöglicht, die eine künstliche Verschmelzung intellektueller und anschaulicher Inhalte ermöglicht. Hierdurch hat Bruno, eher seinem Instinkte, als einem vorgefaßten Plane folgend, die Spannung zu lösen versucht, die zwischen seiner Dichternatur und seinen spekulativen und rationalen Anlagen bestand." Olschki begründet damit gleichsam ‚empirisch' das gestrenge Urteil, das er einige Jahre zuvor schon über Brunos Philosophie gefällt hatte: „Brunos Lebenswerk bedeutet in der Geschichte des Denkens die Krise und die Auflösung der humanistischen Philosophie. Der Weg, den sie durchlief, führte von den ursprünglichen Versuchen der Befreiung aus dogmatischen Engen über Eklektizismus und Synkretismus zur Anarchie und zum Chaos. Kein einziger Grundgedanke ist in Brunos philosophischen Schriften aus origineller Denkleistung entstanden. Sein Geist ist mit gelehrten Realien und mit ungesichteten Reminiszenzen aus verschiedensten Quellen und Überlieferungen belastet. Seine rege aber regellose Phantasie verwaltet dieses chaotische Bildungsgut mit willkürlicher Freiheit. Brunos letzte Täuschung war der Glaube, daß diese Freiheit fruchtbar sei." Mit dem Nolaner – so die Überzeugung Olschkis – ist ein Zyklus durchlaufen, ein Paradigma

---

56 Olschki 1919-27, 3, 23 u. 24. Um diesen Befund zu erhärten, wird später an Hand von Beispielen veranschaulicht, „wie wenig Wert Bruno auf strenge terminologische Bezeichnungen legt, und wie aussichtslos die endgültige Fixierung seiner Meinung ist". „So ist in diesem Falle trotz zielsicher angewandten Scharfsinns der Historiker und Biographen die Deutung der bei Bruno als Synonyma auftretenden Wörter «spiritus, aether, aër, vacuum» vergeblich gewesen" (55). – Eine ältere historisch-systematische Darstellung der Philosophie Brunos, die hier in Erinnerung gebracht sei, ist Tocco zu verdanken; sie umfaßt die Kapitel „Le fonti della filosofia bruniana" (1889, 327-331), „La Metafisica" (331-361), „Teorica della cognizione" (361-377), „La filosofia della Natura" (377-393) und „L'Etica" (393-411).

erschöpft. „Die humanistische Philosophie und Religion der Natur waren am Ende ihrer Möglichkeiten angelangt."[57]

Olschkis schlußfolgernde Ausdeutung formaler Gegebenheiten ist – wie bekundet – durch ‚ideologische' Prämissen bedingt. Die Charakteristik der Gegebenheiten selbst, die Beschreibung von Brunos Gebrauch philosophischer Termini, hat andererseits durch die völlig unabhängig davon entstandenen Arbeiten Michele Cilibertos eine eklatante Bestätigung erfahren. Ciliberto, der den ‚aussagerelevanten' Wortschatz der italienischen Werke Brunos erfaßt und lexikographisch zusammengestellt hat, versucht allerdings das Zusammenspiel von *res* und *verba* ‚werkimmanent' zu begreifen und gelangt so zu einer gänzlich anderen Einschätzung der Philosophie des Nolaners. Was auf den ersten Blick als terminologische Inkonsistenz und Mangel an philosopischer Stringenz erscheint, erweist sich bei genauerer Betrachtung als intentionaler Gebrauch philosophischer Termini im Sinne unterschiedlicher Ansätze und Traditionen des Philosophierens. Mit den Worten Cilibertos: „la pluralità dei linguaggi e delle tradizioni terminologiche corrisponde a una pluralità di filosofie e di tradizioni filosofiche". Der italienische Gelehrte verdichtet diesen Befund in der als Überschrift verwandten Formel „Lingua e linguaggi" – „... la filosofia bruniana «riforma» radicalmente la questione della lingua": Bruno durchbricht das Prinzip des ‚fachlichen' Sprachgebrauchs. Indem er im Bereiche der ‚Wissenschaft' das auf ‚Polyvalenz' beruhende kreative Potential der Sprache wiederbelebt, nähert er die ‚Fachsprache' der Funktionsweise der Alltags- und Umgangssprache an.[58]

Brunos unkonventioneller Umgang mit Fachausdrücken hat also Methode. Diese Erkenntnis liefert zugleich den Schlüssel zu einem prinzipiellen Verständnis seiner Art des Philosophierens. Was auf den ersten Blick, und zwar durchaus zu Recht, als ein ‚Abweichen' vom Ideal der *Perspicuitas* eingestuft werden kann, erweist sich bei genauerem Zusehen als methodischer Kunstgriff im Dienste eines philosophischen Engagements, dessen Ziel es ist, tradierte und traditionelle Denkgepflogenheiten im Geiste Vallas bewußtzumachen und – im Bewußtsein ihrer Relativität – zu überwinden.

Verallgemeinernd läßt sich sagen, daß Brunos ‚freier', die Vorgaben

---

57 Olschki 1919-27, 3, 50, 1924, 78 f., und 1919-27, 3, 67. – Bezüglich Brunos ‚schwankender Terminologie' verweist Olschki auf seinen Beitrag „Giordano Bruno" (1924; s. hier insbesondere 14 f., 33 ff., 45, Anm. 1, und 50 ff.) – Zu einer positiveren Einschätzung von Brunos Philosophieren gelangt Tocco (1889, „Parte quinta o la filosofia del Bruno", 327-411; 412-416: „Conclusione").
58 Ciliberto 1986, 211 u. 224 (auch 1979, 1, XXVII).

der *Virtutes elocutionis* überschreitender Umgang mit der Sprache seinem *Stil* des Denkens entspricht. Zur Bekräftigung dieses Befundes kann wiederum Ciliberto berufen werden: „Ciò che veramente conta non sono i significati «grammaticali», «linguistici». Contano i «sensi» etici, religiosi, politici, filosofici. La capacità di esprimere la molteplicità dei piani dell'esperienza e della vita è la pietra di paragone delle concezioni dell'uomo, della natura, della divinità. Dalla nuova visione del mondo germina un'idea della comunicazione umana, divina, naturale strutturalmente antipedantesca, capace di esprimere plasticamente, in modo duttile, la pluralità infinita dei linguaggi, la varietà della realtà, la ricchezza e complessità delle esperienze, individuandone quei *caratteri* specifici che i cultori d'astratte sinonimie ignorano ed annientano in modo programmatico. La nuova filosofia è perciò una «lingua» nova. Dalle sue radici sorgono e si sviluppano concezioni etiche, politiche, religiose antitetiche a quelle dei vecchi e dei nuovi grammatici."[59] Zu präzisieren und zu akzentuieren bliebe lediglich, daß ein unkonventioneller Gebrauch der Sprache einem unorthodoxen Denken entspringt und daß der erstere im Dienste des letzteren steht.

Das Denken Brunos zeichnet sich – anderen Denkstilen gegenüber – durch seine ‚Offenheit' aus. Es besitzt *experimentellen Charakter* und trägt das Gepräge des von Valla propagierten ‚relativistischen' Philosophierens; „nicht das rationale Denken und Sprechen, sondern jenes, das in Anbetracht der Situation durchgeführt wird, erweist sich als die ursprüngliche Form des Denkens und Sprechens".[60] Der Standpunkt, von dem dieses Denken und Sprechen ausgeht, und der Bezugspunkt, auf den es gerichtet ist, empfängt wesentliche Impulse von der Position des gewählten Umfeldes. Zu den Merkmalen dieses Philosophierens, das den Stempel des jeweiligen Entstehungskontextes trägt, zählt – im Sinne Vallas – der

---

[59] Ciliberto 1986, 224. – Zu Brunos Gebrauch der Muttersprache und der damit korrelierenden Ausprägung seiner Philosophie s. Cilibertos Ausführungen in der umfangreichen Einleitung zum *Lessico di Giordano Bruno* (1979, 1, IX-XLV) und das Kapitel „Lingua e linguaggi" in der Bruno gewidmeten Monographie *La ruota del tempo* (1986, 208-232). Weitere Beiträge zum Thema „Lingua, linguaggio, stile" hat Ciliberto in seinem Werk *Giordano Bruno* (1990, 299) zusammengestellt. Verwiesen sei sodann auch auf Puglisi (1989).

[60] Grassi 1986, 109 f. – Zu Vallas Entwurf einer ‚Philosophie des Gemeinsinns' s. – außer Gerl (1974, bes. 97 ff., 1982 u. 1989, 98-106, ‚Grundlegung der Rhetoridialektik') – Waswo (1979) und Grassi (1986, 99-117, „«Voluptas» oder «honestas» als «ratio vivendi»: Lorenzo Valla, 1407-1457"). Zum ‚historischen' Hintergrund des spezifischen Ansatzes sei sodann auch auf die Beiträge verwiesen, die Grassi unter dem Titel *Rhetoric as Philosophy* (1980) veröffentlicht. – Mit der Thematik ‚relativistischen' Philosophierens, allerdings ohne Bezugnahme auf dessen von Valla begründete humanistische Tradition, befaßt sich Gadamer in dem Beitrag „Die Ausdruckskraft der Sprache. Zur Funktion der Rhetorik für die Erkenntnis" (1979).

‚flexible und nicht starre, sondern offene Terminus' (*molle quoddam et non invidiosum nomen*)⁶¹; es steht nicht im Zeichen der ‚*Langue*', sondern ganz in dem der ‚*Parole*'.

Die *Copia rerum*, die – neben der *Copia verborum* und der *Copia figurarum* – Bruno zu Gebote steht, trägt maßgeblich zur Schaffung eines breiten Spektrums philosophischer ‚Situationen' und ihnen entsprechender *Texte* bei. Die Eigenart und die ‚Modernität' von Brunos Denken beruht auf einer genial gehandhabten, aus der *Ars memorativa* entwickelten *Ars combinatoria*.⁶² Das Medium dieses Denkens aber ist *Sprache*, und *Sprache* – in kreativer Verwendung – ist die Conditio sine qua non eines Denkstils eigener Prägung.

Die durch Sprache gestaltete Welt ist fiktiv, aber keine Fiktion, denn sie manifestiert sich als Universum von *Texten*. Sie bilden den Raum der ‚Abstraktion' und der ‚Abstraktionen'. Ihn durchmißt Bruno ungebunden, doch keineswegs planlos – als *Denker* und als *Dichter*.

Giordano Brunos Philosophieren ist – auf eine Formel gebracht – Exploration einer durch Sprache konstituierten Welt mit dem heuristischen Potential einer Rhetorik neuer Dimension.

3 *Fiktion und Methode*

Die Grenze zwischen Denken und Dichten in den Werken Brunos ist fließend, denn – so Olschki – sie wurden „noch vor der Läuterung des neueren wissenschaftlichen Denkens geschrieben". Den Nolaner kann man „als einen Dichterphilosophen deshalb bezeichnen, weil seine Poesie philosophischen Inhalt besitzt, und weil seine Philosophie sich zuweilen in dichterischen Formen und in dichterischen Ausdrücken offenbart". Die Wirkung seiner Schriften zeitigt entsprechende Wirkungen: „Die sonore Sprache, der Reichtum der Bilder, die pathetische Gebärde, die blendenden Aphorismen können den unbefangenen Leser ebenso täuschen wie berauschen, wie sie Bruno selbst und seine naiven Zuhörer begeisterten und

---

61 Grassi 1986, 99 f. Grassi zitiert Valla, der mit diesen Worten die Wahl des Titels der Abhandlung „De voluptate" begründet, in der er seine Kritik am Rationalismus formuliert und das Prinzip seiner ‚Philosophie des Gemeinsinns' entwickelt.
62 S. hierzu den richtungweisenden Beitrag von Sturlese „Giordano Brunos Gedächtniskunst und das Geheimnis der Schatten der Ideen" im vorliegenden Band (S. 69-90). Schon Olschki (1924, 73-77) erkannte – zumindest prinzipiell –, welche Rolle die *Ars memorativa* und die *Ars combinatoria* (Lullischer Provenienz) im Schaffensprozeß Brunos spielten.

verführten."[63] Während Olschki die dichterische Komponente in den Schriften Brunos sicher beurteilt und treffend charakterisiert, unterliegt die philosophische Dimension, wie darzulegen versucht wurde, einer perspektivisch bedingten Fehleinschätzung. Mit Valla, so konnte festgestellt werden, teilt Bruno die Skepsis „gegen die Sprache der Metaphysik, die allgemeine Wahrheiten in einer Sprache zu formulieren beansprucht, die doch immer nur eine besondere mit ihrer besonderen Geschichte ist". Der Verzicht auf eine schulgerechte und traditionskonforme Aktualisierung von Begriffen und Begriffsarsenalen impliziert andere Techniken des Ausdrucks und andere Strategien des Philosophierens. Der Rückgriff auf terminologische Elemente unterschiedlicher Provenienz und deren spontan-zwanglose Verwendung einerseits und der extensive Gebrauch der ‚normalen Sprache' andererseits bedeuten eine Abkehr von den formalen Gepflogenheiten des traditionellen philosophischen Diskurses und zugleich eine Annäherung an die Modalitäten der dichterischen Sprachpraxis. In dieser Sicht erscheint es daher durchaus gerechtfertigt, Brunos Umgang mit Sprache und den mit ihm korrelierenden Denkstil als ‚dichterisch' einzustufen und den Nolaner selbst in formelhafter Verkürzung als ‚Dichterphilosophen' zu bezeichnen. Damit rückt Bruno in die Nähe Goethes, Nietzsches und des späten Heidegger, oder vielmehr – genauer gesagt – diese rücken in die Nähe Brunos; denn er ist – nach Valla – einer der ersten ‚Kritiker des Begriffs der philosophischen bzw. metaphysischen Wahrheit'.[64]

Mit dieser Charakteristik ist allerdings noch recht wenig über das Spezifikum des für Bruno und andere ‚Dichterphilosophen' typischen Denkstils gesagt. Dieser tritt in seiner Eigenart erst dann zutage, wenn man das Augenmerk zum einen auf die Funktionsweise der *normalen Sprache*, zum anderen auf die Manifestationen des sinnstiftenden und argumentationsfördernden *Denkmodells* richtet.

Situationsentbundenheit ist – im Unterschied zur Situationsgebundenheit und Situationsbezogenheit von Sprache in ‚normaler' Verwendung – das Charakteristikum dichterischen Sprachgebrauchs. Ein ‚Kontext' entsteht – ausgelöst von grammatischen und lexikalischen Elementen – durch *Evokation*, deren besondere Wesensart und jeweilige Ausprägung sowohl auf der

---

63 Olschki 1919-27, 3, 2, u. 1924, 78.
64 Vgl. Gadamer 1947, 29, und Simon 1972, 3 f., u. 1990, 6. – Das letzte Zitat im Text entstammt Simons Beitrag „Goethes Sprachansicht" (1990, 27). Verwiesen sei sodann auf das genannte Werk von Gadamer. – Zu Nietzsches bzw. Heideggers Umgang mit Sprache s. Simon (1972 u. 1985) bzw. Baum (1986/87). Zum Thema ‚dichterische Sprachverwendung' s. Baum (1987), bes. 67 ff., 1988, 1989.

angestammten situationsgebundenen und situationsbezogenen als auch auf vormaliger textspezifischer Verwendungsweise der entsprechenden ‚lexikalischen' Elemente beruht.

Die lexikalischen Elemente vom Typ *Substantiv*, *Adjektiv*, *Verb* und *Adverb* spielen im Evokations- und Assoziationsprozeß und damit im Akte der Sinnkonstitution insofern eine ‚bedeutende' Rolle, als sie – in situationsentbundener Verwendung – als ‚Universalien' fungieren. Es sind also nicht allein *Abstrakta* und *Gattungsnamen*, deren Existenz im übrigen ausschließlich auf den ‚kreativen' Mechanismen der *Sprache* beruht, die hermeneutische ‚Offenheit' durch ihre Funktionsweise als *Allgemeinbegriffe* bewirken. Die Evokationskraft dieser Elemente unterscheidet sich insofern von der angestammter *Konkreta*, als sie in erster Linie aus der Verwendung in Texten oder textähnlichen Kontexten genährt wird und – zumal in Texten fachlich-wissenschaftlicher Orientierung – eine gewisse ‚Regelung' durch Definitionen erfährt.[65] Bei Bruno läßt sich – wie angedeutet – die Intensivierung des Evokationspotentials der *Abstrakta* und *Gattungsnamen* auf deren Verankerung in unterschiedlichen Textkonstellationen und Texttraditionen zurückführen.

Philosophischer und normaler Sprachgebrauch auf der einen Seite und dichterischer auf der anderen unterscheiden sich voneinander allein durch die Intention. Im Dienste dieser Intention – des Strebens nach Erkenntnis und Wissen im Falle der Philosophie – steht in der Regel ein kreatives Prinzip, ein Text- und Sinnzusammenhang stiftendes Denkmodell, dem zugleich ‚teleologische' Bedeutung oder ‚argumentative' Funktion zufällt. Von Hans Leisegang, der sich mit der Aufspürung und Analyse derartiger Prinzipien oder Modelle in philosophischen Texten befaßt, werden sie als *Denkformen*, *Denktypen* oder aber auch als *Logiken* bezeichnet. Auf sie lassen sich die verschiedenen Systeme oder Weltanschauungen zurückführen: „Jede von ihnen ist die Schöpfung eines bestimmten Denkens, einer Denkform, einer «Logik»."

Die Logiken oder Denkformen, die mit den drei Arten der von Leisegang als dominant herausgestellten Weltanschauungen – der materialistischen, der idealistischen und der mystisch-panvitalistischen – korrelieren, treten besonders deutlich bei Kant, Aristoteles und Hegel in Erscheinung:

---

65 Zu den sprachbedingten Phänomenen ‚Abstraktion' und ‚Evokation' s. Baum (1987, 66 ff. u. 142 f.); daselbst weitere Literatur zum Themenkomplex. Beispiele für Mechanismen der Begriffsbildung im Bereiche der Sprachwissenschaft werden in einem kleineren Beitrag gegeben (Baum 1979, 17-24, „Sprachtheorie"). – Mit den angesprochenen Phänomenen – allerdings ohne Thematisierung ihrer ‚Existenzbedingung' – befaßt sich wiederholt auch Haller (1986, u.a. 36 ff., „Friedlands Sterne oder Facta und Ficta" und „Wirkliche und fiktive Gegenstände").

„Kant hat in seiner transzendentalen Logik die Denkform des mathematisch-physikalischen Denkens der klassischen Physik dargestellt und zugleich ihre Grenzen aufgewiesen. – Aristoteles hat in seiner Analytik und dem später als die Logik überhaupt ausgegebenen Organon die Logik des idealistischen Denkens als die Logik der Art- und Gattungsbegriffe und ihrer Verbindung in Urteilen und Syllogismen geschaffen. – Hegel hat in seiner Wissenschaft der Logik das ganzheitliche Denken der großen Vitalisten und Mystiker zu beschreiben und aus diesem Denken eine Logik zu formen gesucht, in der alles andere logische Denken als Vorstufe oder als ein Moment unter anderen mit enthalten ist."[66]

Jede dieser Logiken oder Denkformen orientiert sich nun wiederum an sogenannten ‚Urphänomenen', die das Analogiedenken stimulieren. Im Falle des *mathematisch-physikalischen Denkens* sind es eindeutig identifizierbare Erscheinungen der sichtbaren Welt, die sich in Zahlen und Zahlenverhältnissen ausdrücken lassen. Die Ursprünge dieses Denkens lassen sich bis auf Demokrit zurückverfolgen. „Der Mechanismus toter Körper ist es, an dem sich hier die Beobachtung und das Denken schult."

Im Falle des *idealistischen Denkens* läßt sich als ‚Urphänomen' das planvolle Vorgehen und Schaffen eines Handwerkers oder Künstlers ausmachen; ihm liegt – und das wäre das Ergebnis des auf das Wesentliche gerichteten ‚Abstraktionsprozesses' – eine ‚Vorstellung' oder ‚Idee' zugrunde, die im Stoff *Form* annimmt. Die „Formen in der Pflanzen-, Tier- und Menschenwelt" nun, die sich „nach ihrer Ähnlichkeit und ihrer offensichtlichen morphologischen Verwandtschaft" ordnen lassen, ermöglichen – in einem zweiten Schritt – die Aufstellung einer Systematik und die Ausarbeitung einer Rangstufen wie Art, Gattung, Familie, Ordnung, Klasse umfassenden Klassifikation, deren taxonomische Kategorien – in hierarchischer Gruppierung – durch einen immer größeren Grad der Generalisierung gekennzeichnet sind; „... der letzte und höchste Begriff ist immer nur einer: der Begriff der Pflanze an sich, des Tieres überhaupt, des Lebewesens, das alle Gattungen, Arten und Unterarten unter sich befaßt oder in sich enthält". „Schließlich läßt sich", so Leisegangs bilanzierender Befund, „das ganze Sein ordnen und in ein einziges System bringen, so daß eine alles umfassende Ordnung, ein wohlgegliederter Kosmos, eine Seinsordnung entsteht, die zugleich eine logische Ordnung

---

66 Leisegang 1951, 53. – Eine ausführliche Darstellung des im folgenden Resümierten gibt Leisegang in der Monographie *Denkformen* (1928/1951). S. auch Leisegangs einschlägige Bemerkungen in der *Einführung in die Philosophie* (1951/1973, 118 ff.).

ist: der Schöpfungsgedanke Gottes, der diese Welt in der Idee als einen mundus intelligibilis geschaffen und dann im Stoffe ausgeprägt hat." Mit der Verbreitung dieses Denkens beginnt eine neue Epoche des Philosophierens. „Das war die große Entdeckung Platons, und Aristoteles hat in seiner Logik, die eine Logik der Art- und Gattungsbegriffe ist, dazu das Werkzeug des Denkens geschaffen, das dann in der Scholastik als das einzige Werkzeug des Denkens, das Organon galt, das bis ins Feinste ausgeschliffen wurde." Es bedarf kaum der Hervorhebung, daß mit dieser Feststellung – in analytischer Hinsicht – wesentliche Aspekte der Begriffsbildung und der Klassifikationsgenese thematisiert werden.[67]

Im Falle des *mystisch-panvitalistischen Denkens* schließlich ist das ‚Urphänomen', das ihm seine Impulse verleiht, „die Vorstellung von einer Entwicklung, die sich als ein Kreislauf darstellt, in dem aus dem Samen der Organismus wird, dieser aber, wenn er vollendet ist, abstirbt, aber einen Samen zurückläßt, aus dem nun der neue Kreislauf beginnen kann". Die davon ausgehende Verallgemeinerung findet ihren Niederschlag in der höchst plausiblen Vorstellung: „Und ein jeder solcher Kreislauf der ganzen als lebendiger Organismus aufgefaßten Welt ist eine Weltperiode, die einen Anfang und ein Ende, eine Geburt und einen Tod hat, während das Leben selbst ewig ist und immer in diesem Strome der Entwicklung kreist." In vergleichender Perspektive, mit dem Blick auf die die beiden anderen Denkformen befruchtenden ‚Urphänomene' oder Impulse, kann gesagt werden, daß die Welt „weder ein mechanisches Spiel der Atome noch ein Artefakt, sondern ein Zoon, ein lebendiges Wesen" ist, und daß das Leben „Gott selbst" ist, „der in allen Kreaturen west als der Logos, die Weltvernunft, die sich im Menschen ihrer selbst bewußt wird".[68]

Die Manifestation der vom ‚Urphänomen' des organischen Lebensprozesses inspirierten Denkform, die bei Hegel zur ‚systematischen' Ausprägung gelangt, läßt sich, wie die Manifestationen der beiden anderen Denkformen, bis auf die Antike – in diesem Falle bis auf Heraklit und die älteren Stoiker – zurückverfolgen. In neuerer Zeit finden sich dafür Belege bei Meister Eckhart, Seuse, Bruno, Jakob Böhme, Goethe und Schelling. Der Beleg, den Leisegang von Bruno anführt, entstammt dem Dialog *De la causa, principio et uno*: „Wer sieht nicht, daß das Prinzip des Entste-

---

[67] Leisegang 1951, 33 u. 39 f. – Vgl. Leisegang 1928, 293 ff. (1951, 316 ff.), „Antinomien", und 1928, 201 ff. (1951, 208 ff.), „Die Begriffspyramide".
[68] Leisegang 1951, 50 f., u. 1928/1951, 451. – Vgl. Leisegang 1928, 60 ff. u. 136 ff. (1951, 61 ff. u. 143 ff.), „Der Gedankenkreis" und „Der Kreis von Kreisen". Verwiesen sei in diesem Kontext sodann auf die Monographie *Zyklentheorie und Epochenmetaphorik* von Schlobach (1980).

hens und des Vergehens eines ist? Ist nicht das Äußerste der Zerstörung Anfang der Erzeugung? Und pflegen wir nicht, wenn dieses gesetzt und jenes aufgehoben wird, zu sagen: jenes war, dieses ist? Sicherlich, wenn wir's recht ermessen, sehen wir ein, daß *Vernichtung* nichts anderes als *Erzeugung* und *Erzeugung* nichts anderes als *Vernichtung* ist. *Liebe* ist letztlich ein *Hassen*, *Haß* ein *Lieben*. Widriges *hassen* ist Zusagendes *lieben*, dieses *lieben*, jenes *hassen*. Substantiell und wurzelhaft ist Liebe und Haß, Freundschaft und Streit ein und dasselbe. – Wer die größten Geheimnisse der Natur wissen will, der beachte und betrachte die Minima und Maxima des Konträren und Entgegengesetzten. Aber nachdem man den Punkt der Vereinigung gefunden hat, nun das Entgegengesetzte abzuleiten wissen: das ist die tiefe Magie."[69]

Leisegang hat diesen Passus – wie entsprechende Abschnitte aus dem Werk anderer Autoren – ausgewählt, um die zyklische Struktur der Sätze zu verdeutlichen. ‚Urteile' werden durch Verknüpfung konträrer Begriffe „zu einem Ring gebildet, in dem A mit B, B wieder mit A verbunden werden, oder bei ausführlicheren, mehr als zwei Stationen in sich aufnehmenden Urteilsgefügen A mit B, B mit C, C mit D usw. bis: Z wieder mit A". Ein ‚Beweis' innerhalb dieser Logik wird dadurch geführt, „daß die zu beweisende Behauptung in einen fertigen Urteilsring einbezogen, oder dadurch, daß die Behautptung selbst als Fragment eines Kreises aufgefaßt und nach Analogie anderer Urteilsringe zu einem vollständigen Gedankenkreis ergänzt wird".[70]

Der *sprachliche* Mechanismus, auf den diese Logik sich gründet, beruht auf der sinnstiftenden Gegenüberstellung oder Aneinanderreihung konträrer oder komplementärer sprachlicher Elemente abstrakter Natur, also von Allgemeinbegriffen. Mit ‚poetischen Sprachfiguren' vom Typ *Dichotomie* und *Enumeratio* tritt die dichterisch-kreative Potenz der Sprache besonders deutlich in Erscheinung: sie evozieren das ‚Zyklische' als „Zusammenfall der Gegensätze (coincidentia oppositorum)" und als „Identität des Unterschiedenen".[71]

---

69 Bruno, *De la causa, principio e uno*, *Dialogo quinto*, gegen Ende (Ed. Guzzo 1956, 414 f.), zitiert nach Leisegang (1951, 47; vgl. Leisegang 1928, 65 f., bzw. 1951, 66). Leisegang übernimmt die Übersetzung von Misch (1926, 89 f.), der den Textauszug aus dem Werke Brunos in dem Kapitel „Die Dialektik des Denkens im metaphysischen Wissen" neben Passagen aus den Werken von Cusanus und Hegel aufführt.
70 Leisegang 1928, 135 (1951, 142). – Weitere Beispiele für Manifestationen zyklischen Denkens im Werk Brunos gibt Schlobach (1980, 82 ff., 130 f., 154 u. 312).
71 Misch 1926, 77. – Im Sinne Nietzsches sind Gegensätze wie ‚endlich' und ‚unendlich' „wie alle «vollkommenen» Dichotomien poetische Sprachfiguren". „Alle

Die typologische Verwandtschaft, die zwischen dem Denken Brunos und demjenigen Hegels besteht, erfährt eine ‚intuitive' Bestätigung in den *Vorlesungen über die Geschichte der Philosophie*. Brunos Philosophie, so Hegel, „zeugt von einem eigentümlichen, überlebendigen und sehr originellen Geiste. Der Inhalt seiner allgemeinen Gedanken ist die Begeisterung für die schon erwähnte Lebendigkeit der Natur, Göttlichkeit, Gegenwart der Vernunft in der Natur. So ist seine Philosophie im allgemeinen Spinozismus, Pantheismus." Und in einem etwas späteren Zusammenhang wird ausgeführt: „Es ist ein großer Anfang, die Einheit zu denken; und das Andere ist der Versuch, das Universum in seiner Entwicklung, im System seiner Bestimmungen aufzufassen und zu zeigen, wie das Äußerliche ein Zeichen ist von Ideen. – Dies sind die beiden Seiten, die von Bruno aufzufassen waren."[72] In Erinnerung gebracht werden diese Bemerkungen nur, um *Wesenszüge* des mystisch-panvitalistischen Denkens noch einmal schlaglichtartig zu beleuchten.

Nach dem ersten Schritt, der darin bestand, ein für Bruno bezeichnendes Denkmodell zu charakterisieren, bleiben zwei weitere zu tun: zum einen die Tragweite dieses Modells genauer zu veranschlagen, zum anderen – wie im Falle der ‚Sprachverwendung'– dessen Komponenten auf seine eigentliche ‚Substanz' zurückzuführen.

Leisegang geht von der Annahme aus, daß sich die ‚Welt' als ein ‚Stufenreich' begreifen läßt. Jeder der *Gegenstandsbereiche*, die das Stufenreich der Welt konstituieren, ist „vom anderen durch eine tiefe Kluft, einen Chorismos im Sinne Platons, getrennt, eine Kluft, die weder durch unsere Erfahrung noch durch unser Denken überbrückt werden kann". Teilt man also die Gegenstände nach der Art, „wie sie sich dem Menschen unmittelbar darbieten", ein, so ergeben sich drei ‚Bereiche', ‚Stufen', ‚Welten' oder ‚Reiche'; „das Reich der toten Körper, das der lebendigen Organismen und das der von Menschen geschaffenen Werke, der Artefakte aller Art von den Bauten, den Maschinen bis zu den eigentlichen Kunstwerken."[73] Neben dem „Gebiet der anorganischen Natur" und dem „Reich der organischen Natur", zu dessen Gegenständen auch „das große Problem der Physiologie des tierischen und menschlichen Körpers, der

---

diese Aussagen hätten aber ihrerseits wiederum nur einen Sinn *innerhalb* einer *insgesamt nichtssagenden* Reflexion, die zugleich noch an einem ebenfalls erdichteten Maßstab für adäquates Sprechen festhält." (Simon 1972/1980, 213.)
72 Hegel, zitiert nach Leisegang 1928, 175 (1951, 181).
73 Leisegang 1951, 60, u. 1928/1951, 447. Die letzte Bemerkung begegnet in dem neu redigierten Kapitel „Ergebnisse und Folgerungen" der zweiten Auflage der *Denkformen*.

sich Sinnesorgane schafft", zählt, unterscheidet Leisegang „das weite Reich der idealen Gegenstände, der Gegenstände der Mathematik, der Geisteswissenschaften, der ethischen, ästhetischen und religiösen Werte und Phänomene, die heute in einer «Logik der Geisteswissenschaften» behandelt werden"; es ist ein Wesensmerkmal des Menschen, „daß er abstrahieren und generalisieren, ein Reich der Begriffe, der Zahlen, der Werte, der Ideen aufbauen und mit ihnen eine Kultur schaffen kann".[74] Die Strukturen des dieserart charakterisierten Stufenreichs treten noch deutlicher hervor, wenn man sie den Strukturen eines ähnlich konzipierten Stufenreiches oder ‚Weltbildes' gegenüberstellt.

Eine gewisse Entsprechung findet Leisegangs Stufenreich der Welt in Karl Poppers ‚pluralistischer Philosophie', derzufolge die ‚Welt' ebenfalls „aus mindestens drei ontologisch verschiedenen Teilwelten" besteht. „Die Welt 1", so wird in knapper Formulierung präzisiert, „ist die physikalische Welt oder die Welt der physikalischen Zustände; die Welt 2 ist die geistige Welt, die Welt unserer psychischen Erlebnisse (Wünsche, Hoffnungen, Gedanken ...), die Welt 3 ist die Welt der intelligibilia oder der *Ideen im objektiven Sinne*; es ist die Welt der möglichen Gegenstände des Denkens; die Welt der Theorien an sich und ihrer logischen Beziehungen; die Welt der gültigen Argumente an sich und der ungültigen Argumente an sich; die Welt der Problemsituationen an sich."[75]

Die Ähnlichkeit der beiden Trichotomien ist darauf zurückzuführen, daß sowohl Leisegang als auch Popper sich in letzter Instanz auf Platon beziehen. Augenfällige Divergenzen in der Beschreibung der Gegenstandsbereiche resultieren aus der Verschiedenheit der Ausgangs- und Bezugskategorien. Als solche fungieren ‚(toter) Körper', ‚Organismus' und ‚Artefakt' in dem einen Falle, ‚Leib', ‚Seele' und ‚Geist' bzw. ‚Idee' in dem anderen; „Platons Formen oder Ideen", so Popper, „bilden eine Welt *sui generis*."[76] Bei genauerem Zusehen jedoch erkennt man – wie angedeutet –

---

74 Leisegang 1951, 63, 69, 70 u. 61.
75 Popper 1984, 160. Das Zitat entstammt dem Beitrag „Zur Theorie des objektiven Geistes" (158-197); zum Konzept der Welt 3 s. auch den Beitrag „Erkenntnistheorie ohne ein erkennendes Subjekt" (109-157). Zur Charakteristik von Welt 1, Welt 2 und Welt 3 s. sodann auch die anderen Beiträge des Sammelbandes.
76 S. Leisegang (1951, 37 ff.) und Popper (1984, 126 ff. u. 158 ff.; Zitat: 159). Popper räumt ein, daß Platons Formen oder Ideen „virtuelle oder mögliche *Gegenstände* des Denkens – *intelligibilia*" sind. „Doch für Platon sind diese *intelligibilia* so objektiv wie die *visibilia*, die physischen Körper sind: mögliche Gegenstände des Sehens. – Der Platonismus geht also über den Dualismus von Leib und Seele hinaus. Er führt eine dreigeteilte Welt ein oder, wie ich lieber sage, eine Welt 3" (159).

die weitgehende Entsprechung. Das ‚Reich der organischen Natur' umfaßt die ‚Welt der psychischen Erlebnisse', und das ‚Reich der idealen Gegenstände' besitzt in etwa die Ausdehnung der ‚Welt der intelligibilia'.[77] Popper – anders als Leisegang – veranschlagt für die Konstituierung des letzteren Bereichs allerdings eigens die Rolle der *Sprache*. Bei Genese und Aufbau von Welt 3 – der „Welt der logischen *Gehalte* von Büchern, Bibliotheken, Informationsspeichern von Datenverarbeitungsanlagen und ähnlichem" – fällt ihr und der *Schrift* geradezu grundlegende Bedeutung zu: „... mit der Entwicklung einer deskriptiven Sprache (und des weiteren einer geschriebenen Sprache) kann eine sprachliche Welt 3 entstehen, und nur so und nur in dieser Welt 3 können sich die Probleme und Grundsätze einer rationalen Kritik entwickeln".[78]

Mit der Erwähnung von ‚deskriptiver Sprache' und der Anspielung auf ‚Probleme und Grundsätze einer rationalen Kritik' verbindet sich für Popper eine Charakteristik der Sprache unter funktionalen Gesichtspunkten. Unterschieden werden zwei ‚höhere' Funktionen – die *deskriptive* und die *argumentative* – und zwei ‚niedrigere' – die *expressive* und die *signalisierende*. Popper ergänzt so durch die Ausgliederung der Sprachfunktion ‚Argumentation' das berühmte Organonmodell seines Lehrers Karl Bühler, der selbst wiederum – anknüpfend an Platons Einsicht, daß die Sprache ein *organum* ist, mit dem einer dem anderen etwas mitteilt über die Dinge – die drei Grundtypen der Personalpronomen hypostasiert: 1. Person – *Ausdruck*, 2. Person – *Appell*, 3. Person – *Darstellung*. Gegenüber diesen drei Funktionen ist die argumentative ‚die höchste', da sie sich als letzte ausbildete. „Ihre Entwicklung war eng verbunden mit der einer argumentativen, kritischen und rationalen Einstellung; und da diese Einstellung zur Entwicklung der Wissenschaft geführt hat, können wir sagen, daß die argumentative Funktion der Sprache das vielleicht wirksamste Instrument zur biologischen Anpassung geschaffen hat, das je im Verlauf der organischen Evolution entstanden ist." Auf eine Formel gebracht: „Die formale

---

[77] Popper (1984, 74) trifft eine Unterscheidung zwischen zwei Arten von ‚Erkenntnis': „der subjektiven Erkenntnis (die besser organismische Erkenntnis heißen sollte, da sie aus Dispositionen von Organismen besteht) und der objektiven Erkenntnis oder Erkenntnis im objektiven Sinne, die aus dem logischen Gehalt unserer Theorien und Vermutungen besteht (und, wenn man will, aus dem logischen Gehalt unseres genetischen Kodes)". – Zur Grenzziehung zwischen ‚Natur' und ‚Kultur' einerseits und zur ‚extra-personalen oder exosomatischen Evolution' andererseits s. Leisegang (1951, 70 f.) bzw. Popper (1984, 248 f.).
[78] Popper 1984, 75 u. 124.

Logik selbst kann als «Organon des kritischen Argumentierens» bezeichnet werden."⁷⁹

Zunächst wäre festzuhalten, daß die von Popper herausgestellte *argumentative Funktion* als Grundlage *sprachliche Strukturen* besitzt und daß dies in gleicher Weise auf die ihr wesensverwandte *mathematisch-euklidische Denkform* zutrifft, die Leisegang höchst anschaulich charakterisiert. Präzisiert werden kann sodann, daß zwei weiteren der von Leisegang identifizierten und begrifflich faßbar gemachten Denkformen ebenfalls *sprachliche Strukturen* zugrunde liegen. Das für Bruno bezeichnende *mystisch-panvitalistische Denken*, das auf der Denkform der *Kreislinie* beruht, und das sogenannte *Fortschrittsdenken*, das sich auf die Denkform der *aufsteigenden Linie* stützt, werden durch unterschiedliche Konstellationen und Sequenzen sprachlicher Formen aktualisiert. Sie stehen für Begriffe, Begriffskomplexe oder auch Hypostasierungen von Begriffen zu eindeutig analysierbaren Grundbegriffen. Als assoziationsstimulierende Grundbegriffe fungieren *Abstrakta*; in dem einen Falle ‚*Perfektion*', in dem anderen ‚*Perfektibilität*'.

Vermerkt sei schließlich, daß die für das *idealistische Denken* charakteristische Denkform der *Begriffspyramide* in den Zahlensystemen und den auf ihnen aufbauenden *Klassifikationen* ihr Analogon besitzt. Ihr sprachliches Substrat bilden *metasprachlich* verwandte lexikalische Elemente vom Typ *Konkretum, Gattungsname, Abstraktum*.

Eine Zusammenfassung dieser Befunde könnte lauten: Denken und Theorie, Denkformen und Argumentationstypen beruhen auf dem ‚Substrat' sprachlicher Elemente und sprachlicher Strukturen. „Die Sprache ist das Medium unseres Denkens. Sie ist das Organ, das allem Erkennen vorausliegt und auf das alle Theoriebildung angewiesen bleibt."⁸⁰

---

79 Popper 1984, 214-267, „Über Wolken und Uhren. Zum Problem der Rationalität und der Freiheit des Menschen"; Zitat: 247. S. auch 118-122, den Abschnitt „Die Objektivität und die Autonomie der Welt 3" des Beitrags „Erkenntnistheorie ohne ein erkennendes Subjekt" (109-157). – Zur Bezugnahme auf Bühler s. Popper (1984, 245 u. *passim*); zu Bühler, Jakobson und dem Prinzip der ‚Ableitung' von Sprachfunktionen s. sodann auch Baum (1987, 22-31).
80 Rapp 1992, 63. – Hinsichtlich der verschiedenen Denkformen sei jeweils auf die entsprechenden Kapitel in der Monographie von Leisegang (1928/1951) verwiesen. Manifestationen des ‚zyklischen' und des ‚vektoriellen' Denkens werden – allerdings ohne Auseinandersetzung mit Leisegang oder Popper – in großer Breite in den Werken von Schlobach (*Zyklentheorie und Epochenmetaphorik*, 1980) und Rapp (*Fortschritt: Entwicklung und Sinngehalt einer philosophischen Idee*, 1992) beschrieben und analysiert. – Zum Thema ‚Perfektibilität' s. Baum / Neumeister (1986). – Das sprachliche Substrat der Begriffsbildung wurde in neuerer Zeit wieder von Nietzsche erkannt; s. hierzu Simon (1985, 85 ff.). – Zur Konstituierung von Begriffssystemen s. Wüster (1991, bes. 22 ff.).

Damit wäre der Punkt erreicht, an dem der Sinn der Überschrift „Fiktion und Methode" verdeutlicht werden kann. Das bei Bruno begegnende kreative Prinzip, das Denkmodell, das seinen Texten einen weiteren Sinnhorizont verleiht, ist der dem Bereich der ‚organischen Natur' entstammende ‚*Zyklus*', der – wie angedeutet – in Sprachfiguren, unter anderen in solchen vom Typ *Dichotomie* und *Enumeratio*, seine Aktualisierung erfährt. Die Schwelle zur Fiktion wird häufig überschritten, und zwar immer dann, wenn die entsprechende Denkform – in heuristischer Intention – zur Strukturierung einsichtiger und überschaubarer Zusammenhänge außerhalb des Bereiches der ‚lebendigen Organismen', also in dem der ‚toten Körper' und in dem der ‚idealen Gegenstände' Verwendung findet.[81] Entworfen und gestaltet werden mit dem Instrumentarium der Sprache Welten zweiten Grades – Sprachwelten, Welten der *Fiktion*. Ihre changierenden Konturen ergeben sich aus der situationsentbundenen Verwendung aller sprachlichen Elemente, die Allgemeinbegriffe eingeschlossen. Brunos Philosophieren und die ihm verwandten Spielarten des Denkens erhalten ihre Dynamik zum einen durch die methodische Exploitation des fiktionalen Potentials sprachlicher ‚Universalien', zum anderen durch die – zumeist unbewußte – Verwendung sprachbedingter ‚Argumentationsmechanismen'. Die Voraussetzung für diese Manifestationen des Denkens und Philosophierens bildet die konstatierte Befreiung von als ‚dogmatisch' erkannten Vorgaben und – damit in Zusammenhang stehend – die Relativierung ‚autoritären Vorguts' jedweder Form und Prägung. Es handelt sich dabei – wie in formelhafter Verkürzung festgehalten werden kann – um Explorationen im Universum der Sprache, genauer noch: um – als solches in der Regel unerkanntes – Experimentieren mit dem Evokationspotential der Sprache. Die eigentliche ‚Aufklärung' – eine Aufklärung neuer Dimension – könnte da beginnen, wo dies erkannt würde.

Im Geiste Brunos ließe sich sagen: Alles entsteht aus einem, und dieses eine ist Sprache, denn es ist die Sprache, die alles bewirkt. Sie ist Ergon und Energeia, Vergehen und Bestehen, sie bedingt Werk und Wirken, sie kreiert das Sein und das Nichts.

---

81 Leisegang (1951, 61 ff.) erörtert die Probleme, die sich aus dem ‚Transfer' von Denkmodellen ergeben; begreift man die Welt als ein Stufenreich, so ist davon auszugehen, daß „auf jeder Stufe etwas prinzipiell Neues in Erscheinung tritt, das seine eigene Denkform zu seiner wissenschaftlichen Bearbeitung fordert" (73). Vgl. Leisegang 1928/1951, 451 ff. Die Tragweite dieser Einsicht ist in etwa zu ermessen, wenn der apperzeptionssteuernde Mechanismus der ‚Analogie' gebührend veranschlagt wird.

Bibliographie

Aquilecchia 1955, 1957, 1958, 1964 u. 1973 s. Bruno 1955, 1957, 1958, 1964 u. 1973.
Aquilecchia, Giovanni: „Un nuovo documento del processo di Giordano Bruno". *Giornale storico della letteratura italiana* 136, 1959, 91-96.
Aquilecchia, Giovanni: „Note di bibliografia italiana". *Lettere italiane* 12, 1960, 322-325.
Badaloni, Nicola: *La filosofia di Giordano Bruno*. Firenze: Parenti 1955.
Badaloni, Nicola: „Appunti intorno alla fama del Bruno nei secoli XVII e XVIII". *Società* 14, 1958, 487-519.
Bartholmèss, Christian: *Jordano Bruno*. 2 Bde. Paris: Ladrange 1846-47.
Baum, Richard: „Sprache und Unterricht". In: Baum / Hausmann / Monreal-Wickert 1979, 11-35.
Baum, Richard: „Heidegger – *Unterwegs zur Sprache*". In: *Vom „Rolandslied" zum „Namen der Rose"*. Meisterwerke der Weltliteratur, Bd. 1. Ringvorlesung der Philosophischen Fakultät der RWTH Aachen im WS 1986/87. Hrsg. von Helmut Siepmann u. Frank-Rutger Hausmann. Bonn: Romanistischer Verlag 1987. (Abhandlungen zur Sprache und Literatur; 7), 212-236.
Baum, Richard: *Hochsprache, Literatursprache, Schriftsprache. Materialien zur Charakteristik von Kultursprachen*. Darmstadt: Wissenschaftliche Buchgesellschaft 1987. (Impulse der Forschung; 49.)
Baum, Richard: „Aspects de la langue de Van Lerberghe". In: *Charles Van Lerberghe et le Symbolisme*. Edité par Helmut Siepmann et Raymond Trousson. Köln: dme-Verlag 1988. (Kölner Schriften zur Romanischen Kultur; 9), 182-209.
Baum, Richard: „Sei personaggi in cerca d'autore". In: *Gespielte Welt von Aristophanes bis Pirandello. Meisterwerke der Weltliteratur*, Bd. 4. Ringvorlesung der Philosophischen Fakultät der RWTH Aachen im SS 1988. Hrsg. von H. Kaspar Spinner und Frank-Rutger Hausmann. Bonn: Romanistischer Verlag 1989. (Abhandlungen zur Sprache und Literatur; 24), 202-222.
Baum, Richard / Hausmann, Franz-Josef / Monreal-Wickert, Irene: *Sprache in Unterricht und Forschung. Schwerpunkt Romanistik*. Tübingen: Narr 1979. (Tübinger Beiträge zur Linguistik; 127.)
Baum, Richard / Neumeister, Sebastian: „Perfektibilität". In: Ritter / Gründer 1971 ff., 7, 1986, Sp. 238-241.
Berti, Domenico: *Vita di Giordano Bruno da Nola*. Firenze, Torino, Milano: Paravia 1868. [„Processo erettosi dal Tribunale dell'Inquisizione in Venezia contro Giordano Bruno", 325-460.]
Berti, Domenico: *Copernico e le vicende del sistema copernicano in Italia nella seconda metà del secolo XVI e nella prima del secolo XVII. Con documenti inediti intorno a Giordano Bruno e Galileo Galilei*. Roma: Paravia 1878. [„Documenti inediti intorno alla prigionia di Giordano Bruno in Roma", 219-235.]
Berti, Domenico: *Giordano Bruno da Nola, sua vita e sua dottrina*. Nuova edizione riveduta e notabilmente accresciuta. Torino: Paravia 1889. [,Documenti Veneti, Romani, Ginevrini' u.a.m., 375-460.]
Blumenberg, Hans: „Das Universum eines Ketzers". In: *Bruno* 1981, 9-61.
Blumenberg, Hans: *Aspekte der Epochenschwelle: Cusaner und Nolaner*. Erw. u. überarb. Neuausgabe von „Die Legitimität der Neuzeit", vierter Teil. Frankfurt am

Main: Suhrkamp 1982. (Suhrkamp-Taschenbuch „Wissenschaft"; 174.) 1. Aufl. 1976; 1. Aufl. des Orig. 1966.

Brunnhofer, Hermann: *Giordano Bruno's Weltanschauung und Verhängnis. Aus den Quellen dargestellt.* Leipzig: Fues (Reisland) 1882.

Bruno, Giordano: *Opere di G.B. Nolano, ora per la prima volta raccolte e pubblicate da Adolfo* [Gottlob Heinrich Adolf] Wagner. 2. Bde. Lipsia: Weidmann 1830 [1829].

Bruno, Giordano: *Jordani Bruni Nolani Scripta, quae latine confecit,* omnia in unum redegit, praefatione instruxit, mendisque expurgavit innumeris August Friedrich Gförer. Stuttgardiae: Brodhag; Londini; Black, Young and Young; Parisiis: Heideloff u. Campe 1835 [1834-35].

Bruno, Giordano: *Jordani Bruni Nolani Opera latine conscripta,* publicis sumptibus edita, recensebat F. Fiorentino [F. Tocco, H. Vitelli, V. Imbriani, C. M. Tallagrigo]. 3 Bde. in 8 Teilen. Neapoli, apud Dom. Morano [Florentiae, typis successorum Le Monnier] 1879-91. Nachdruck: Stuttgart – Bad Cannstatt: Frommann-Holzboog 1961-62.

Bruno, Giordano: *Le opere italiane di G. B.,* ristampate da Paolo de Lagarde [Paul Anton Bötticher]. 2 Bde. Gottinga: Dieterich 1888 [1889].

Bruno, Giordano: *Gesammelte Werke.* Hrsg. v. Ludwig Kuhlenbeck. Leipzig: Diederichs 1904-09. – Bd. 1: *Das Aschermittwochsmahl.* Ins Dt. übertr. von L. K. [„Zur Einführung", 1-37; 1-20: „I. Giordano Brunos Persönlichkeit und Leben"; 21-37: „II. Giordano Brunos Weltanschauung".] – Bd. 2: *Die Vertreibung der triumphierenden Bestie* (1904). [„Vorwort des Übersetzers", 1-10.] – Bd. 3: *Zwiegespräch vom unendlichen All und den Welten.* Verdeutscht u. erl. von L. K. [„Vorwort des Übersetzers: Die wissenschaftliche Bedeutung dieser Dialoge Brunos – Brunos Verhältnis zu Kopernikus und seinen Vorgängern – Die Unendlichkeitsidee", I-LXXI.] Nachdruck: Wissenschaftliche Buchgesellschaft 1983. – Bd. 4: *Von der Ursache, dem Anfangsgrund und dem Einen* (1906). [„Vorwort des Übersetzers", I-XX.] – Bd. 5: *Eroici furori* (Zwiegespräche vom Helden und Schwärmer). Ins Dt. übertr. von L. K. (1907). [„Zur Einführung und Würdigung", I-XX.] – Bd. 6: *Kabbala, Kyllenischer Esel, Reden, Inquisitionsakten* (1909). [„Zur Einführung – Brunos Antichristentum – Das gelehrte Nichtwissen", I-XXX.]

Bruno, Giordano: *Opere italiane.* Nuovamente ristampate, con note da Giovanni Gentile [Bd. 3: A cura di Vincenzo Spampanato]. 3 Bde. Bari: Laterza 1907-09. (1.2: Classici della filosofia moderna; 2 e 6.) – Bd. 1: *Dialoghi metafisici,* 1907. – Bd. 2: *Dialoghi morali,* 1908. – Bd. 3: s. folgende Angabe.

Bruno, Giordano: *Candelaio, commedia.* Edizione critica con introduzione storica, note e documenti a cura di Vincenzo Spampanato. Bari: Laterza 1909. Seconda edizione riveduta e migliorata con testo critico, introduzione, note e documenti a cura di Vincenzo Spampanato 1925. Terza edizione, a cura di Giovanni Aquilecchia. Firenze: Sansoni 1958. (Classici della filosofia; 8.)

Bruno, Giordano: *De la causa, principio e uno.* Introduzione e commento di Augusto Guzzo. Firenze: Sansoni 1933. (Collana scolastica di testi filosofici.) 2., unv. Aufl. 1955.

Bruno, Giordano: *De la causa, principio e uno e scritti scelti.* A cura di Antonio Renda. Padova: Milani 1941.

Bruno, Giordano: *Scritti scelti di G. B. e di Tommaso Campanella.* A cura di Luigi Firpo. Torino: U.T.E.T. 1949. (Classici Italiani; 48.)

Bruno, Giordano: *La cena de le Ceneri*, a cura di Giovanni Aquilecchia. Torino: Einaudi 1955. (Nuova raccolta di classici italiani annotati; 4.)
Bruno, Giordano: *Opere di G. B. e di Tommaso Campanella*. A cura di Augusto Guzzo e di Romano Amerio. Milano, Napoli: Ricciardi (1956). (La Letteratura italiana, Storia e testi; 33.)
Bruno, Giordano: *Due dialoghi sconosciuti e due dialoghi noti. Idiota triumphans. – De somnii interpretatione. – Mordentius. – De Mordentii circino*. A cura di Giovanni Aquilecchia. Roma: Edizioni di Storia e Letteratura 1957. (Storia e letteratura; 63.)
Bruno, Giordano: *Praelectiones geometricae e Ars deformationum*. Testi inediti. A cura di Giovanni Aquilecchia. Roma: Edizioni di Storia e Letteratura 1964. (Storia e letteratura; 98.)
Bruno, Giordano: *De la causa, principio et uno*. A cura di Giovanni Aquilecchia. Torino: Einaudi 1973. (Nuova raccolta di classici italiani annotati; 8.)
Bruno, Giordano: *Das Aschermittwochsmahl*. Übers. von Ferdinand Fellmann. Mit einer Einleitung von Hans Blumenberg. Frankfurt am Main: Insel-Verlag 1981. (Insel-Taschenbuch; 548.)
Bruno, Giordano: *De umbris idearum*. A cura di Rita Sturlese. Premessa di Eugenio Garin. Firenze: Olschki 1991. (Istituto Nazionale di Studi sul Rinascimento, Studi e testi; 26. – Giordano Bruno: Le opere latine. Edizione storico-critica, I.)
Carriere, Moriz: *Die philosophische Weltanschauung der Reformationszeit in ihren Beziehungen zur Gegenwart*. Stuttgart u. Tübingen: Cotta 1847.
Cassirer, Ernst: *Das Erkenntnisproblem in der Philosophie und Wissenschaft der neueren Zeit*. Bd. 1., 3. Aufl. Berlin: B. Cassirer 1922. 1. Aufl. 1906.
Ciliberto, Michele: *La ruota del tempo. Interpretazione di Giordano Bruno*. Roma: Editori Riuniti 1986. (Nuova biblioteca di cultura; 272.)
Ciliberto, Michele: *Giordano Bruno*. Bari: Laterza 1990.
Clemens, Franz Jacob: *Giordano Bruno und Nicolaus von Cusa. Eine philosophische Abhandlung*. Bonn: Wittmann 1847.
Corsano, Antonio: „Studi bruniani in Francia". *Giornale critico della filosofia italiana*, Jg. 46, Reihe 3, Bd. 21, 1967, 254-259.
Corsano, Antonio: „Un ventennio di studî italiani su G. Bruno". *Cultura e scuola*, Jg. 7, Nr. 27, Juli-September 1968, 94-113.
Corsano, Antonio: „Recenti studi bruniani". *Giornale critico della filosofia italiana*, Jg. 58 (60), Reihe 4, Bd. 10, 1979, 226-233.
Corsano, Antonio: „Studi bruniani (Le opere latine di Giordano Bruno; Il lessico di Giordano Bruno)". *Filosofia* (Torino) 31, 1980, 663-668.
Curtius, Ernst Robert: *Europäische Literatur und lateinisches Mittelalter*. [2. verb. Aufl.] Bern: Francke 1953. 1. Aufl. 1948. 10. Aufl.: Bern u. München 1984.
Dilthey, Wilhelm: *Weltanschauung und Analyse des Menschen seit Renaissance und Reformation. Abhandlungen zur Geschichte der Philosophie und Religion*. Leipzig u. Berlin: Teubner 1914. (Wilhelm Diltheys Gesammelte Schriften, Bd. 2.)
Fiorentino u.a.1879-91 s. Bruno 1879-91.
Firpo, Luigi: „Il processo di Giordano Bruno". *Rivista storica italiana* 60, 1948, 542-597, u. 61, 1949, 5-59. Auch – unter demselben Titel – als Monographie erschienen: Napoli: Edizioni scientifiche italiane 1949. (Quaderni della Rivista storica italiana; 1.)
Firpo 1949 s. Bruno 1949.

Fucilla, Joseph Guerin: „Aggiunte all'ultima bibliografia bruniana". *Filologia romanza* 6, 1959, 332-336.

Fumaroli, Marc: *L'Age de l'éloquence. Rhétorique et «res literaria» de la Renaissance au seuil de l'époque classique.* Genève: Droz 1980. (Centre de recherches d'histoire et de philologie de la IVe Section de l'Ecole pratique des hautes études. V. Hautes Etudes médiévales et modernes; 43.)

Gadamer, Hans Georg: *Goethe und die Philosophie.* Leipzig: Volk-und-Buch-Verlag 1947. (Die Humboldt-Bücherei; 3.)

Gadamer, Hans-Georg: „Die Ausdruckskraft der Sprache. Zur Funktion der Rhetorik für die Erkenntnis" (1979). In: Gadamer 1991, 149-163.

Gadamer, Hans-Georg: *Lob der Theorie. Reden und Aufsätze.* 3. Aufl. Frankfurt am Main: Suhrkamp 1991. (Bibliothek Suhrkamp; 828.) 1. Aufl. 1983.

Garin, Eugenio: *Geschichte und Dokumente der abendländischen Pädagogik.* 2 Bde. Reinbek bei Hamburg: Rowohlt 1964-66. (Rowohlts deutsche Enzyklopädie; 205/206 u. 250/251.)

Gentile 1907-09 s. Bruno 1907-09.

Gerl, Hanna-Barbara: *Rhetorik als Philosophie: Lorenzo Valla.* München: Fink 1974. (Humanistische Bibliothek; I, 13.)

Gerl, Hanna-Barbara: „Abstraktion und Gemeinsinn". Zur Frage des Paradigmenwechsels von der Scholastik zum Humanismus in der Argumentationstheorie Lorenzo Vallas". *Tijdschrift voor Filosofie* 44, 1982, 677-706.

Gerl, Hanna-Barbara: *Einführung in die Philosophie der Renaissance.* Darmstadt: Wissenschaftliche Buchgesellschaft 1989. (Die Philosophie. Einführungen in Gegenstand, Methoden und Ergebnisse ihrer Disziplinen.)

Gförer 1834-35 s. Bruno 1834-35.

Grassi, Ernesto: „G. B. Vico und das Problem des Beginns des modernen Denkens. Kritische oder topische Philosophie?". *Zeitschrift für Philosophische Forschung* 22, 1968, 491-509. Teil II-VI auch in: Kopperschmidt 1990-91, 2, 107-126.

Grassi, Ernesto: *Rhetoric as Philosophy. The Humanist Tradition.* University Park; London: Pennsylvania State University Press 1980.

Grassi, Ernesto: *Einführung in philosophische Probleme des Humanismus.* Darmstadt: Wissenschaftliche Buchgesellschaft 1986. (Die Philosophie. Einführungen in Gegenstand, Methoden und Ergebnisse ihrer Disziplinen.) 2., unv. Aufl. u. d. T.: *Einführung in die humanistische Philosophie.* Vorrang des Wortes. 1991.

Guzzo 1933 u. 1955 s. Bruno 1933.

Guzzo 1956 s. Bruno 1956.

Haller, Rudolf: *Facta und Ficta. Studien zu ästhetischen Grundlagenfragen.* Stuttgart: Reclam 1986 (Universal-Bibliothek; 8299).

Hausmann, Frank-Rutger / Kapp, Volker: *Bibliographie der deutschen Übersetzungen aus dem Italienischen.* Bd. 1 ff. Tübingen: Niemeyer 1992 ff.

Hocke, Gustav René: *Manierismus in der Literatur. Sprach-Alchimie und esoterische Kombinationskunst. Beiträge zur vergleichenden europäischen Literaturgeschichte.* Reinbek bei Hamburg: Rowohlt 1959. (Rowohlts deutsche Enzykopädie; 82/83.)

Kirchhoff, Jochen: *Giordano Bruno.* Reinbek bei Hamburg: Rowohlt 1980. (rororo-Bildmonographien; 285.).

Kopperschmidt, Josef (Hrsg.): *Rhetorik.* Zwei Bände. [Bd. 1: *Rhetorik als Texttheorie;* Bd. 2: *Wirkungsgeschichte der Rhetorik.*] Darmstadt: Wissenschaftliche Buchgesellschaft 1990-91.

Krause, Helmut Friedrich (Simon Kraus): *Der Baustoff der Welt. Von den bewohnten Gestirnen und der Ursache der Gravitation. Eine einheitliche Feldlehre aus kosmischer Sicht.* Mit einem Vorwort von Jochen Kirchhoff und einem Gespräch mit Werner Heisenberg. Berlin: Dionysos 1991. (S. auch Kirchhoff 1980, bes. 85 ff.)

Kuhlenbeck 1904-09 s. Bruno 1904-09.

Lagarde 1889 s. Bruno 1889.

Leisegang, Hans: *Denkformen.* 2. neu bearb. Aufl. Berlin: de Gruyter 1951. 1. Aufl. 1928.

Leisegang, Hans: *Meine Weltanschauung.* Aus dem Nachlaß als Abschiedsgruß herausgegeben von der Freien Universität Berlin. Berlin: de Gruyter 1951.

Leisegang, Hans: *Einführung in die Philosophie.* 8. Auflage. Berlin, New York: de Gruyter 1973. (Sammlung Göschen; 4281.) 1. Aufl. 1951.

Lerner, L. S. / Gosselin, E.-A.: „Giordano Bruno: perché fu condannato al rogo?". *Le Scienze* 6, 1973, 22-29.

Lutz-Bachmann, Matthias (Hrsg.): *Über Friedrich Nietzsche. Eine Einführung in die Philosophie.* Frankfurt am Main: Knecht 1985.

Mathieu, Vittorio (Hrsg.): *Questioni di storiografia filosofica. La storia della filosofia attraverso i suoi interpreti.* Bd. 2: *Dall'umanesimo a Rousseau.* A cura di V. M. Brescia: La Scuola 1975.

Mercati, Angelo: *Il Sommario del processo di Giordano Bruno.* Con appendice di documenti sull'eresia e l'Inquisizione a Modena nel secolo XVI. Città del Vaticano, Biblioteca apostolica vaticana 1942. (Studi e testi; 101.)

Misch, Georg: *Der Weg in die Philosophie. Eine philosophische Fibel.* Leipzig, Berlin: Teubner 1926.

Nowicki, Andrzej: „Intorno alla presenza di Giordano Bruno nella cultura del Cinquecento e del Seicento. Aggiunte alla bibliografia del Salvestrini". *Atti dell'Accademia di scienze morali e politiche della Società Nazionale di Scienze, Lettere ed Arti in Napoli* 79, 1968, 505-526.

Nowicki, Andrzej: „La presenza di Giordano Bruno nel cinque sei e settecento (aggiunte ulteriori alla Bibliografia bruniana del Salvestrini)". *Atti dell'Accademia di scienze morali e politiche della Società Nazionale di Scienze, Lettere ed Arti in Napoli* 81, 1970, 326-344.

Nowicki, Andrzej: „Giordano Bruno nella cultura contemporanea. (In appendice la continuazione della Bibliografia bruniana del Salvestrini)". *Atti dell'Accademia di scienze morali e politiche della Società Nazionale di Scienze, Lettere ed Arti in Napoli* 83, 1972, 391-450.

Olschki, Leonardo: *Geschichte der neusprachlichen wissenschaftlichen Literatur.* 3 Bde. Heidelberg: Winter 1919; Leipzig, Firenze, Roma, Genève: Olschki 1922; Halle: Niemeyer 1927. Nachdruck: Vaduz: Kraus Reprint 1965. – Bd. 1: *Die Literatur der Technik und der angewandten Wissenschaften vom Mittelalter bis zur Renaissance.* – Bd. 2: *Bildung und Wissenschaft im Zeitalter der Renaissance in Italien.* – Bd. 3: *Galilei und seine Zeit.*)

Olschki, Leonardo: „Giordano Bruno". *Deutsche Vierteljahrsschrift für Literaturwissenschaft und Geistesgeschichte* 2, 1924, 1-79.

Olschki, Leonardo: *Giordano Bruno.* Bari: Laterza 1927. 109 S. (Ital. Version von Olschki 1924.)

Popper, Karl R.: *Objektive Erkenntnis. Ein evolutionärer Entwurf.* 4. Aufl., dt. Fassung der 4., verb. u. erg. Aufl. nach einer Übersetzung von Hermann Vetter, in Abstimmung mit dem Autor überarb. von Ingeborg, Gerd und Bernd Fleischmann. Hamburg: Hoffmann u. Campe 1984.

Puglisi, Filippo: *La rivoluzione artistico-filosofica di Giordano Bruno*. Roma: Bulzoni 1989.

Radetti, Giorgio: „Bruno". In: Mathieu 1975, 97-182.

Ranke, Leopold: *Die römischen Päpste, ihre Kirche und ihr Staat im sechzehnten und siebzehnten Jahrhundert*. 4. Aufl. 3 Bde. Berlin: Duncker u. Humblot 1854-57. (Fürsten und Völker von Süd-Europa im sechzehnten und siebzehnten Jahrhundert; 2-4.)

Rapp, Friedrich: *Fortschritt: Entwicklung und Sinngehalt einer philosophischen Idee*. Darmstadt: Wissenschaftliche Buchgesellschaft 1992.

Renda 1941 s. Bruno 1941.

Ricci, Saverio: *La fortuna del pensiero di Giordano Bruno, 1600–1750*. Prefazione di Eugenio Garin. Firenze: Le Lettere 1990. (Giornale critico della filosofia italiana, Quaderni; 1.)

Ritter, Joachim / Gründer, Karlfried: *Historisches Wörterbuch der Philosophie*. Basel: Schwabe 1971 ff.

Rossi, Paolo: *Clavis universalis. Arti mnemoniche e logica combinatoria da Lullo a Leibniz*. Milano, Napoli: Ricciardi 1960. Neuaufl.: Bologna 1983.

Salaquarda, Jörg (Hrsg.): *Nietzsche*. Darmstadt: Wissenschaftliche Buchgesellschaft 1980. (Wege der Forschung; 521.)

Salvestrini, Virgilio: *Bibliografia delle opere di Giordano Bruno e degli scritti ad esso attinenti*. Prefazione di Giovanni Gentile. Con 32 facsimili di frontespizî e un ritratto del Nolano. Pisa: Salvestrini 1926.

Salvestrini, Virgilio: *Bibliografia di Giordano Bruno (1582-1950)*. Seconda edizione postuma a cura di Luigi Firpo. Firenze: Sansoni 1958.

Schlobach, Jochen: *Zyklentheorie und Epochenmetaphorik. Studien zur bildlichen Sprache der Geschichtsreflexion in Frankreich von der Renaissance bis zur Aufklärung*. München: Fink 1980. (Humanistische Bibliothek; I, 7.)

Simon, Josef: „Grammatik und Wahrheit. Über das Verhältnis Nietzsches zur spekulativen Satzgrammatik der metaphysischen Tradition". *Nietzsche-Studien* 1, 1972, 1-26. Auch in: Salaquarda 1980, 185-218.

Simon, Josef: „Sprache und Sprachkritik bei Nietzsche". In: Lutz-Bachmann 1985, 63-97.

Simon, Josef: „Goethes Sprachansicht". *Jahrbuch des Freien Deutschen Hochstifts*, N.F. 29, 1990, 1-27.

Spampanato 1909 u. 1923 s. Bruno 1909; vgl. Bruno 1907-09.

Spampanato, Vincenzo: *Vita di Giordano Bruno*. Con documenti editi e inediti. Messina: Principato 1921. (Studi filosofici; 12.) Nachdruck: Rom 1988.

Spampanato, Vincenzo: *Documenti della vita di Giordano Bruno*. Firenze: Olschki 1923.

Sturlese, Rita: *Bibliografia, censimento e storia delle antiche stampe di Giordano Bruno*. Firenze: Olschki 1987. (Istituto Nazionale di Studi sul Rinascimento, Quaderni di «Rinascimento»; 6.)

Sturlese 1991 (a) s. Bruno 1991.

Sturlese, Rita: „L'arte della memoria tra Bruno e Leibniz. Gli scritti di mnemotecnica del medico paracelsiano Adam Bruxius". *Giornale storico della filosofia italiana*, Jg. 70 (83), Reihe 6, Bd. 11, 1991, 379-408. (b)

Tocco, Felice: *Le opere latine di Giordano Bruno, esposte e confrontate con le italiane*. Firenze: Le Monnier 1889. (Pubblicazioni del R. Istituto di Studi Superiori Prattici e di Perfezionamento, Sezione di Filosofia e Filologia; 22.)

Védrine, Hélène: *Censure et pouvoir. Trois procès: Savonarole, Bruno, Galilée*. Paris: Mouton 1976.

Wagner 1829 s. Bruno 1829.

Waswo, Richard: „The ‚Ordinary Language Philosophy' of Lorenzo Valla". *Bibliothèque d'Humanisme et Renaissance* 41, 1979, 255-271.

Wüster, Eugen: *Einführung in die Allgemeine Terminologielehre und Terminologische Lexikographie*. 3. Aufl. Mit einem Vorwort von Richard Baum. Bonn: Romanistischer Verlag 1991. (Abhandlungen zur Sprache und Literatur; 20.)

Yates, Frances Amelia: *The French Academies of the Sixteenth Century*. London: Warburg Institute, University of London 1947. Neuaufl.: London and New York: Routledge 1988.

Yates, Frances Amelia: *Giordano Bruno and the Hermetic Tradition*. London: Routledge and Kegan Paul 1964. Ital. Übers.: *Giordano Bruno e la tradizione ermetica*. Bari: Laterza 1969.

Yates, Frances Amelia: *The Art of Memory*. London: Routledge and Kegan Paul 1966. Auch: London, Melbourne and Henley: ARC Paperbacks 1984. Ital. Übers.: *Arte della memoria*. Torino: Einaudi 1972. Dt. Übers.: *Gedächtnis und Erinnern*. Weinheim: VCH 1989. 2. Aufl. 1991.

Yates, Frances Amelia: *Giordano Bruno e la cultura europea del Rinascimento*. Roma, Bari: Laterza 1988.

Yates, Frances Amelia: *Giordano Bruno in der englischen Renaissance*. Aus dem Engl. von Peter Krumme. Berlin: Wagenbach 1989. (Kleine kulturwissenschaftliche Bibliothek; 12.)

Giordano Brunos Gedächtniskunst und das Geheimnis der Schatten der Ideen

Rita Sturlese

Der Traktat *Über die Schatten der Ideen* (*De umbris idearum*) ist das erste Werk Giordano Brunos, das uns überliefert ist; es wurde 1582 in Paris veröffentlicht. Es ist Heinrich III., dem König von Frankreich, gewidmet und weist eine Untergliederung in drei Teile auf. Der erste umfaßt eine lange theoretische Abhandlung, in der der Autor – nachdem er in einem einleitenden Dialog eine Reihe von Kritikpunkten gegen die Wirksamkeit und Nützlichkeit der Mnemonik widerlegt hat – in Form von sechzig Thesen über die „Bedeutungen der Schatten" und die „Begriffe der Ideen" die philosophischen Grundlagen der Gedächtniskunst formuliert. Hauptquellen in diesem Abschnitt sind Plotin, Ficino und Cusanus[1]. Anders als der erste sind der zweite und dritte Teil technisch-praktischer Art. So stellt der zweite – mit besonderem Hinweis auf die pseudociceronianische *Rhetorica ad Herennium* – detailliert die grundlegenden mnemotechnischen Regeln und ein mnemonisch-kombinatorisches System dar, das sich auf den Bau eines komplexen Mechanismus aus fünf beweglichen konzentrischen Kreisen und den darauf verteilten Bildern gründet. Der dritte Teil enthält schließlich drei *Artes breves*, d.h. drei vereinfachte und schneller zu lernende mnemonische Systeme, bei denen es sich wahrscheinlich um eben jene handelt, die Bruno, kaum in Paris angekommen, „seine Königliche Hoheit ausprobieren" ließ, um ihr zu zeigen – wie er später im Laufe des venezianischen Prozesses erklären wird –, daß ihr Gedächtnis „nicht auf Zauberei, sondern auf Wissen" beruhe[2].

Ein solches Projekt, das heute so veraltet scheint, darf nicht überraschen. Als *De umbris idearum* geschrieben wurde, besaß die Gedächtniskunst für die Allgemeinheit der gebildeten Menschen eine besonders hohe Bedeutung. Es ist bekannt, daß die Gedächtniskunst in der klassischen Antike als Teil der Rhetorik und als Technik entstanden war, die den

---

1 Man vgl. die Quellenhinweise in der Ausgabe des *De umbris idearum*, a cura di Rita Sturlese, Firenze 1991, S. 25-62, sowie meinen Beitrag: „Niccolò Cusano e gli inizi della speculazione del Bruno", in: *Historia philosophiae medii aevi. Studien zur Geschichte der Philosophie. Festschrift für Kurt Flasch*, hrsg. von B. Mojsisch und O. Pluta, Amsterdam 1992, S. 953-966.
2 In: V. Spampanato, *Vita di Giordano Bruno, con documenti editi e inediti*, Messina 1921, S. 701; vgl. außerdem meine *Einleitung* zur zitierten Ausgabe von *De umbris idearum*, S. XL-XLVIII.

Rhetor in die Lage versetzen sollte, mühelos lange Reden zu halten[3]. Zur Zeit Brunos hatte sie immer noch wie zu Ciceros Zeiten eine beträchtliche gesellschaftliche Bedeutung. Ihre Techniken aber, die vor allem auf der Assoziation der zu erinnernden Inhalte mit untereinander verketteten und geordneten Bildern beruhten – zum Beispiel verteilt auf die verschiedenen Geschäfte einer wohlbekannten Straße oder auf die Stationen der „Via Crucis" –, hatten sich in Übereinstimmung mit den neuen beruflichen Bedürfnissen und der Entwicklung der Wissenschaften und allgemein des Wissens weiterentwickelt[4]. So hatte insbesondere die sogenannte „memoria verborum", d.h. die Mnemonik der Wörter, die in der Antike wenig benutzt worden war, weil sie für das Behalten von Reden weniger wirksam und schwerer als die „memoria rerum" anzuwenden war, neue Anwendungsbereiche gefunden: Sie diente zum Auswendiglernen von wissenschaftlichen Termini, wie Namen von „Kräutern, Bäumen, Mineralien" u.ä., oder von sogenannten „vocabula non intellecta" oder „voces ignotae", also Wörtern aus fremden Sprachen[5].

Gerade in bezug auf diese neuen fachlichen Erfordernisse und auf die Entwicklung des Wissens muß die Brunosche Mnemotechnik historisch betrachtet werden. Dies erklärt den ganz besonderen Erfolg, den *De umbris* gleich nach seiner Veröffentlichung hatte, obwohl es das „Erstlingswerk" eines noch nicht bekannten Autors war. Zeugnisse des Interesses an diesem Text finden sich in der ersten Hälfte des 17. Jahrhunderts

---

3 Vgl. F.A.Yates, *The Art of Memory*, London 1966, S. 1-26 (deutsche Übersetzung, Weinheim 1990, S. 11-33).
4 Man vgl. diesbezüglich das höchst erfolgreiche Handbuch der Mnemotechnik aus dem 15. Jahrhundert von Pietro da Ravenna, *Foenix sive Artificiosa memoria*, Venetiis 1491, ff. d2^v-d3^v, und auch *De umbris idearum*, n. 231 und 233, wo Bruno mnemonische Systeme vorstellt, die verwendet werden können, damit man die Kodizes des bürgerlichen und des kanonischen Rechts, Texte über Medizin, Grammatikhandbücher u.a. im Kopf behält: „Legistae sub libris titulos, sub titulis leges [...] Medici sub libris, sectionibus, et fen capita, capitum partes [...] ordinate non minus quam ipso in libro valebunt apponere [...] Hinc puerum poterit grammaticus ad retinenda omnium nominum genera [...] unius diei spacio promovisse [...]".
5 Vgl. *De umbris idearum*, n. 152: „Adest ergo duplicis generis memoria, terminorum videlicet atque rerum; quarum haec simpliciter admittit necessitatem, illa vero in aliquo quodam genere [...], vel quia rebus accidit unicum propriumque nancisci nomen idque non satis in promptu, ut sunt herbarum, arborum, mineralium, seminum et id genus aliorum, quorum conceptum habere minime sufficit, vel tandem quia saepe sese offert occasio proferendi verba, quorum minime rationem habemus"; J. Paepp, *Eisagoge seu introductio facilis in praxim artificiosae memoriae*, Lugduni 1618, S. 29 ff.: „Cogito igitur Hebraicam, Chaldaicam, Arabicam addiscere linguam, quorum idiomatum nulla verba mihi antehac audita sunt. Obsecro, haec qua ratione memoriae tradam? [...] Appellantur talia aliis vocabula non intellecta, aliis voces ignotae".

ziemlich überall⁶. Aber schon gegen Ende des Jahrhunderts stellte die Gedächtniskunst keinen bevorzugten Interpretationsschlüssel zur Brunoschen Philosophie dar, wie das ganz und gar negative Urteil zeigt, das Morhof im *Polyhistor* über *De umbris* äußerte, indem er das Werk als äußerst unklar und mit unsinnigen Allegorien und Metaphern beladen beschrieb⁷. Während der Aufklärung ging dann Brucker unter direkter Bezugnahme auf die von Morhof stammende Deutung zu *De umbris* so weit, die gesamte Mnemonik des Nolaners pauschal abzuurteilen und sie als reines Produkt „entfesselter Phantasie" und infolgedessen als bar jeglichen logischen Gehalts und aller systematischen Strenge zu betrachten⁸. Erst zu Beginn des 19. Jahrhunderts kam es – in offensichtlicher Anlehnung an die von Kritizismus und Idealismus hervorgerufene Erneuerung der geschichtswissenschaftlichen Perspektiven – zu einer Wiederentdeckung der Brunoschen Mnemonik und damit auf besondere Weise auch von *De umbris*. In der *Geschichte der neuern Philosophie* bot der Kantianer Buhle eine subtile, detaillierte und systematische Deutung zu *De umbris*, wobei er hervorhob, daß das Werk Brunos eine Analyse der „innern geistigen Thätigkeit beym Denken" enthielt⁹. Auf den Ausführungen Buhles gründete Hegel in seinen *Vorlesungen über die Geschichte der Philosophie* seine Interpretation der Mnemonik Brunos als „Versuch, das Universum in seiner Entwicklung, im System seiner Bestimmung aufzufassen und aufzuzeigen, wie das Äußerliche ein Zeichen ist von Ideen"¹⁰. Bertrando Spaventa nahm die Hegelsche Interpretation wieder auf, führte sie weiter und sah gerade in *De umbris* die Vorankündigung für das spekulative Prinzip der Identität von Sein und Denken und damit auch die Vorwegnahme der modernen Vorstellung, daß die absolute Wissenschaft „sich" im menschlichen Geist, der unendliche Produktivität ist, verwirklicht, und nicht im Geist Gottes¹¹.

An die idealistische Interpretationstradition knüpft sich in gewisser Weise der zweite Aufschwung der Brunoschen Mnemonik, den die italienische Forschung in den 60er Jahren unseres Jahrhunderts bewirkt hat; ich

---

6 Vgl. meine *Einleitung* zu: *De umbris idearum*, S. XIII-XIV.
7 D.G. Morhof, *Polyhistor, literarius, philosophicus et practicus*, 4. Ausg., I, Lubecae 1747 (Buch II, Kap. 6), S. 370-372.
8 J. Brucker, *Historia critica philosophiae*, IV, 2 Lipsiae 1744, S. 30-31.
9 J.G. Buhle, *Geschichte der neuern Philosophie seit der Epoche der Wiederherstellung der Wissenschaften*, II, Göttingen 1801, S. 720-739.
10 G.W.F. Hegel, *Vorlesungen über die Geschichte der Philosophie*, Teil 4, hrsg. von P. Garniron/W. Jaeschke, Hamburg 1986, S. 58.
11 Vgl. A. Savorelli, „Bruno ,lulliano' nell'idealismo italiano dell'Ottocento (con un inedito di B. Spaventa)", in: *Giornale critico della filosofia italiana*, LXVIII (1989), S. 45-77.

beziehe mich auf die Studien von Garin, Vasoli und Rossi, die in der Reform der in *De umbris* dargelegten „ars memoriae" den Ausdruck eines pansophischen Ideals sehen, namentlich das Bemühen um eine Wiederherstellung allgemeiner Strukturen der Realität und um die Konstituierung einer allumfassenden Erkenntnismethode[12]. Den eben genannten Wissenschaftlern kommt zweifellos das Verdienst zu, das Kritikproblem der Brunoschen Mnemonik und des Verhältnisses von dieser zum Lullismus und dem restlichen Werk Brunos in seiner ganzen Bedeutung neu gestellt zu haben. Dennoch muß betont werden, daß die Aufmerksamkeit dieser Wissenschaftler wie schon die der idealistischen Kritik des 19.Jahrhunderts immer dem ersten Teil des *De umbris*, dem sozusagen theoretischen Teil, gegolten hat. Keiner ist so weit gegangen, den Leser in das Labyrinth des zweiten und dritten Teils zu führen und konkret die Funktionsweise der hier dargestellten mnemonischen Systeme zu erklären.

Genau dies hat Frances Yates erstmals in ihrem vorzüglichen Buch über *Giordano Bruno und die hermetische Tradition* und dann in dem nicht minder erfolgreichen Buch über *Gedächtnis und Erinnern* zu tun versucht. Geschickt hat die englische Gelehrte den von den italienischen Wissenschaftlern frei gelassenen Raum gefüllt und ihre ganze Interpretation auf den Anwendungsteil von *De umbris* konzentriert. Mit einer detaillierten Erläuterung des Systems der fünf Kreise – auf das ich oben hingewiesen habe und das das Hauptsystem der in *De umbris* dargestellten Mnemonik ist – wird die Theorie Brunos nicht so sehr als Antwort auf logisch-methodologische Probleme, sondern vielmehr als magisch-okkulte Kunst interpretiert, die die Kontaktaufnahme zu den Kräften des Universums lehrt. In dieser Perspektive wurde *De umbris* für Yates der „große Schlüssel" zur ganzen hermetisch-religiösen und magischen Philosophie Brunos. Eine und die vielleicht größte Stärke der Argumentation von Yates liegt vor allem darin, als erste in der Geschichte der Interpretation Brunos eine genaue Analyse des mnemonischen Systems aus dem zweiten Teil von *De umbris* geliefert zu haben, eine Interpretation, die bis heute unumstritten ist[13].

Wenn Vorbehalte gegen die Thesen von Yates geäußert worden sind, so haben sich diese nie an einer Kritik ihrer „philologischen" Interpretation der Gedächtniskunst Brunos oder etwa an einem alternativen Vorschlag festgemacht. Insgesamt sah man die Erklärungen von Yates als zutreffend

---

12 E. Garin, *Storia della filosofia italiana*, II, Torino 1978³, S. 683-688; C.Vasoli, „Umanesimo e simbologia nei primi scritti lulliani e mnemotecnici del Bruno", in: *Umanesimo e simbolismo*, a cura di E. Castelli, Padova 1958, S. 251-304; P. Rossi, *Clavis universalis. Arti della memoria e logica combinatoria da Lullo a Leibniz*, Bologna 1983 [erste Ausgabe 1960], S. 131-145.

13 F.A. Yates, *Giordano Bruno and the Hermetic Tradition*, London 1964, S. 190-199; dies., *The Art of Memory*, S. 199-230 (dt. Übersetzung, S. 185-213).

an und beschränkte sich darauf, eventuell ihre Folgen für die Wissenschaftsgeschichte zu diskutieren. Kurz gesagt: Niemand hat bis jetzt meines Wissens daran gedacht, die empirische Grundlage zu überprüfen, auf der Frances Yates ihre berühmte These aufbaute, nämlich die Brunosche Mnemonik sei eine magisch-okkulte Kunst und Bruno ein großer Renaissance-Zauberer. Diese Annahme ergibt sich, wie gesagt, aus der Analyse des mnemonischen Systems der fünf Kreise, das im zweiten Teil von *De umbris idearum* dargelegt ist.

Mit Frances A. Yates stimme ich in der Tat darin überein, daß die Philosophie Brunos nur zu verstehen ist, wenn man „sich mit seinem Gedächtnissystem auseinandergesetzt hat"[14]. Was meines Erachtens nicht befriedigt, ist ihre Textanalyse. Auf den folgenden Seiten werde ich versuchen zu zeigen, was an der Interpretation von Yates nicht zutrifft, und eine Erklärung vorschlagen, die die ihre ersetzt. Dies geschieht in der Hoffnung, daß die Erklärung in allen Belangen überzeugend ausfällt, denn die Gedächtniskreise spielen, wie wir sehen werden, eine entscheidende Rolle für die Interpretation nicht nur der Mnemonik, sondern der gesamten Philosophie Brunos.

Bevor man die Interpretation von Yates untersucht, ist es ratsam, sich die gleichsam äußere Struktur des „Gedächtnissystems" vor Augen zu führen, das Gegenstand unserer Diskussion ist. Das System ist ein mnemonisches Gefüge, welches aus fünf beweglichen konzentrischen Kreisen besteht, von denen jeder in 150 Abschnitte unterteilt ist, in die ebenso viele Buchstabenpaare bzw. Silben inskribiert sind. Die 150 Silben sind für jeden Kreis gleich, und man erhält sie, indem man die fünf Vokale „a, e, i, o, u" auf 30 Buchstaben, namentlich auf jeden der 23 Buchstaben des lateinischen Alphabets (das „u" ist dem „v" assimiliert), auf vier griechische Buchstaben (Psi, Phi, Omega, Theta) und auf drei hebräische (Ayin, Tzade, Shin) folgen läßt. Außer durch Silben sind die Abschnitte eines jeden Kreises auch durch Bilder gekennzeichnet, die sich aber, anders als die Silben, nicht nur von Abschnitt zu Abschnitt, sondern auch von Kreis zu Kreis unterscheiden und die – genauer gesagt – für jeden Kreis von besonderer Art sind (im ersten sind 150 Personen dargestellt, im zweiten ihre Taten usw.)[15].

---

14 F.A. Yates, *The Art of Memory*, S. 225 (dt. Übersetzung, S. 206).
15 *De umbris idearum*, nn. 157, 175, 179. Im Text von *De umbris* werden die Bilder in Form von Namen angegeben (vgl. die Paragraphen Nr. 181-221); so kennzeichnet zum Beispiel die Beschriftung „AI: Ceres in iuga bovum" (n. 181, Zeile 3) zwei Bilder, das von Ceres, Göttin der Erde und der Landwirtschaft, und das von einem Paar weidender Ochsen. Diese Bilder werden jeweils in den Abschnitt des ersten und des zweiten Kreises eingeordnet; die beiden Abschnitte sind mit dem Buchstabenpaar AI gekennzeichnet.

Kommen wir nun zur Erklärung der Funktionsweise des Systems, wie sie Frances Yates vorschlägt. Von den Interessen des Warburg-Instituts geprägt, sah die englische Wissenschaftlerin nicht so sehr die kombinatorische Struktur des ganzen Gefüges als grundlegend an, sondern vielmehr seinen bildlichen Gehalt als solchen sowie die darstellende und mimetische Funktion der 750, auf die fünf Kreise verteilten Bilder. Diese bilden ihrer Meinung nach eine Darstellung des Universums in seiner Ganzheit. Und besonders die Bilder der 150 Erfinder, die sich auf dem ersten Kreis befinden, symbolisieren dann die Entwicklung des menschlichen Wissens; die Bilder von Pflanzen, Steinen und Tieren des dritten Kreises stellen die physischen Elemente der irdischen Welt dar, und die Bilder der Dekane des Tierkreises, der Planeten und Häuser des Horoskops auf dem letzten Kreis repräsentieren schließlich die himmlischen Ursachen bzw. die Astralkräfte als „Vermittler zwischen den Ideen in der überhimmlischen Welt und der subhimmlischen Elementenwelt". Mit diesem Bilderkomplex lehrt Bruno, Yates zufolge, die Welt im Verstand zu reflektieren mit dem Ziel, eine hermetisch-religiöse Erfahrung zu machen. Eine entscheidende Rolle auf dem Weg zu dieser Erfahrung spielt dann der fünfte Kreis mit seinen magischen Sternbildern: Durch die Konzentration der Vorstellungskraft auf diese Bilder will der Philosoph als Gedächtniskünstler nicht nur alle Inhalte der Welt in die Erinnerung einbrennen, sondern auch „eine Persönlichkeit" erlangen, „die – in Übereinstimmung mit den magischen Kräften des Kosmos – mit magischen Kräften versehen ist"[16].

Gegenüber dieser Interpretation stellt sich zuallererst die folgende Frage: Kommt dem letzten, dem inneren Kreis in diesem System eine so wesentliche Rolle zu? Ist er wirklich „die zentrale Energiestation des magisch belebten Gedächtnisses"? Mit anderen Worten: Liegt es wirklich in Brunos Absicht, daß diese Bilder eine magische Wirksamkeit haben sollen?

Eine erste Antwort vermag die Reflexion über den Gebrauch zu geben, für den das Gefüge der fünf Kreise erfunden worden war. Im *De umbris* sagt Bruno ausdrücklich, daß dieses Gefüge dazu dient, Wörter bzw. „die unendliche Vielfalt" der Wörter der drei wichtigsten Sprachen, des Lateinischen, Griechischen und Hebräischen sowie der von diesen abstammenden Sprachen auswendig zu lernen. Insbesondere kann es dazu verwendet werden, Listen von wissenschaftlichen Termini, zum Beispiel Namen von Mineralien, Pflanzen usw. sowie Schlüsselwörter einer Rede und Wörter aus fremden Sprachen im Kopf zu behalten[17]. Das System der fünf Kreise

---

16 F.A. Yates, *Giordano Bruno*, S. 190-199; dies., *The Art of Memory*, S. 213-225 (dt. Übersetzung, S. 195-205).

17 *De umbris idearum*, n. 152. Gerade damit man die Wörter der drei wichtigsten Sprachen auswendig lernen kann, bildet Bruno, wie wir oben gesehen haben, den Komplex von 150 Silben, indem er von einem Alphabet von 30 Buchstaben ausgeht,

gehört also in den traditionellen Bereich der „memoria verborum" und gründet auf dem Prinzip, daß Wörter in Bilder kodiert werden können und daß letztere sich dem Gedächtnis besser einprägen als erstere. Genau zu diesem Zweck kennzeichnet Bruno jeden Abschnitt der fünf Kreise mit einem Buchstabenpaar bzw. mit einer Silbe und assoziiert mit jeder Silbe ein Bild. Wie bereits erwähnt, sind die Kreise nicht unbeweglich, sondern sie drehen sich; so kommen wir mit jeder Bewegung zu einer anderen Silbenkombination, d.h. zu einem anderen Wort und auch zu einer entsprechenden Bilderkombination, die die Funktion hat, das Wort ins Gedächtnis einzuprägen. Die Kreise dienen also in erster Linie der Kombinierung von Silben und nur indirekt der Zusammensetzung von Bildern.

Schauen wir nun, wie das System tatsächlich funktioniert. Bruno betrachtet jedes auswendig zu lernende Wort als einen Komplex von Silben oder, genauer gesagt, als das Ergebnis einer Silbenkombination. Daher schafft er Bilder, die die einzelnen Silben darstellen; diese unterscheidet er dann in ebenso viele Arten, wie es Positionen gibt, welche die Silben im Innern der Wörter einnehmen können, d.h. er wählt eine erste Art Bild, um die erste Silbe darzustellen, eine zweite Art Bild für die zweite Silbe usw. Diese verschiedenen Arten von Bildern sind so gewählt, daß bei jeder Bewegung der Kreise das Bild gleich welchen Abschnittes des ersten Kreises sich mit denen der entsprechenden Abschnitte der übrigen Kreise zusammensetzen und so mit diesen ein komplexeres zusammengesetztes Bild herstellen kann[18]. Das zusammengesetzte Bild „repräsentiert" eine

---

das aus lateinischen, griechischen und hebräischen Buchstaben besteht. Damit drei verschiedene Sprachen wie eben Latein, Griechisch und Hebräisch ausgedrückt werden können, hält er ein dreifaches Alphabet nicht für notwendig, da das lateinische „A" dem „Alpha" und „Aleph" so wie das „B" dem „Beta" und dem „Beth" usw. gleichgesetzt werden kann. Daher ist es ausreichend, den lateinischen Buchstaben die phonetisch nicht übereinstimmenden der anderen beiden Alphabete hinzuzufügen, d.h. Psi, Phi, Omega, Theta, Ayin, Tzade und Shin, „quae completum reddunt numerum eorum quae diversis inserviunt in tribus idiomatibus pronunciationum differentiis"; auf diese Weise „unum simplex elementarium deservit tribus linguis et iis quae sunt illis subalternatae" (*De umbris idearum*, n. 157).

18 A.a.O., n. 161: „Placeat inquam homini et hominis actioni addicere instrumentum vel insigne non quidem quod ad illius tantum referri debeat actionem, sed quod sit omnibus ut fieri potest adaptabile [...] Non enim ideo fixae figurantur hae rotae ut maneant perpetuo, sed ut unius adiecti appropriata nostrae figantur memoriae, ut cum huc, illucque prodeunt, semper atque statim referri possint ad illum [...] ad quem praesentia sunt ordinata"; n. 166: „Operatio inquam quae erat unius propria, iam reddatur omnibus in circulum communicabilis, proindeque cuiuscumque pro exigentia constituendae compositionis adaptetur"; n. 179: „Conficies igitur [...] quinque rotas fixas, quarum singulae centum et quinquaginta constent combinationibus elementorum duorum. Quorum exterior atque prima significet agentes sub in-

Silbenkombination, d.h. ein Wort, und hilft, dieses zu behalten.

Ich möchte durch ein konkretes Beispiel dieses Vorgehen verdeutlichen. Nehmen wir an, wir müssen das Wort „NUMERATORE" auswendig lernen: Für diese fünf Silben finden wir jeweils auf dem ersten, zweiten, dritten, vierten und fünften Kreis folgende Bilder[19]:

1. Rad	NU	Apis	AGENS
2. Rad	ME	in tapeta	ACTIO
3. Rad	RA	deploratus	INSIGNE
4. Rad	TO	compedes	ADSTANS
5. Rad	RE	mulier super hydram tres cervices habentem, vacuas antrorsum tendens manus	CIRCUMSTANTIA

Die erste und die zweite Silbe („NU" und „ME") werden durch das Bild eines Mannes (*agens*) und durch das Bild seiner Handlung (*actio*) dargestellt, namentlich durch Apis, der dabei ist, einen Teppich zu weben. Für die dritte Silbe („RA") finden wir ein Adjektiv vor, *deploratus* (beklagenswert), das eine bestimmte Eigenschaft oder Fähigkeit des Mannes anzeigt, der die Handlung vollzieht: Ich stelle mir also Apis mit Lumpen bekleidet vor. Die vierte Silbe wird durch etwas Unbelebtes dargestellt, das dem Hauptbild, also dem Handelnden nahesteht (das ist das „adstans"). Für die Silbe „TO" haben wir Fußfesseln oder Ketten, von denen wir uns gut vorstellen können, daß Apis selbst sie trägt. Und schließlich wird das fünfte Element, das Bruno „circumstantia" nennt und das die fünfte Silbe verkörpert, von einer oder zwei Personen gebildet, die sich nicht in das Hauptbild einmischen, sondern auf zweiter Ebene bleiben und den Hintergrund des Bildes darstellen. Dies sind die Bilder der Gestirne, die Frances Yates so sehr beeindruckt hatten.

Alle diese Bilder konstituieren zusammen genommen das folgende Bild oder die komplexe Vorstellung, die das Wort oder – wenn man so will –

---

ventorum nomine. Secunda actiones. Tertia insignia. Quarta adstantia. Quinta circumstantias [...]".

19 Die Beispiele sind nach der korrekten Folge der Buchstabenpaare gegeben, die ich in meiner Ausgabe des *De umbris idearum* (nn. 181-221) rekonstruiert habe, wobei ich den von Bruno gegebenen Hinweisen zu Ausstattung und Funktionsweise der Kreise folgte (nn. 156-180). Dieser Rekonstruktion zufolge entspricht zum Beispiel die Silbe „NU" dem Bild von Apis und nicht dem von Prometeus, wie es stattdessen in der falschen Folge der Buchstabenpaare in der Originalausgabe von 1582 angegeben ist. Hier zeigt nämlich die Buchstabenfolge aus typographischen Gründen starke Anomalien gegenüber den von Bruno gegebenen Anweisungen: man vergleiche meine *Einleitung*, S. LIX-LX.

den Code des Wortes „NUMERATORE" ergibt, mit dem dieses memoriert werden kann:

Apis webt, in Lumpen gekleidet, mit Ketten an den Füßen, einen Teppich; im Hintergrund eine Frau, die die Hände ausstreckt und auf dem Rücken einer dreiköpfigen Hydra sitzt.

In diesem System wird also jedes auswendig zu lernende Wort durch ein Bild oder eine komplexe Vorstellung kodiert. Die Bilder variieren natürlich von Wort zu Wort – Bruno spricht von einer Metamorphose des mnemonischen Bildes –, aber nicht so sehr, daß sie vollständig heterogen wären und keine wiederkehrenden Elemente aufweisen würden, da die Struktur des Systems ja kombinatorisch ist. Mit anderen Worten – die Kreise des *De umbris idearum* sind ein Code, eine Art semiotisches System, das durch präzise und strenge Gesetze der kombinatorischen Codierung gekennzeichnet ist.

Durch weitere Beispiele möchte ich versuchen, die Funktionsweise dieses Systems zu verdeutlichen. Verstellen wir den zweiten Kreis um ein Kästchen oder einen Abschnitt, so daß wir anstelle des mit der Silbe „ME" gekennzeichneten Abschnittes den direkt anschließenden der Silbe „MI" erhalten, so entsteht die Kombination „NUMIRATORE", die durch folgendes Bild dargestellt ist:

1. Rad	NU	Apis	AGENS
2. Rad	MI	nauta	ACTIO
3. Rad	RA	deploratus	INSIGNE
4. Rad	TO	compedes	ADSTANS
5. Rad	RE	mulier super hydram...	CIRCUMSTANTIA

Apis fährt, in Lumpen gekleidet, mit Ketten an den Füßen, zu Wasser; im Hintergrund eine Frau, die die Hände ausstreckt und auf dem Rücken einer dreiköpfigen Hydra sitzt.

Gegenüber dem Bild, das das Wort „NUMERATORE" codierte, ist im Falle von „NUMIRATORE" nur ein Element im Bild verändert, d.h. die Handlung des Protagonisten, der jetzt nicht mehr einen Teppich webt, sondern zu Wasser fährt.

Wenn wir dann den ersten Kreis zum Beispiel bis zum Abschnitt der Silbe „RI" drehen, so erhalten wir das Wort „RIMIRATORE": Das Bild gleicht dem vorhergehenden bis auf die Figur des *agens*, der nicht von Apis, sondern von Imus vertreten wird:

| 1. Rad | RI | Imus | AGENS |
| 2. Rad | MI | nauta | ACTIO |

3. Rad	RA	deploratus	INSIGNE
4. Rad	TO	compedes	ADSTANS
5. Rad	RE	mulier super hydram...	CIRCUMSTANTIA

Imus fährt, in Lumpen gekleidet, mit Ketten an den Füßen, zu Wasser; im Hintergrund eine Frau, die die Hände ausstreckt und auf dem Rücken einer dreiköpfigen Hydra sitzt.

Im Falle von Wörtern, die aus einer geringeren Anzahl von Silben bestehen, geraten die überflüssigen Kreise nicht in Bewegung. Hier zum Beispiel das Bild, das das Wort „NUMERO" chiffriert:

1. Rad	NU	Apis	AGENS
2. Rad	ME	in tapeta	ACTIO
3. Rad	RO	neglectus	INSIGNE
4. Rad			
5. Rad			

Apis webt faul einen Teppich.

Das Bild ist so vollständig: Die Kreise 4 und 5 werden in diesem Fall nicht verwendet.

Kurz gesagt: Weil das Wort in Silben zerlegt wird und es für jede alphabetische Serie 150 Grundkombinationen der Silben gibt, ist es leicht nachzuvollziehen, daß man mit geeigneten Vereinfachungsregeln – zum Beispiel für die Liquida Silben vom Typ „CRO", „PRA" oder Regeln für die doppelten Buchstaben[20] – mit einer Gesamtzahl von 750 „Versatzstücken" die unzähligen Wörter aller Sprachen codieren kann.

Der Leser möge die Pedanterie entschuldigen, mit der ich die verschiedenen Fälle der von Bruno vorgeschlagenen Codierung dargestellt habe. Aber es schien mir der einzig mögliche Weg sowohl dafür, die Gültigkeit der Interpretation von Yates zu überprüfen, als auch dafür, die Frage der Brunoschen Gedächtniskunst auf eine andere Ebene stellen zu können.

Was die Interpretation der englischen Wissenschaftlerin betrifft, so denke ich, verdeutlicht zu haben, daß sie einer Textüberprüfung nicht standhält. Zunächst ist aus der Untersuchung der Funktionsweise des Systems der fünf Kreise klar erkennbar, daß den astrologischen Bildern des inneren Kreises überhaupt nicht jene zentrale Rolle zukommt, die ihnen Yates zugeschrieben hatte: Sie sind nämlich einfach dazu da, den Schlußteil eines Wortes darzustellen, und zwar im Großteil der Fälle die Endungen, die sicher im Rahmen eines Systems, das für die „memoria verborum" erdacht wurde und also eher auf dem Auswendiglernen der Wurzeln gründet, keine

---

20 *De umbris idearum*, n. 224, und die *Einleitung* auf den S. LXVII-LXIX.

entscheidende Rolle spielen. Dementsprechend mischen sich die Bilder der fünften Ordnung erst dann in den Zusammenhang, der das Wort in ein Bild verwandelt, wenn dieses schon ganz zusammengesetzt ist und nur noch sein Hintergrund gebildet werden muß.

Außerdem ist deutlich, daß die Bilder gar keine magische Wirksamkeit besitzen. Im Brunoschen System haben sie nämlich nicht, wie F. Yates dachte, die Funktion, die Inhalte zu bezeichnen, welche sie im 16. Jahrhundert und noch heute bezeichnen: Zum Beispiel bezeichnet der schwarze, unverhältnismäßig große Mann mit den glühenden Augen, den wir im ersten Abschnitt des fünften Kreises finden, oder das mit Blumen bekränzte Mädchen des sechzehnten Abschnittes desselben Kreises nicht jeweils den ersten Herrscher des ersten und sechsten Zeichens des Tierkreises, d.h. des Widders und der Jungfrau. Sie bezeichnen vielmehr ganz einfach die Buchstabenpaare „AA" und „DA", die als fünfte Silbe eines Wortes vorkommen. Nur dies, nichts mehr und nichts weniger. Die 750 Ausdruckseinheiten, die in den fünf Kreisen verwendet werden, sind – jede für sich genommen – nicht wirkliche „Ikonen", die durch ein Ähnlichkeitsverhältnis an ihr jeweils Bezeichnetes gebunden wären, und noch weniger sind sie also magische Zeichen, Amulette: Es sind willkürliche Zeichen. Bruno stellt im übrigen ausdrücklich fest, daß ein jeder auch andere als die von ihm aufgezählten Bilder wählen kann[21]. Diese Zeichen erhalten nur dank der Tatsache eine Bedeutung, daß sie sich im Innern eines Systems befinden, welches sie nach genauen Regeln ordnet.

Die von mir vorgelegte Rekonstruktion des Systems der fünf Kreise dürfte eigentlich nicht nur die Unangemessenheit des Versuchs von Yates, sondern auch die Tatsache gezeigt haben, daß eine neue systematische Interpretation der Gedächtniskunst von einer konkreten Textuntersuchung der mnemotechnischen Schriften Brunos nicht absehen kann. Von einer solchen Untersuchung will das, was ich bis hierher ausgeführt habe, nur der Anfang sein. Indem ich das System der fünf Kreise als Bezugspunkt nehme, werde ich mich daher darauf beschränken, einige allgemeinere Betrachtungen anzustellen, mit dem Ziel, für eine Neudefinition der Bru-

---

21 A.a.O., n. 164: „Consulto plane industriae tuae committere placuit inveniendas congruentes actiones, et organa, sive insignia: sicut enim singulis peculiares determinatorum hominum sunt magis notae et celebres effigies, ita etiam – cum trahat sua quemque voluptas – habent singuli quibus operibus instrumentis et insigniis, sollicitentur magis [...]"; n. 178: „Tu ergo ipse ordinabis tibi centum et quinquaginta nomina [...] Quo facto, ad ordinationem horum vel aliorum – si decentiores habueris – subsistentium partium et artium – ut ipsis adhaereant per actiones et in artes denominabiles – reduces, vel notorum tibi nomina huic qui sequitur ordini e regione apponendo, vel aliter ut tibi commodius fuerit, a nobis appositis disponendo [...]".

noschen Gedächtniskunst und der Aufgaben, die diese in seinem philosophischen System erfüllen soll, einen Anhaltspunkt zu geben.

1. Die erkenntnistheoretische Funktion der Gedächtniskunst. Das Erkennen durch Bilder als ein Sehen der „Schatten der Ideen" und Schauen „im Spiegel der Gleichnisse und Rätsel"

Ich habe oben bereits ausgeführt, daß das System der fünf Kreise vor allem dazu dient, Wörter auswendig zu lernen. Nun ist klar, daß sich ein mnemonisches System dieser Art in erster Linie vor einer grundsätzlichen Kritik zu rechtfertigen hatte, einer Kritik, die im 15. und 16. Jahrhundert mehrfach wiederholt worden war und auf den Seiten des *Ecclesiastes sive de ratione concionandi* von Erasmus eine klare Formulierung gefunden hatte. Dieser nämlich sah in den mnemonischen Bildern nichts anderes als eine mechanische Verdoppelung der zu memorierenden Inhalte und betrachtete mithin die Gedächtniskunst als eine nicht gelungene und sogar schädliche Technik, die das Gedächtnis unnötig ermüdete, anstatt ihm zu helfen, eben gerade weil sie nicht nur die Inhalte, die *res*, sondern auch die Bilder zu behalten zwang[22].

Bruno kannte diese Kritik gut, denn er nennt sie sogar zu Beginn des *De umbris*[23], aber erst auf den Eingangsseiten des zweiten Teiles seines Werkes, in der *Ars memoriae*, formuliert er eine ausdrückliche Antwort darauf. Hier definiert er die Gedächtniskunst als „eine diskursive Baukunst und einen Habitus der denkenden Seele, der sich vom Prinzip des Lebens der Welt zum Prinzip des Lebens aller und des einzelnen hin ausbreitet"[24]. Mit anderen Worten: In den Strukturen der Gedächtniskunst, in ihren symbolisch-imaginativen Systemen, drückt sich die ursprüngliche und spontane Tätigkeit der menschlichen Seele aus – eine niemals einfach

---

22 Erasmus, *Ecclesiastes sive de ratione concionandi*, III, Lugduni Batavorum 1704, 955C-D: „De memoria quoque videor admonuisse, quod ad hoc institutum satis est: artificium, si quis exactius perdiscat, et anxie respiciat ad locos et imagines, meo quidem iudicio, plus adfert impedimenti quam adiumenti [...], ut iam duplici sit opus memoria, rerum de quibus paras dicere, et locorum atque imaginum, quas subinde novas fingere oportet".

23 *De umbris idearum*, n. 11; „Pharfacon iuris utriusque doctor et philosophus grammeus, sentit hanc artem gravare potius quam relevare, nam ubi sine arte recolendae sunt res, iam cum arte obligamur recolere res, locos, et imagines plurimas, quibus nulli dubium est magis memoriam naturalem confundi et implicari".

24 A.a.O., n. 87: „Est quidem huiuscemodi ars rerum prosequendarum in genere discursiva architectura, et habitus quidam ratiocinantis animae, ab eo quod est mundi vitae principio, ad omnium atque singulorum se exporrigens vitae principium".

reproduktive, sondern eine formende und symbolische Tätigkeit, die schon immer die Daten der sinnlichen Eindrücke in eine Welt des reinen geistigen Ausdrucks übertragen hat. Die Gedächtniskunst ist also eine Kunst, nicht weil sie etwas Technisches und Künstliches ist, sondern eher weil sie eine natürliche Ausdrucksform für die Seele ist, „indem sie etwas von ihrer eigentlichen Natur entfaltet und verbreitet"[25]. „Soll man vielleicht nicht Kunst nennen, womit die Mutter Natur sich durch wiederholte Taten bemüht, frei von Technik zu werden?"[26].

Da sie auf einer ursprünglichen und natürlichen Tätigkeit der Seele gründet, stimmt die Gedächtniskunst für Bruno also mit der eigentlichen Erkenntnisfähigkeit des Menschen überein. Aber diese Fähigkeit ist, da sie sich nur mittels der Konstruktion von Symbolen verwirklicht, niemals ein Erkennen der Dinge an sich: Es ist ein Schauen, wie Bruno in den *Eroici furori* sagen wird, wobei er sich auf einen Text des heiligen Paulus und das platonische Höhlen-Gleichnis bezieht, „im Spiegel der Gleichnisse und Rätsel [...] Denn wir sehen nicht die tatsächlichen Wirkungen und die wahren Erscheinungen der Dinge oder die Substanz der Ideen, sondern deren Schatten, Spuren und Trugbilder – gleich jenen in der Höhle [...]"[27]. Die Schatten der Ideen, die dem Pariser Werk den Titel geben, sind genau die symbolischen Bilder der Mnemotechnik, die in ihrer Erkenntnisfunktion und als nicht vollständig subjektive Strukturen betrachtet werden, durch welche sich die Welt der Erkenntnis gestaltet.

---

25 A.a.O., n. 56. Man vgl. auch, was Bruno in *Sigillus sigillorum* II, 3 über das, was Kunst oder künstlich ist, und über das Verhältnis zwischen Kunst und Natur schreibt: „Experimur [...] in nobis absolutissimam artem nihil amplius consultare, et artem consummatam nullis rationis discursibus indigere, vel quia naturae similitudine operamur, vel quia natura nobiscum cooperatur. Tunc igitur perfecte agit ars, cum naturae agenti connectitur [...] Nil enim prorsus est artificiale, quod naturae non sit innixum [...] Cum igitur aliquid ita perficitur, prout animae illius essentia ad talem materiam requirere videtur, non fit adventitia quadam sententia et exspectata consideratione [...], sed velut ab intrinseco praesentem formam explicante natura" (in: Jordani Bruni Nolani *Opera Latine conscripta*, II, 2, ed. F. Tocco/ G. Vitelli, Firenze 1890, S. 195-196). Vgl. diesbezüglich A. Corsano, „Arte e natura nella speculazione pedagogica del Bruno", in: *Medioevo e Rinascimento. Studi in onore di Bruno Nardi*, I, Firenze 1955, S. 117-126.
26 *De umbris idearum*, n. 88: „Nunquid non artem convenit appellare quo technica mater natura ex frequentatis actibus expertem se reddere nititur?".
27 *De gli eroici furori*, II, 4, in: G. Bruno, *Dialoghi italiani. II: Dialoghi morali*, nuovamente ristampati con note da G. Gentile, 3a edizione a cura di G. Aquilecchia, Firenze 1985, S. 1159 (dt. Übersetzung von C. Bachmeister, Hamburg 1989, S. 193). Diesbezüglich vgl. F. Fellmann, „Bild und Bewußtsein bei Giordano Bruno", in: *Die Frankfurter Schriften Giordano Brunos und ihre Voraussetzungen*, hrsg. von K. Heipcke, W. Neuser und E. Wicke, Weinheim 1991, S. 17-36.

Schauen wir uns einige Beispiele, wie sich diese Modalität der Erkenntnis entfaltet, genauer an. Durch die Konstruktion eines Symbol-Bildes sind wir nach Bruno in der Lage, die sinnlich gegebene Realität dessen zu bewahren, was in der Natur als Vergänglichkeit verschwindet, was „vom Bauch der Materie schnell verschlungen" wird. Wir können also das einzelne Seiende in seiner Individualität retten und ihm mit der Bewahrung im Gedächtnis durch ein Bild einen eigenen Gehalt und einen eigenen Wert geben[28]. Daß diese Bewahrung bereits in irgendeiner Weise eine Erkenntnisform ist, wird klar, wenn wir sie in Beziehung zur Doktrin der „minuzzarie" setzen, die Bruno besonders im *Spaccio de la bestia trionfante* entwickeln wird und nach der es keinen Aspekt der Wirklichkeit gibt, der – so gering er auch sein oder erscheinen mag – nicht einen Wert oder eine Würde besäße und nicht in die Ordnung des Universums gehörte[29]. Doch schauen wir weiter: Mittels der mnemonischen Regel namens „Kette" – die aus der Verknüpfung verschiedener Bilder nach Handlung und Leidenschaft besteht (z.B. einem Widder, der sich auf einen Stier stürzt, welcher – verletzt – seinerseits zwei Zwillinge angreift, usw.), bis die Inhalte, die die Bilder bezeichnen sollen (in unserem Falle die Tierkreiszeichen), sich dem Gedächtnis in einer geordneten Folge darstellen – mittels dieser mnemonischen Regel gelingt es uns also, uns den Zusammenhang zwischen den Dingen selbst vorzustellen, ihn zu erkennen, was auf den ersten Blick nicht der Fall war. Die mnemonische „Kette" wird auf diese Weise für Bruno zum Schatten der homerischen goldenen Kette, d.h. zum Schatten der „unauflöslichen Eintracht", der einheitlichen Struktur, die das Universum regiert[30].

Ein anderes Beispiel: Dank der mnemonischen Regel, mit einem einzigen Hauptbild mehrere Inhalte darzustellen – und das Bild kann dies, weil es plastisch für Variationen offen ist –, gelangen wir dahin, Ähnlichkeitsverhältnisse zwischen letzteren herzustellen. Es gelingt uns also, auch Inhalte „gleichzustellen, in Einklang zu bringen und zu vereinen", die dem

---

28 *De umbris idearum*, n. 91: „Forma vero extrinseca, atque figura inventoris *Clavis magnae* per artem duro committitur lapidi, vel adamanti. Item conditiones, actus, et nomen memoriae, et cogitativae obiectis perpetuanda committuntur, quae tamen natura retinere non potuisset, quandoquidem fluctuantis materiae stomachus mature omnia digerit".

29 Vgl. *Spaccio de la bestia trionfante*, I, in: *Dialoghi italiani. II: Dialoghi morali*, S. 643; M. Ciliberto, *Giordano Bruno*, Roma-Bari 1990, S. 16 und S. 224-225. Zur Überlieferung und Deutung der ‚Catena aurea' vgl. O. Lovejoy, *The Great Chain of Being. A Study of the History of an Idea*, Cambridge/Mass. 1936; F. Ohly, „Zur Goldenen Kette Homers", in: *Das Subjekt der Dichtung*. Festschrift für Gerhard Kaiser. Hrsg. v. G. Buhr, F. Kittler, H. Turk, Würzburg 1990, S. 411-486 (mit ausführlicher Bibliographie).

30 *De umbris idearum*, n. 34.

Anschein nach „verschieden, einander entgegengesetzt und unterschiedlich" sind[31]. Ein solches konkretes Beispiel kann gerade dem System der fünf Kreise als Korrelat des Systems der Silben entnommen werden: Ein einzelnes Bild, zum Beispiel das Bild von Apis, stellt nicht nur eine einzige Silbe dar oder bezeichnet sie, nämlich die Anfangssilbe eines Wortes „NU", sondern es kann auch die Silbe „UN" bezeichnen, wenn wir uns Apis zum Beispiel nicht stehend, sondern sitzend vorstellen; in einer anderen Variation, zum Beispiel mit einem Papagei auf dem Kopf, bezeichnet es die Silbe „NUM"[32]. Aber dieser Vorgang, verschiedene Inhalte durch ein und dasselbe Bild zu bezeichnen, ist bereits ein Verfahren des „in-Einklang-Bringens-und-Vereinens", das sich nicht vor der Herstellung des Bildes (oder zumindest des Bildes des Systems), sondern zusammen mit ihr erschließt. Somit erscheint uns die unendliche Vielfalt der Silben nicht mehr als solche, sondern als ein „strukturiertes und einheitliches Ganzes" („formatum totum et unum")[33], als ein einheitliches System, das von präzisen Regeln geleitet wird; dieses System der Silben aber ergibt sich nur als Resultat und nicht als Ursache der Herstellung des Systems von Bildern.

2. Metamorphose des mnemonischen Bildes und Unendlichkeit der „ratio"/„phantasia". Auf der Spur einer Methode der Naturwissenschaft

Bei der Untersuchung der Funktionsweise des Systems der fünf Kreise konnten wir sehen, daß ein und derselbe Protagonist des Bildes, in unserem Beispiel Apis, bald einen Teppich webte, bald zu Wasser fuhr, bald seine Tätigkeit mit Lumpen bekleidet oder auch faul ausübte: Dieser Protagonist kann, um es in Brunos Worten zu sagen, in sich selbst Elemente aufnehmen, „die verändern, umstellen und insgesamt unterscheiden", und so eine wirkliche Metamorphose erfahren. Eine grundlegende Regel für die Herstellung der mnemonischen Bilder besteht nämlich für Bruno darin, Bilder zu schaffen, die „zu allen möglichen Formungen fähig" sind und so „zahllose Metamorphosen" eingehen[34]. In dem oben

---

31 A.a.O., n. 66: „Continet lumen, vita, intelligentia, unitasque prima, omnes species, perfectiones [...] Dum quae in natura sunt differentia, contraria, atque diversa, in ea sunt eadem, convenientia, et unum. Tenta igitur an possis viribus tuis identificare, concordare, et unire receptas species [...]".
32 A.a.O., nn. 223-224.
33 A.a.O., n. 68.
34 A.a.O., n. 52 und n. 80 („Sicut ideae sunt formae rerum principales, secundum quas formatur omne quod oritur et interit, et non solum habent respectum ad id quod generatur et corrumpitur, sed etiam ad id quod generari et interire potest, ita

untersuchten System wird die Metamorphose des Bildes durch das Drehen der Kreise bzw. durch die Kombinierbarkeit des Systems garantiert: Die Verwendung der Kreise bildet offensichtlich einen Lullischen Bestandteil, und die Absicht Brunos, die Möglichkeit der Bilderkombination systematisch aufzuwerten, stellt eine originelle und wichtige Erweiterung des ursprünglichen Instrumentariums dar, das der Nolaner aus der klassischen mnemotechnischen Tradition übernahm. Aber Bruno entwickelt bewußt ein Konzept der Metamorphose, das ihn befähigt, die Grenzen der Kombinationskunst von Lullus zu überwinden. Denn die Metamorphose muß unendlich sein können, damit ein einzelnes Bild Träger unendlicher Bedeutungen, oder besser: Punkt der Entfaltung unendlich vieler Differenzen, werden kann. „Ein einziger kann der Schatten aller Ideen sein, wobei er alle anderen – allgemein gesagt – durch Addition, Subtraktion und Alteration verbindet, beurteilt und darstellt"[35].

Bruno erläutert diese Idee mit dem Rückgriff auf die Cusanische Lehre von der Koinzidenz der Gegensätze, wobei er konkret aus *De beryllo* das Paradigma von der Koinzidenz von spitzem und stumpfem Winkel und von allen Unterschieden spitzer und stumpfer Winkel im gestreckten Winkel übernimmt. Daß an dieser Stelle von *De umbris* Cusanus angeführt wird, ist meines Erachtens aus mindestens zwei Gründen von großer Bedeutung – einerseits, weil es noch einmal die Unangemessenheit der These von Yates beweist, die die Brunosche Mnemonik ausschließlich aus hermetischen Texten und aus *De vita coelitus comparanda* von Ficino gespeist sah, und auf der anderen Seite, weil es bezeugt, daß die Reflexion auf die Cusanische Lehre von der Koinzidenz der Gegensätze einen entscheidenden Bestandteil des philosophischen Denkens von Bruno ausmachte[36].

Schauen wir uns einmal näher an, wie der Koinzidenz-Gedanke in *De umbris* erscheint. Bruno schreibt über die von Cusanus in *De beryllo* dargestellte Figur: „Dies ist das Paradigma einer einzigen Idee, die die unendliche Vielheit der Dinge in sich realisiert, und eines einzigen Schattens,

---

tunc verum est nos in nobis idearum umbras efformasse, quando talem admittunt facultatem et contractabilitatem, ut sint ad omnes formationes possibiles, adaptabiles. Nos similitudine quadam formavimus eas, quae consistunt in revolutione rotarum").

35 A.a.O., n. 52: „In proposito [...] nostro una potest esse omnium idearum umbra, additione, substractione, et alteratione generaliter dictis omnes alias conflans, iudicans, atque praesentans, sicut in arte materialiter per substantivum subiectum, formaliter autem per adiectivum, quae recipiunt in se ipsis alterantia, transponentia et universaliter diversificantia".

36 Ebd. Vgl. Rita Sturlese, *Niccolò Cusano*, S. 953-966.

der zu unendlichen Unterschieden fähig ist"³⁷. Hier ist die Koinzidenz in Form von aktualer Einheit aller Möglichkeiten bzw. der unendlichen Aktualität dargestellt. Unendliche Aktualität ist der göttliche Verstand, für den allein der Begriff „Idee" gilt; aber er hat in gewisser Weise auch mit dem menschlichen Verstand zu tun, der der eigentliche Ort des Schattens ist. Dennoch zeigt die Koinzidenz in ihrer Bezogenheit auf den menschlichen Verstand in diesem Abschnitt von *De umbris* nicht so sehr einen Erkenntnisinhalt oder die eigentliche Charakteristik des Verstandes an, sondern vielmehr eine Erkenntnismethode und ein Erkenntnisideal. Als Methode leitet sie dazu an, wie auch bei Cusanus, jedes einzelne Seiende in seinem Unendlichkeitsaspekt denken zu können³⁸; und tatsächlich endet der Abschnitt von *De umbris*, in dem das Paradigma von Cusanus aufgegriffen wird, mit der Feststellung: „es ist klar, daß man jedes Ding in allen Dingen und mittels aller Dinge darstellen kann". Daraus wird deutlich, daß es sich nicht nur um eine allgemeine pansymbolische Feststellung handelt, sondern vor allem um die Bestätigung des theoretischen Prinzips, das für Bruno den Pansymbolismus begründet, um das Prinzip also, daß im unendlichen Universum alles in allem ist, alles zu allem werden kann, und daß man in jedem noch so geringen Ding und in jedem Fragment des Universums das gesamte Universum intuitiv erfassen kann³⁹.

Die Koinzidenz der Gegensätze zeigt, wie schon gesagt, auch eine Erkenntnismethode an: Als solche drückt sie das Streben nach der Entdeckung eines *inventum mirabile* aus – der Ausdruck stammt bekanntermaßen von Descartes, man kann ihn aber, glaube ich, auch verwenden, um das Streben Brunos zu beschreiben –, eines äußerst einfachen und universal gültigen Systems, das die unendlichen Möglichkeiten der Wirklichkeit darzustellen oder in eine Einheit zusammenzuschließen vermag. Das System der fünf Kreise ist in gewisser Weise ein *inventum*, ein nach diesem Ideal gebauter Mechanismus, weil es mit einer festen Anzahl von Bildern Brunos Worten nach „die Vielheit zahlloser Silbenkombinatio-

---

37 *De umbris idearum*, n. 52: „Adest paradigma unius ideae actu infinitas rerum differentias habentis, et unius umbrae in facultate infinitarum differentiarum".
38 Vgl. K. Flasch, *Die Metaphysik des Einen bei Nikolaus von Kues. Problemgeschichtliche Stellung und systematische Bedeutung*, Leiden 1973, S. 219-232.
39 Vgl. *Sigillus sigillorum*, II, 3, S. 196: „Unde cum anima ubique praesens existat, illaque tota et in toto et in quacumque parte tota, ideo pro conditione materiae in quacumque re etiam exigua et abscisa mundum, nedum mundi simulacrum valeas intueri, ut non temere omnia in omnibus dicere cum Anaxagora possumus"; *Lampas triginta statuarum*, in: Jordani Bruni Nolani *Opera Latine conscripta*, III, ed. F. Tocco/G. Vitelli, Firenze 1891, S. 59-60. Vgl. auch R. Klein, „L'imagination comme vêtement de l'âme chez Marsile Ficin et Giordano Bruno", in: *Revue de métaphysique et de morale*, LXI (1956), S. 37-38.

nen"⁴⁰ herstellen kann und also – in all seiner Besonderheit – ein *Modell* für die aktuale Einheit unendlicher Möglichkeiten bildet.

Aber kehren wir zurück zum „Paradigma eines einzigen Schattens, der zu unendlichen Unterschieden fähig ist". Ich sagte bereits, daß Bruno durch das Cusanische Paradigma in erster Linie nicht die unendliche Aktualität als Charakteristik des menschlichen Verstandes darzustellen beabsichtigt, sondern eher eine Erkenntnismethode und ein Erkenntnisideal. Dennoch weiß er, daß die Möglichkeit, einen Schatten als unendliche Aktualität zu bilden, voraussetzt, daß der menschliche Verstand selbst in gewisser Weise eine aktuale Unendlichkeit ist. Dieses Bewußtsein tritt im folgenden Abschnitt von *De umbris* ans Licht, in dem Bruno die Produktivität der menschlichen „ratio" in bezug auf die des ersten Verstandes und der Natur charakterisiert: „Der erste Verstand bringt aus seiner Fülle weder neue Ideen noch auf eine neue Art hervor. Die Natur bringt neue Dinge der Zahl nach hervor, aber nicht auf neue Art, weil sie immer auf dieselbe Art wirkt. Die menschliche Vernunft bildet neue Formen und auf neue Art ins Unendliche, indem sie zusammensetzt, teilt, abstrahiert, kontrahiert, hinzufügt, wegnimmt, ordnet und Unordnung schafft"⁴¹. Wie man sieht, schreibt Bruno ausdrücklich der menschlichen „ratio" die Eigenschaft der Unendlichkeit und der Produktivität zu: Als unendliche Produktivität ist die „ratio" eine unendliche Kraft, die das innere Prinzip ihrer Verwirklichungen und auf diese Weise immer aktual, unendliche Aktualität ist. An dieser Stelle von *De umbris* gibt uns Bruno also die theoretische Grundlage des „Paradigmas eines einzigen Schattens, der zu zahllosen Unterschieden fähig ist".

Einige Schlüsselbegriffe kommen in dieser Analyse zum Vorschein: die Metamorphose des mnemonischen Bildes, der Schatten als Einheit unendlicher Vielheit, die unendliche Produktivität der „ratio"/„phantasia". Mit anderen Worten, Bruno beschreibt in *De umbris* auf der Ebene der Erkenntnistheorie die später in den *Dialoghi italiani* ausgeführten Grundzüge der Ontologie der Natur: die Idee von der ständigen Verwandlung, vom einen und unendlichen Universum, die Idee der Natur als „innerem Künstler"⁴². Betrachtet man sie in bezug auf die Ontologie der Natur, so nimmt

---

40 *De umbris idearum*, n. 223.
41 A.a.O., n. 64: „Primus intellectus foecunditate sua modo suo propagat ideas non novas, nec noviter. Natura novas res producit in numero, non noviter tamen – modo suo – si semper eodem modo operatur. Ratio novas atque noviter in infinitum species format, componens, dividens, abstrahens, contrahens, addens, subtrahens, ordinans, deordinans".
42 Zur Strukturidentität zwischen natürlichen Vorgängen und geistigen Vorgängen der Gedächtniskunst vgl. die Betrachtungen von F. Fellmann, *Bild und Bewußtsein*, S. 23-27; ders. „Giordano Bruno und die Anfänge des modernen Denkens", in: *Die*

die Brunosche Gedächtniskunst die Form einer, wenn auch noch äußerst primitiven, Methode an, mit der man eine Naturwissenschaft strukturieren kann. Als Kunst, mit Symbolen zu wirken, Symbolen, die gerade, weil sie Symbole sind, verändert werden können, ist die Gedächtniskunst die einzig mögliche Methode, mit der die reihenweise Bewegung der möglichen Veränderungen einer empirischen Gegebenheit dargestellt werden kann[43], um so das einzelne Wesen in ein System von Möglichkeiten, die unendlich sind, zurückzuführen. Und daher ist die Gedächtniskunst die einzige Methode, mit der man über ein unendliches Universum Rechenschaft ablegen kann, in dem als Totalität alles Möglich-Seiende Wirklichkeit ist. Von diesem Standpunkt aus, glaube ich, kann man von einer Modernität Brunos sprechen, die darin besteht, daß er intuitiv erkannte, daß eine Naturwissenschaft nicht von einem System von Symbolen absehen kann. Seine Grenze liegt darin, diese Symbole in Form von Bildern verstanden zu haben. So verbaute er sich den Weg zu einem mathematisch-wissenschaftlichen Verständnis der Natur.

Aber die Gedächtniskunst will für Bruno nicht nur eine Naturwissenschaft sein. Sie ist auch Kunst im Dienste der Sprache, der Rhetorik und der Poesie.

3. Die Gedächtniskunst als Kunst freien geistigen Experimentierens und unendlicher schöpferischer Möglichkeiten. Von der Kunst zur Magie

Im oben wiedergegebenen Abschnitt aus *De umbris* haben wir gesehen, daß Bruno eine enge Verbindung zwischen der Unendlichkeit der „ratio"/ „phantasia" und der Manipulierbarkeit der Bilder herstellt. Die unendliche Produktivität der „ratio"/„phantasia" bedeutet nämlich ein Formen von Bildern („species format"); es bedeutet, sie zusammenzustellen, zu teilen, einen Prozeß des Zusammenziehens, Hinzufügens und des Wegnehmens von Bildern. Die Unendlichkeit der „ratio" speist sich aus der Manipulierbarkeit der Bilder, aus der Tatsache, daß sie etwas plastisch Formbares sind, das unaufhörlich umgewandelt werden kann. Dank ihrer beweglichen Plastizität bieten sich die Bilder als Stoff für echte geistige Experimente dar. In der *Explicatio triginta sigillorum*, die ein Jahr nach *De umbris* veröffentlicht wurde, wird Bruno die Arbeit, die die „ratio"/„phantasia" anhand der Bilder leistet, mit beinahe denselben Worten wie im oben aus

---

Pluralität der Welten. Aspekte der Renaissance in der Romania, hrsg. von W.-D. Stempel und K. Stierle, München 1987, S. 449-488.

43 Vgl. L. De Bernart, *Immaginazione e scienza in Giordano Bruno. L'infinito nelle forme dell'esperienza*, Pisa 1986, S. 191-199; N. Badaloni, *Giordano Bruno. Tra cosmologia ed etica*, Bari-Roma 1988, S. 33-56.

De umbris zitierten Abschnitt beschreiben, also als ein Teilen, Zusammensetzen, Mischen und Umwandeln. Er wird diese Arbeit als ein „Versuchen" und „Experimentieren" darstellen, das für „unzählige Entdeckungen" und für unerwartete und unvorhersehbare Ergebnisse offen ist, und aus diesem Grunde wird er die Experimente an Bildern mit den Experimenten der Alchimisten vergleichen, „die oftmals anstelle des Goldes, das sie so sehr gesucht hatten, dabei viel bessere oder genauso wünschenswerte Dinge entdeckten". Im selben Abschnitt der *Explicatio* schreibt Bruno: „Mit 24 Buchstaben können die Wörter von zahllosen Sprachen, die einmal existierten, existieren und existieren können, und auch zahllose artikulierte Klänge gebildet werden"[44].

Auf der Grundlage des Abschnittes aus der *Explicatio triginta sigillorum* glaube ich, ist es nicht zu gewagt festzustellen, daß auch das System der fünf Kreise in der Absicht Brunos nicht nur einen Mechanismus darstellen sollte, mit dem man die unendlich vielen, in den historischen Sprachen tatsächlich bereits verwirklichten Wörter auswendig lernen konnte, wenn man diese Wörter zur Kombination der Silben und letztere zu noch elementareren und plastisch unmittelbaren Formen zurückführte. Das System sollte vielmehr auch einen Experimentiermechanismus konstituieren, ein Gefüge, mit dem man neue Wörter, neue sprachliche Möglichkeiten ausprobieren kann. Zweifellos ist dies Brunos Absicht, als er neun Jahre später in *De imaginum, signorum et idearum compositione* das System der zwölf Höfe aufbaut, das einen echten Sprachgenerator darstellt[45]. Im übrigen findet die experimentell-erfinderische Absicht, die den Aufbau dieser Systeme durchzieht, eine bedeutsame Entsprechung und auch Bestätigung einerseits in der mehrfach ausdrücklich von Bruno geäußerten Idee, daß die Sprache eine in ständiger Bewegung befindliche Wirklichkeit ist, und andererseits in seinem stilistischen Verfahren selbst,

---

44 *Explicatio triginta sigillorum*, in Jordani Bruni Nolani *Opera Latine conscripta*, II, 2, S. 129: „Numero quatuor et viginti elementorum, omnium que fuerunt, sunt et esse possunt infinitorum idiomatum vocabula articulataeque voces infinitae conflari possunt. Videatur ergo quomodo tentando, experiendo, conferendo, dividendo, componendo, concernendo, abstrahendo ad innumerabiles accingi valeamus inventiones. Quid enim? Nonne multoties nobis certum scopum praefigentibus aliud quaesito nobilius occurrit? Ipsum sane frequentissime alchimicis accidere experimentis non est quem lateat, quibus multoties auro perquisito longe meliora vel ex aequo desiderabilia adinvenisse accidit".

45 *De imaginum, signorum et idearum compositione*, II, in: Jordani Bruni Nolani *Opera Latine conscripta*, II, 3, ed.F. Tocco/G. Vitelli, Firenze 1889, S. 200-277; vgl. F. Fellmann, *Bild und Bewußtsein*, S. 22-23; R. Sturlese, „Il ‚De imaginum, signorum et idearum compositione' di Giordano Bruno ed il significato filosofico dell'arte della memoria", in: *Giornale critico della filosofia italiana*, LXIX (1990), S. 200-201.

das bekanntermaßen ganz auf lexikalische und syntaktische Experimente gerichtet und durch unabhängige sprachliche und figurative Neubildungen charakterisiert war. Dies geschieht in Übereinstimmung mit der Idee, daß eine neue Lehre – so wie die, als deren Träger sich Bruno fühlt – nach neuen Wörtern verlangt[46].

Die Gedächtniskunst ist also auch eine Kunst geistigen Experimentierens, freier Suche, die aber nicht nur, wie wir gesehen haben, physisch-naturhafte Suche bedeutet, sondern auch eine lexikalische Suche, eine Suche nach rhetorischen und poetischen Bildern ist. In der *Explicatio triginta sigillorum* wird Bruno ausdrücklich gerade die Rhetorik und die Poesie mit in die Gedächtniskunst aufnehmen, womit er diesen eine Funktion als Kommunikationsmittel für die philosophische Erkenntnis zuerkennt[47]. Dies ist im übrigen eine logische Folge des Prinzips, nach dem die menschliche Erkenntnis immer ein Erkennen durch Bilder ist[48].

In ihrer freien Suche geht die „ratio"/„phantasia" nach einer Logik der Veränderung vor, die sich von der sinnlich gegebenen Natur nicht nur dadurch unterscheidet, daß sie sich eben verändert, während die Natur immer auf dieselbe Weise wirkt oder wenigstens zu wirken scheint („si semper eodem modo operatur"), sondern auch dadurch, daß ihre operativen Muster sich von denen der Natur unterscheiden. Da sie mit Zeichen, Merkmalen, Siegeln, also mit manipulierbarem Stoff, arbeitet, „vermag" – so schreibt Bruno – die Kunst „so viel, daß sie unabhängig von der Natur, über die Natur hinaus, und, wenn es die Sache mit sich bringt, sogar gegen die Natur handeln zu können scheint"[49]. Sie „teilt, setzt zusammen, verkürzt, erweitert jene Dinge, die sich in der sinnlich gegebenen Natur nicht zusammensetzen, teilen lassen und die eine bestimmte mengen- und zahlenmäßige Grenze nicht überschreiten oder nicht errei-

---

46 Vgl. G. Bàrberi Squarotti, „L'esperienza stilistica del Bruno fra Rinascimento e Barocco", in: *La critica stilistica e il barocco letterario. Atti del II congresso internazionale di studi italiani*, Firenze 1958, S. 154-168; M. Ciliberto, *Giordano Bruno*, S. 225-226.
47 *Explicatio triginta sigillorum*, S. 133-138.
48 Vgl. *De imaginum, signorum et idearum compositione*, I, 1, 5, S. 103: „ [...] unde veritate, etsi non certa scientia, et aperta ratione coactus dicit Aristoteles: oportet scire volentem phantasmata speculari, intelligere item aut phantasiam esse aut phantasiare quiddam"; R. Sturlese, *Il „De imaginum compositione"*, S. 201.
49 *De umbris idearum*, n. 97: „Quaedam vero adeo arti videntur appropriata, ut in eisdem videatur naturalibus omnino suffragari; haec sunt signa, notae, characteres, et sygilli, in quibus tantum potest, ut videatur agere praeter naturam, supra naturam, et si negotium requirat, contra naturam".

chen"⁵⁰. Hier ist die Tatsache hervorzuheben, daß Bruno diese Tätigkeit der „ratio"/„phantasia" auch in ihrer Andersheit und scheinbar größeren Freiheit nicht in Konkurrenz mit der physikalischen Natur begreift. Als freie Produktivität, als Ausdruck des menschlichen Geistes ist sie immer großzügige Emanation der Natur, Ausdruck der allumfassenden Natur oder des Weltprinzips, das alles schafft und formt. „Woher kommt das Ingenium des Menschen?" fragt Bruno. „Sicherlich aus der Natur, die alles gebiert"⁵¹. Dieser Text zeigt, daß die Interpretation der Gedächtniskunst, die der junge Spaventa vorgeschlagen hat und auf die ich eingangs hingewiesen habe, eine nicht historisch fundierte und textlich nicht gerechtfertigte Reprojektion eines modernen philosophischen Problems ist, das bei Bruno in Wirklichkeit nicht vorhanden ist. Eine nicht historisch fundierte Reprojektion ist auch die kürzlich von Stadler vorgelegte Interpretation⁵² zur Brunoschen Auffassung von der Unendlichkeit des menschlichen Verstandes als Vorankündigung des idealistischen Begriffes von der Absolutheit des Selbstbewußtseins. Bruno kennt nämlich die moderne Vorstellung eines von der Welt unterschiedenen und getrennten Bewußtseins nicht – und der oben zitierte Abschnitt scheint mir dies klar genug zu beweisen. Die Kunst kann also nicht den Charakter eines transzendentalen Aufbaus der Wirklichkeit durch den menschlichen Geist haben. Sie bezeichnet eher die Teilnahme an einem universalen Vorgang spontanen „Ausfließens", „Gebärens" von Formen, das Mensch und Natur vereint⁵³.

Dieser letzte Aspekt der Gedächtniskunst, den ich herauszustellen versucht habe, kann, glaube ich, die Möglichkeit bieten, jenen Zusammenhang zwischen Gedächtniskunst und Magie bei Bruno zu rekonstruieren, auf den Frances Yates die Forschung zu Recht aufmerksam gemacht hatte, ohne jedoch eine adäquate Erklärung desselben geben zu können. Die Gedächtniskunst war für Bruno nicht magischer Vorgang, und seine Bilder waren auch keine Talismane oder Archetypen. Dennoch ließ sie als Kunst geistigen Experimentierens, als Kunst freier grenzenloser Umwandlung der

---

50 *Sigillus sigillorum*, II, 2, S. 211: „[...] quaeque in physicis non componuntur, non dividuntur, definitam quantitatis atque numeri metam non excedunt vel non attingunt, dividit, componit, coarctat, amplificat".
51 *De umbris idearum*, n. 92.
52 M. Stadler, „Unendliche Schöpfung als Genesis von Bewußtsein. Überlegungen zur Geistphilosophie Giordano Brunos", in: *Philosophisches Jahrbuch*, XCIII (1986), S. 39-60.
53 Vgl. *De la causa, principio et uno*, IV, a cura di G. Aquilecchia, Torino 1973, S. 136-137 (deutsche Übersetzung von A. Lasson), Hamburg 1977, S. 91: „Die Natur hingegen macht aus ihrer Materie alles auf dem Wege der Scheidung, der Geburt, des Ausfließens, wie es die Pythagoreer, wie es Anaxagoras und Demokritus sich dachten und die Weisen Babyloniens bestätigten"). Vgl. diesbezüglich F. Fellmann, *Bild und Bewußtsein*, S. 17-18.

Bilder im Dienst der physisch-naturhaften Suche, der Suche nach Sprache, Poesie und Rhetorik ein praktisch wirksames Bestreben keimen und einen pragmatischen Fleiß fruchtbar werden. Hiermit bahnte sich Bruno den Weg für seine Magie – als Kunst der Umwandlung der Natur und des Einwirkens auf den Geist der Menschen.

Denken in Bildern
Phantasia in der Erkenntnislehre des Giordano Bruno

Tilman Borsche

„Philosophi sunt quodammodo pictores atque poetae/ non est enim philosophus, nisi qui fingit et pingit". Diese Sätze schreibt Bruno in der *Explicatio triginta sigillorum*, die er 1583 in London als eine seiner zahlreichen Schriften zur Erläuterung der Gedächtniskunst in der Tradition der *Ars magna* des Raimundus Lullus veröffentlicht.[1] Sie klingen ebenso kühn wie haltlos, fügen sich in das Klischee des chaotischen Denkers, der bewährte Definitionen in grundloser Polemik destruiert, kurz, sie erscheinen unverständlich. In Wahrheit aber sind sie, wie so vieles bei Bruno, vielfältig in der Tradition verwurzelt und zeigen ihre Bedeutung, sobald man versucht, sie aus dieser Tradition heraus als deren wohlbegründete Kritik zu verstehen.

Im folgenden soll durch eine Erklärung dieser Sätze ein neuzeitlicher Begriff des Denkens in Erinnerung gerufen werden, der, da sich die mathematisch-mechanistische Betrachtungsweise zunächst so stark durchsetzte, daß allein sie als charakteristisch für die Neuzeit galt, nach Bruno für lange Zeit im Untergrund verschwand und, obwohl niemals ganz vergessen, erst mit Nietzsche wieder ins Zentrum der philosophischen Reflexion getreten ist. Es geht um einen Begriff des Denkens, der dieses als durch körperliche Bedingungen – durch Leidenschaften, wie Bruno sagt – vermitteltes individuelles ‚Malen und Dichten' begreift.

Die Erklärungen werden kurze Rückblicke auf Platon und Aristoteles, einen längeren Exkurs zu den Neuplatonikern sowie einen raschen Seitenblick auf die antike Sprachtheorie bzw. Etymologie erforderlich machen. Nur indirekt werden sie Aus- und Einblicke in die moderne philosophische Ästhetik eröffnen, bevor sie zu Bruno zurückkehren, der erst nach diesem Rundblick – ins helle Licht einer historischen Mitte gerückt – eine angemessene Würdigung erfahren kann.

I.

Was also verbindet, nach Bruno, den Philosophen mit dem Maler und mit

---

[1] *Opera latine conscripta*, ed. F. Fiorentino et al., 3 Bde., Neapoli/Florentiae 1879-91, ND Stuttgart 1962, II/2, 133, Z 20, 23 f.

dem Dichter? Es ist die *phantasia*, genauer gesagt: der *spiritus phantasticus*.

In der aristotelischen Schrift *De anima*, dem Grundtext der abendländischen Erkenntnislehre, wird die *phantasia* als ein mittleres Vermögen zwischen den Sinnen und dem Verstand in die Analyse des Erkenntnisprozesses eingeführt und erläutert. Nach der Darstellung dieses Textes, die bis in die Neuzeit hinein maßgebend blieb, geht die Tätigkeit der *phantasia* ursprünglich aus wirklichen Wahrnehmungen hervor und setzt solche voraus, ist jedoch nicht an die Präsenz des Wahrgenommenen gebunden. Sie ist die Fähigkeit der Präsentation und Repräsentation von Wahrnehmbarem als Vorstellung für das Denken. Damit aber steht sie auch in einem Gegensatz zur unmittelbaren Wahrnehmung, deren Data sie vermehren und vermindern, ergänzen und verfälschen kann. Aufgrund ihrer Vorstellungen urteilt und handelt die wahrnehmende Seele, zumindest die der vernunftlosen Sinnenwesen. In der vernünftigen Seele des Menschen hingegen sollen – und werden auch in wachem und gesundem Zustand – die Vorstellungen der Phantasie durch den Verstand geprüft und korrigiert. Im Rahmen seines Stufenmodells der Seelenkräfte betont Aristoteles, daß wir nicht denken können, ohne Vorstellungen zu haben, so wie wir nicht vorstellen können, ohne Wahrnehmungen zu haben.

Bruno kann an eine lange und reiche Tradition von *De anima*-Kommentaren anknüpfen; doch er geht frei mit dieser Vorlage um und damit über sie hinaus. Dieser freie Umgang zeigt sich schon darin, daß er nicht aus den dogmatischen Ausführungen des dritten Kapitels von Buch III zitiert, in denen der Autor seine eigene Lehre von der *phantasia* darlegt (und auf das er sich selbst auch immer wieder zurückbezieht), sondern aus den problematischen Erörterungen von Buch I, in denen Aristoteles ausdrücklich die ‚Aporien' schildert, die die Leidenschaften ($\pi\acute{\alpha}\vartheta\eta$) der Seele den Forschern (seien es Dialektiker oder Physiker) bereiten, da sie doch offensichtlich an den Körper gebunden sind. In diesem Zusammenhang wirft Aristoteles die Frage auf, ob nicht das Denken ($\nu o\epsilon\hat{\iota}\nu$) eine Ausnahme darstelle – das wird seine Lehre in Buch III, Kap. 5-8, bestätigen – oder ob auch dieses ‚eine Vorstellung sei oder wenigstens nicht ohne Vorstellung' ($\varphi\alpha\nu\tau\alpha\sigma\acute{\iota}\alpha$ $\tau\iota\varsigma$ $\mathring{\eta}$ $\mu\grave{\eta}$ $\check{\alpha}\nu\epsilon\upsilon$ $\varphi\alpha\nu\tau\alpha\sigma\acute{\iota}\alpha\varsigma$), womit das Denken ebenfalls als körperlich bedingt erwiesen wäre (403 a 3 ff., 8 ff.). Bruno zitiert nun, was bei Aristoteles als Frage aufgeworfen – und später zurückgewiesen – wird, als dessen Behauptung und stimmt ihr zu. Er verbindet diese Behauptung erläuternd mit einem ebenfalls aller Einschränkungen entkleideten Zitat aus Buch III, Kap. 8, über das Denken. Dort schreibt Aristoteles: ‚Wenn man etwas denkt, muß man es zugleich mit einem Vorstellungsbild denken' ($\H{o}\tau\alpha\nu$ $\tau\epsilon$ $\vartheta\epsilon\omega\rho\hat{\eta}$, $\grave{\alpha}\nu\acute{\alpha}\gamma\kappa\eta$ $\H{\alpha}\mu\alpha$ $\varphi\acute{\alpha}\nu\tau\alpha\sigma\mu\acute{\alpha}$ $\tau\iota$ $\vartheta\epsilon\omega\rho\epsilon\hat{\iota}\nu$: 432 a 8 f.; lat. Version: cum speculetur, necesse simul fantasma speculari [nach Wilhelm v. Moerbeke]). Beide Stellen zusammengenommen (vgl. ähnliche Formulierungen 431 a 17, b 3 sowie *De memoria*, 449 b 32) werden bei Bruno folgendermaßen wiedergegeben: „intelligere est phantasmata speculari, et intellectus est vel phantasia vel non sine ipsa" (a.a.O., II/2, 133, 24 ff.; vgl. II/3, 91 u.v.a.).

Es handelt sich hier, wie so oft in den historischen Darstellungen Brunos, um eine kleine philologische Ungenauigkeit, die nicht mehr als eine unbedeutende Akzentverschiebung zu bewirken scheint. Und doch läßt sich hier an dieser Stelle die eigentümliche Wende Brunos gegenüber Aristoteles erkennen: Wird, so ist näher zu fragen, das Denken von Vorstellungsbildern zwar notwendig, doch nur begleitet oder kann man mit Bruno „non temere" (ebd.) sagen: Denken *ist* Vorstellen, es wird nicht nur anläßlich von, sondern allein in Bildern und durch Bilder wirklich?

II.

Eine überzeugende Antwort auf diese Frage läßt sich durch die Vermittlung einer zweiten wichtigen Quelle der Erkenntnislehre Brunos, die Neuplatoniker, gewinnen. Schon bei Plotin, insbesondere aber bei einigen späteren Neuplatonikern gewinnt die *phantasia* eine eigene, in ihrer Bedeutung bislang nicht hinreichend gewürdigte Stellung. Um das Problem verständlich zu machen, zu dessen Lösung die – zunächst aristotelisch bestimmte – *phantasia* hier eingesetzt wird, soll in wenigen Worten die neuplatonische Hierarchie des Seins skizziert werden.

Die Seele ist die Mitte des Systems. Sie kommt aus dem Geist, von dem sie alles hat, was sie ist, und steigt hinab in einen Körper, den sie formt, für den sie sorgt. Macht und Vorsehung wirken stets von oben nach unten. Der Geist (νοῦς), besser nach seiner Tätigkeit ‚das Denken' genannt, ist die Fülle des Seins und der Macht, geordnet und gegliedert, aber ohne zeitliche oder räumliche Ausdehnung, ohne Veränderung, ohne Mangel. Immer wieder zitiert Plotin die parmenideische Formel, nach welcher Denken und Sein dasselbe sind. Der Geist denkt ständig, und er denkt alles. Nichts entgeht ihm; folglich braucht er auch nichts wahrzunehmen. Er kennt kein Vergessen; folglich braucht er auch keine Erinnerung. Das reine Denken ist nur eines und in allem dasselbe. Sein Gegenstück ist die reine Materie. Sie denkt nichts Bestimmtes und ist nichts Bestimmtes. An sich unfähig zu irgendetwas, ist sie reine Bestimmbarkeit; nur ziellose Neigung und offen für alles, aber ohne Widerstand, ohne Natur, ohne Eigensinn. Zwischen Materie und Geist aber erstreckt sich unsere bewegte Welt, ein ruheloses Reich von beseelten Körpern. Hier herrscht die Seele, verstanden als die organisierende und belebende Kraft, die oben und unten zusammenhält. Jede Seele – gedacht ist jedoch primär an unsere, an die menschliche Seele – trägt potentiell den ganzen Geist in sich, der unteilbar ist. Denn er ist ihr Ursprung und ihr Ziel. Ihre Aufgabe aber besteht darin, sich einem besonderen Körper zu verbinden, oder vielmehr, ihn sich zu bilden, einen Körper, der, wie es heißt, fähig und geeignet sein muß, ihre geistige Form in dieser Welt darzustellen.

Die Individuation der Seele in ihrem und durch ihren Körper aber ist problematisch. Warum wird die ewig sich selbst gleichbleibende Ordnung des Geistes in unserer Welt gerade so, wie es der Fall ist, warum wird sie nicht anders verwirklicht? Problematisch erscheint mithin die Entstehung der Verschiedenheit im Übergang von der Einheit des Geistes zur Vielheit der Seelen. Einerseits nämlich konstituiert sich die Hierarchie des Seins gerade dadurch, daß nur das Obere wirkt und formt, während das Untere nur geformt wird und leidet. Nach diesem Gesetz hat jede Seele alles, was sie in dieser Welt wirklich wird, aus dem Geist empfangen. Andererseits aber ist jede Seele potentiell viel mehr als das, was sie wirklich wird, nämlich Geist, also alles, was ist. Deshalb empfindet sie ihre Verkörperung in dieser Welt auch als Einschränkung ihrer Fülle, als ‚Fessel' und als ‚Grab'. Und deshalb wird sie sich, wenn sie dereinst in ihren Ursprung zurückkehrt, auch wieder zum vollen Umfang des Geistes ausweiten. In der gegenwärtigen Welt jedoch, von der unsere Betrachtung notgedrungen auszugehen hat, sind der Seelen viele, und sie sind verschieden; wie es sich zeigt an den Körpern, denen sie verbunden sind, und an den Lagen, in denen diese sich befinden. Anders gesagt, jede Seele, in der potentiell alles Denken *ist*, *denkt* aktuell nur dies und das und dann und wann und mehr oder weniger deutlich.

Diese individuelle Bestimmung der Seele kann nun nicht aus dem Geist begründet werden. Denn der Geist kennt kein Prinzip der Einschränkung seiner Fülle. Sie kann aber auch nicht aus der Materie begründet werden. Denn diese ist nicht nur selbst formlos, sondern auch unfähig, einer Form Widerstand zu leisten. Der Grund für die Individuation der Seele muß also in ihr selbst gesucht werden.

Hier nun ist der kritische Punkt, an dem Plotin auf den ihm durch die Tradition vorgegebenen Begriff der *phantasia* zurückgreift. Wir, d.h. unsere Seele, die aus dem Denken kommt und das ganze Denken in sich trägt, können dieses Denken nur in der Vorstellung ($\varphi\alpha\nu\tau\alpha\sigma\iota\alpha$) aktualisieren. ‚Niemals denkt die Seele ohne Vorstellung', hatte schon Aristoteles formuliert (vgl. o.). Dieser alte Gedanke erhält durch Plotin eine neue Bedeutung. Beim schicksalsbestimmten Abstieg aus der Welt des Seins in die Welt des Werdens und durch leidvolle Erfahrungen in ihrer Bindung an einen Körper gewinnt die Seele eine Erkenntnis des Guten und des Bösen (vgl. *Enn.* IV 8, 5, Z 29 f.; 7, Z 15 f.). Sie gewinnt damit ein Bewußtsein sowohl von sich selbst als auch von anderen Dingen. Bei diesem Abstieg erst, so schreibt Plotin, ‚zeigt sie ihre Kräfte, die oben verborgen bleiben müßten und damit in Wahrheit gar nicht wären' (a.a.O., 5 Z 30-36). Die individuelle Seele wird, was sie bestimmt ist zu sein, indem sie Erfahrungen macht und dadurch erkennt. Um nicht nur zu sein, sondern das Sein auch zu schauen – und diese Schau ist ihr Ziel –, muß sie sich in der Welt des Werdens offenbaren. Sie muß sich ihrer Grenzen als ihrer Bestimmtheit im Ganzen des Kosmos bewußt werden. Denn dadurch unterscheiden sich die Seelen voneinander, ‚daß jede auf etwas anderes blickt, und das, was sie erblickt, ist und wird' (*Enn.* IV 3, 8, Z 15 f.). Der Prozeß der Individuation der Seele hat sein Prinzip in der beschränkenden und beschränkten Bewußtwerdung des Geistes in ihr.

Näher untersucht Plotin diesen Prozeß im Rahmen einer Erörterung unserer Wahrnehmung und Erinnerung. In aristotelischer Einstellung fragt er dabei zunächst nach der Wahrnehmung und Erinnerung von sinnlichen Gegenständen. Diese werden gewöhnlich (d.h. zu seiner Zeit: stoisch) als das Entstehen bzw. Zurückbleiben von Eindrücken der Gegenstände in der Seele verstanden. Eine solche Auffassung lehnt Plotin strikt ab. Denn Körper können nur auf Körper wirken. So erleidet zwar das körperliche Auge eine Veränderung durch den Gegenstand, doch bewirkt diese Veränderung keine Wahrnehmung. Erst wenn die Seele sich diesem Eindruck in ihrem Körper zuwendet, nimmt sie etwas, und zwar *als* etwas wahr. Wahrnehmung ist für Plotin *gnosis* (γνῶσις: IV 6, 2), auch *krisis* (κρίσις: IV 3, 26) oder, wie es terminologisch heißt, *antilepsis* (ἀντίληψις: IV 6, 1; IV 3, 30; u.v.a) von sinnlichen Eindrücken durch die Seele. Ihren Ort innerhalb der Seele nennt Plotin daher auch *antileptikon* (ἀντιληπτικόν: IV 3, 29), was man vielleicht mit ‚Auffassungsvermögen' übersetzen könnte, in moderner Bedeutung auch mit ‚Bewußtsein'. Denn *anti-lepsis*, die Erfassung von etwas als etwas in der Seele, ist immer mit Selbstwahrnehmung verbunden. Während nun die wahrnehmende Tätigkeit der Seele eine Affektion ihres Körpers noch voraussetzt, gehört die Erinnerung allein der Seele an. Erinnern heißt ἀντίληψιν ποιεῖσθαι (IV 3, 23, Z 31; IV 6, 3 Z 4 f.), ‚ein Bewußtsein bilden', von etwas, das die Seele unbewußt bereits in sich trägt. Was dabei erinnert wird, ist nun weder der sinnliche Gegenstand noch die Wahrnehmung desselben, sondern ein ‚Vorstellungsbild' der Wahrnehmung, ein *phantasma* (φάντασμα). Folglich gehört die Erinnerung von Wahrnehmungsgegenständen einem von der Wahrnehmung verschiedenen ‚Vorstellungsvermögen' an, dem *phantastikon* (φανταστικόν: IV 3, 29, Z 22-32).

Diese Bestimmungen verlassen noch nicht gänzlich den traditionellen Rahmen der aristotelischen Seelenlehre. Nun gibt es aber nicht nur Erinnerungen an Wahrgenommenes (αἰσθητά), sondern auch an Gedachtes (νοητά). Wie lassen sich solche Erinnerungen erklären? Auch hier kann Plotin zunächst noch einmal den Vorgaben von *De anima* folgen. Dort heißt es, daß das ‚Denkvermögen die Formen (εἴδη) in Vorstellungsbildern denkt' (III 7, 431 b 3). Doch während für Aristoteles die unvermeidlichen Vorstellungsbilder eher begleitende Funktion haben und von den Gedanken selbst wohl unterschieden bleiben, treten für Plotin die Vorstellungen *anstelle* der Gedanken ins Bewußtsein der Seele. Das Denken selbst kann keine Gedanken aufnehmen, da es immer schon alles Gedachte ist. Was also aus dem Denken in unser Bewußtsein gelangt, können nur Abbilder von Gedachtem sein, Gedanken als *phantasmata*. Das veränderte Verhältnis beider Seiten wird deutlich an der veränderten Funktion des *logos*. Der *logos* wird nicht mehr nachträglich zur Bezeichnung von Gedanken oder Vorstellungen, die wir haben, eingesetzt, sondern er kann nur noch mittels der Vorstellungen, die er bildet, auf Gedanken, die er repräsentiert, verweisen. ‚Der Gedanke (νόημα)', schreibt Plotin, ‚ruht verborgen im Innern der Seele. Das Wort (λόγος) treibt ihn heraus aus dem Denken in das Vorstellungsvermögen (φανταστικόν) und zeigt ihn dort wie in einem Spiegel; so kommt sein bewußtes Erfassen (ἀντίληψις) zustande, so auch sein Verweilen und seine Erinnerung... Denn das Denken ist immer in uns, wir erfassen es aber nicht immer' (IV 3, 30, Z 7-15). In der Verschiedenheit dessen, was im Vorstellungsvermögen zu Bewußtsein kommt, ist die Verschiedenheit der Seelen begründet. (Schon) der neuplatonische Baum der Erkenntnis wächst im Garten der Phantasie.

Plotin geht noch einen Schritt weiter. Denken (νόησις) und Wahrnehmung (αἴσθησις) rücken, dies ebenfalls nach aristotelischem Vorbild, eng zusammen. Intendiert ist in beiden Fällen eine erkennende Tätigkeit, in welcher die Seele, sei es im Blick nach außen oder nach innen, nicht sowohl durch ihren Gegenstand zur Erkenntnis bestimmt wird, als vielmehr diesen erfaßt und gestaltet. Beide Arten des Erkennens sind, als Bewußtseinsakte, gleichermaßen aktiv, ἐνέργεια. Verbindend könnte hier der von Plotin an der soeben zitierten Stelle erwähnte *logos* wirken, der sowohl Gedachtes wie Wahrgenommenes ins Bewußtsein ruft. Nach aristotelischem und stoischem Vorbild nennt Plotin den *logos* in der Seele zugleich Abbild (μίμημα) und Bote (ἑρμηνεύς) dessen, was im Geist ist (I 2, 2, Z 28-31). Durch das innere Wort wird die Seele veranlaßt, Bilder zu erzeugen, die sie nach Maßgabe des Wortes in der Vorstellung aufzeichnet und im Gedächtnis niederschreibt. Was die jeweiligen Gegenstände betrifft, sind beide Arten des Erkennens natürlich verschieden. Während die Wahrnehmung von Dingen ein Erkennen von Widerfahrnissen des Körpers ist (γνῶσις παθῶν), das seine Gegenstände vollkommener gestaltet, als sie erscheinen, ist die Wahrnehmung von Ideen ein Erkennen von Wirklichkeiten (γνῶσις ἐνεργείων), das seine Gegenstände nur unvollkommen nachzubilden vermag. Diese Nachahmung (μίμησις) versteht Plotin ebenso wie Platon als eine universelle ontologische Kategorie: Alles Geringere und Abkünftige ahmt sein Vorbild nach, das zugleich sein Urbild und sein Ursprung ist. Während also einerseits unser Denken seinem Inhalt nach nichts anderes sein kann als ein Nachdenken des ewig Gedachten, so bleibt andererseits festzuhalten, daß die Seele nicht nur in der Wahrnehmung, sondern auch im Denken stets von sich aus tätig werden muß. Ihr Vorstellen ist kein Erleiden von oben her, auch wenn sie Höheres abbildet. Denn ob sie diesen oder jenen Gedanken nachahmt und mit Hilfe welcher Worte und Bilder sie das tut, das kann nur in der Seele selbst begründet sein. So zeigt sich auch hier wieder, daß ihre eigene Art, die Ideen zu spiegeln, ihre Individualität ausmacht. Der Ort dieser Spiegelung aber ist die Vorstellungskraft (φαντασία), die nicht nur Dinge, sondern auch Ideen im Bild wie im Wort präsentiert und repräsentiert.

Bei Plotin wird diese Deutung des Problems der Individuation der Seele nur knapp, fast zögernd dargelegt. Sie ergibt sich für ihn eher notgedrungen als Reaktion auf eine unerwartete Aporie in der Stufenordnung des Seins. Es hat sich nämlich gezeigt, daß unsere Erkenntnis dieser Stufenordnung immer nur von uns, von unserem endlichen Bewußtsein ausgehen kann. Sowohl die Ordnung des Geistes wie das Chaos der Materie sind ohne Vorstellung (vgl. IV 4, 13). Sie wirken bzw. leiden mühelos, ohne Überlegung und Willen – wie das Gesetz der Natur es befiehlt. Problematisch und damit bewußt wird dieser Wirkungszusammenhang und die ihm zugrundeliegende Ordnung nur *in der Mitte*. Nur *für uns* erscheint die Gegenwart als ein günstiger oder ungünstiger Augenblick. Nur wir empfinden ihre Not; treten ihr entgegen mit Wünschen und Absichten; überlegen, weil wir unsicher sind (vgl. bes. IV 4, 17). – Dies alles deutet hin auf eine die hierarchische Struktur des Systems gefährdende, in ihrer Konsequenz sogar verkehrende Vorrangstellung der Mitte – der Seele im All sowie der *phantasia* in der Seele.

Scheint die Phantasie bei Plotin eher wie ein Störfaktor in die Ordnung des Systems einzubrechen, so wird sie bei Synesios unmittelbar und mit Bedacht ins Zentrum einer nicht mehr primär am System orientierten Betrachtung gerückt. Das – von Ficino ins Lateinische übersetzte und Bruno wohl vertraute – *Traumbuch* des philosophischen Dilettanten, der sich in der Hauptsache als Jäger, Staatsmann und Gelehrter betätigte, erscheint von daher besonders geeignet, einige Konsequenzen des neuplatonischen Begriffs der *phantasia* zu illustrieren.

Synesios geht von dem aus, was für Plotin ein Ergebnis der Untersuchung war: Die Natur des Geistes ist unveränderlich; sie bleibt uns zudem verborgen, sofern sie sich nicht der Seele mitteilt (MPG 66, 1288 B-C). Was sie aber der Seele mitteilt, kann diese, zumindest gewöhnlich, nur in der Vorstellung fassen, also nicht so, wie es ist, sondern nur so, wie es uns erscheint. ‚Unser hiesiges Leben', so schreibt Synesios, ‚ist ein Leben der *phantasia* oder ein Leben des Geistes, der sich der *phantasia* bedient' (a.a.O., 1293 A). Die Phantasie aber ist, wie bei Plotin, ein Spiegel der Seele, der Bilder präsentiert und uns dadurch einen ‚Begriff' (ἀντίληψις) von dem vermittelt, ‚was oben bleibt' (1288 B).

Der Sitz der *phantasia* ist der vorstellende Geist (φανταστικὸν πνεῦμα: 1289 f.), ein besonders feiner Körper, der die Seele im Innersten umgibt und deshalb auch ‚Seelengefährt' genannt wird. Aus dieser vor allem von Jamblichos entwickelten neuplatonischen Lehre zieht Synesios weitreichende Konsequenzen: Der vorstellende Geist ist nicht nur sehr fein, sondern auch hochgradig sensibel. Er paßt sich vollkommen den Regungen der unkörperlichen Seele an. Da er unbegrenzt bildbar ist, kann er keine eigene Natur besitzen. Die Phantasie der Individuen ist so verschieden wie das Schicksal ihrer Seelen; ihre Grenze ist allein die Natur der Seele selbst. Die wahre Natur der Seele aber, als ihr Ursprung und ihr Ziel, ist der Geist, der einer ist und für alle derselbe. Von ihrer ‚edlen Abkunft' her gesehen, führt der Abstieg der Seele also notwendig in einen naturwidrigen Zustand (παρὰ φύσιν: 1313 B). Das beseelte Individuum hingegen befindet sich ebenso notwendig immer in einer naturgemäßen Lage (κατὰ φύσιν: ebd.). Denn seine Lage ist seine Individualität. Die individuelle Natur der Seele, die in der individuellen Natur ihrer Phantasie zum Ausdruck kommt, wird wiederum durch die Metapher des Spiegels erläutert, der, mehr oder weniger eben und so oder anders ausgerichtet, je andere Bilder auf je eigentümliche Weise reflektiert (1313 C).

Die Metapher des menschlichen Denkens als eines unebenen Spiegels zieht sich quer durch die Philosophiegeschichte, bis hin, beispielsweise, zur Idolenlehre von Francis Bacon. Rationalistische Kritiker pflegen diese Verderbtheit des reinen Denkens durch die Individuation der Seele zu beklagen und nach Rezepten für eine Beseitigung des Übels zu suchen. Synesios jedoch akzeptiert den Befund und versucht, ihn fruchtbar zu machen; und zwar insbesondere für die Traumdeutung, für diejenige Wissenschaft und Kunst also, die sich speziell mit den eigenen Erzeugnissen der Phantasie befaßt. – Aufgrund der Individualität der Phantasie, so stellt er fest, kann es für die Traumdeutung keine allgemeinen Regeln und Gesetze geben. Jeder muß sich selbst zum Deuter seiner Träume bilden, und zwar durch methodisch geleitete Selbstbeobachtung und Erfahrung. Aus dieser Sicht heraus spricht Synesios die Empfehlung aus, man solle nicht nur Tagebücher, sondern auch Nachtbücher schreiben, um sich selbst, und das heißt jetzt näher, seine eigene Vorstellungskraft (φαντασία), besser erforschen zu können (1316 A-B).

III.

Über weite Strecken hinweg lesen sich die Schriften Brunos wie neuplatonische Texte. Die Rede vom Abbildcharakter der sinnlichen Welt, von der Begeisterung der Seele für das Schöne, ihrem Streben nach den ewigen Ideen – Gedankengänge dieser Art sind, ebenso wie der gelegentliche affirmative Bezug auf aristotelische Lehrstücke, nach Inhalt und Ausdruck ganz ähnlich auch bei Plotin zu finden. Zugleich aber enthalten dieselben Texte stets auch zwei grundsätzliche Kritikpunkte an der neuplatonischen Philosophie. Beide gründen in der Skepsis Brunos gegenüber der Erkenntnisfähigkeit des menschlichen Intellekts, die allem Platonismus fernliegt. In beiden zeigt sich mithin auch der spezifisch neuzeitliche Charakter seines Denkens.

Erstens: Die Neuplatoniker stimmen mit Aristoteles darin überein, daß sie alle unsere Erkenntnis mit den Sinnen beginnen lassen. Doch diese zufälligen Anfänge sollen in der inneren Schau der Ideen letztlich überwunden und vergessen werden. Nach Bruno aber verläßt die menschliche Seele niemals den sinnlichen Horizont ihrer Erkenntnis. Wie schon Cusanus lehrte, ist eine reine Schau des Ewigen für uns nicht möglich. Es gehört zur individuellen Natur der menschlichen Seele (im Gegensatz zur allgemeinen Natur des göttlichen Intellekts), daß sie mit den Dingen durch den ihr eigenen Körper kommuniziert, sich durch ihn – erkennend wie handelnd – auf sie bezieht. Dieser ‚erste' Körper der Seele ist nicht derjenige, den sie bei der Geburt annimmt und im Tode verläßt, der Körper, zu dessen Organen die fünf äußeren Sinne zählen. *Primum animae corpus* ist vielmehr der *spiritus phantasticus* oder, in anderer neuplatonischer Terminologie, das ‚Seelengefährt' (*animae vehiculum*). Dieser wird im selben Zusammenhang als *sensus sensuum* und *sensorium communissimum* bezeichnet. Gehör und Gesicht sind demgegenüber, d.h. im eigentlichen Sinn, nicht Sinne, sondern *sensus instrumenta*, Türen und Fenster der Seele, durch welche diese äußerlich Vorfallendes in sich aufnehmen kann. Der innere Sinn (*spiritus phantasticus*) aber ist in allen seinen Teilen und Weisen einer: *unum individuum* (alle Zitate aus *Op. lat.* II/3, 120 f.). Und er produziert Bilder – Schatten (nach der Terminologie der früheren Schrift) oder Zeichen (nach späterer Ausdrucksweise) von der Natur der Dinge –, d.h. die Seele *malt*. Die erkennende Seele ist nicht der *spiritus phantasticus*, aber ohne ihn kann sie weder leben noch denken.

Zweitens: Die platonische Bewegung des Denkens ist als ein Aufstieg von den Sinnen zum Verstand konzipiert. Bruno behält diese Terminologie bei, interpretiert sie aber auf neue Weise. Denn der Aufstieg impliziert eine ausdrückliche Abkehr von den Anfängen, vom Sinnlichen, sogar vom partikulären Schönen in der Sinnenwelt. Seine Losung heißt: ‚intra in te ipsum'; verlasse, was du liebst, verschenke Hab und Gut, überwinde diese Welt, lautet seine Botschaft. So kann – und will – Bruno nicht mehr sprechen. Wenn nämlich die in einem Körper als ihrem Sinn individuierte Seele alles Individuelle, Sinnliche, Körperliche zurückließe, dann bliebe ihr – nichts. Dennoch sehnt sich und sucht die menschliche Seele nach den Ideen, dem Ewigen, dem Göttlichen. Sie muß es aber in den Dingen suchen, denen sie sich daher, geleitet vom Sinn für das Schöne, zuwendet. Und diese Zuwendung geschieht weder beiläufig noch vorläufig, sondern mit Hingabe, weil wir die ewige Wahrheit allein in ihren flüchtigen Schatten und vieldeutigen Zeichen erfassen können. Damit aber wird auch die Passion der Liebe Gottes auf die vergänglichen Schönheiten dieser Welt übertragen; so als seien diese – der Gipfel der Sünde nach Augustin – nicht Mittel (*uti*), sondern selbst der Zweck und das Ziel (*frui*). Nicht mittels der Dinge und über sie hinaus gelange ich zu Gott als zu ihrem jenseitigen Schöpfer, sondern in ihrer vergänglichen Schönheit ist er gegenwärtig.

Wiederum handelt es sich um eine geringfügige Akzentverschiebung mit bedeutenden Folgen. Daß alles Erkennen mit den Affektionen der Seele beginne, ist allgemein anerkannte aristotelische Lehre. Die Neuplatoniker (und mit ihnen die platonisierenden Christen) verstehen den Aufstieg der erkennenden Seele jedoch als eine Abkehr von diesen sinnlichen Anfängen. Nach Bruno hingegen kann und soll dieser selbe Aufstieg seine Ursprünge nicht verwinden und vergessen, sondern aufheben; das Leben der Seele nährt sich fortwährend aus der Kraft seiner affektiven Wurzeln. Im Reich der übersinnlichen Wahrheit werden die Leidenschaften ‚heroisch', sie verlieren aber nicht an Heftigkeit. Denn nur das, was die Sinne stark genug erregt, wird von der Vorstellung ($\varphi\alpha\nu\tau\alpha\sigma\iota\alpha$) erfaßt, geformt und im Gedächtnis aufbewahrt; und nur das, was von der Vorstellung dem Denken präsentiert wird, kann dann auch unterschieden, erwogen, bewertet und so zu wirklicher Erkenntnis werden, als welche es auf unser Handeln, auf unser Leben zurückwirkt. – Auch diese Einsicht Brunos in den konstitutiven Zusammenhang von Leidenschaft und Erkenntnis hat – dem Wortlaut nach, dessen Bedeutung Bruno polemisch verkehrt – platonisch-christliche Vorläufer: Nach Augustin ist alles Denken „cum amore notitia" (*Trin.* IX 10, 15).

IV.

Die Seele malt sich ihre Welt, und solange sie lebt, hört sie nicht auf zu malen. Malend aber ist sie von Anfang an produktiv im Erfassen oder Nachahmen der Natur. Sie ist nicht nur lebendiger Spiegel des Universums, sondern sehender Spiegel (*speculum videns*). Im Unterschied zum äußeren Auge des Körpers, das nur sieht, wenn es durch fremdes Licht erleuchtet wird, ist das Gesicht des inneren Geistes selbst Licht und sehend („ipsa lux est atque videns"; a.a.O., II/3, 119). Es re-produziert die Dinge im Geist, damit sie gedacht und begriffen werden können.

Die Fähigkeit der Seele, aufgrund von Eindrücken der äußeren Sinne Bilder der Dinge in ihrem inneren Sinn (*spiritus phantasticus*) zu malen, d.h. zu entwerfen und festzuhalten, hat zur Folge, daß ihre Bilder als solche von der Gegenwart der Dinge unabhängig sind. Diese Unabhängigkeit ist eine Eigenschaft, die den Produkten der *phantasia* seit Aristoteles unbestritten zuerkannt wird. Als Bild aber ist das Wahrgenommene Eigentum der Seele, und schon indem die Seele die Eindrücke der Sinne zu einem Bild komponiert, fängt sie an, das Wahrgenommene in ihrem Sinn neu und anders zu ordnen: sie trennt und verbindet, erweitert und verkürzt, steigert und verkehrt; kurz, sie beginnt – zu *dichten*.

Plotin bestimmte den *logos* als die Bühne des Bewußtseins der mit einem Körper verbundenen menschlichen Seele, deren Denken diskursiv und endlich ist im Gegensatz zum ewig sich selbst denkenden *nous*. Auch Platon nahm an, daß die Götter nicht philosophieren, denn sie wissen immer schon und alles zugleich. Es liegt also nahe, das Verfahren des diskursiven Denkens in Analogie zum Verfahren des *logos*, der menschlichen Rede, zu bestimmen. Nach Bruno, der diese Analogie nicht so benennt, aber vielfach und vielfältig durchführt, geschieht das Denken der Seele mittels des *spiritus phantasticus* nach Verfahren, wie sie ihm aus der antiken Rhetorik in der Lehre von den Tropen und aus der antiken Grammatik in der Etymologie geläufig sind: Die wahre Bedeutung eines Wortes versteht der Etymologe richtig, wenn er die historische Transformation des Ursprungs durch passende Figuren rückwärts zu entziffern in der Lage ist. Eine Metapher verwendet der Dichter treffend, wenn ihm die poetische Transformation einer gewöhnlichen Bedeutung durch sinnstiftende Figuren gelingt (und nicht etwa durch eine unverständliche Transsumption verstellt wird). Etymologie und Metaphorik sind Inventionsverfahren der dichtenden Einbildungskraft und als solche für alle Erkenntnis konstitutiv.

V.

Damit läßt sich die zu Beginn des ersten Teils gestellte Frage nun beantworten. Es ist die Aufwertung des *spiritus phantasticus* zum ursprünglichen Ort des menschlichen, d.h. körpergebundenen Denkens – in Bildern –, die Bruno die Freiheit und das Recht gibt zu folgern, daß ‚die Philosophen Maler und Dichter sind' oder, wie man nun auch allgemeiner sagen kann, daß *die menschliche Seele malt und dichtet, wenn sie denkt.* – Dennoch sind Dichten und Malen nicht einfach dasselbe wie Philosophieren. Der Unterschied bleibt gewahrt, wird aber neu bestimmt.

Nach Bruno beginnt das Denken – nicht nur historisch, sondern jederzeit, nämlich logisch und psychologisch – mit dem Malen und Dichten. Es kann diese Herkunft auch niemals abschütteln und überwinden, wie die Leiter, die uns aus dem Sumpf des Vorurteils heraushilft, dann aber weggeworfen werden könnte und sollte. Mit anderen Worten, aus Bildern und nur aus Bildern werden Begriffe. Das ist im übrigen eine Ansicht, die Brunos Landsmann Vico mehr als ein Jahrhundert später und ebenso unzeitgemäß zum Grundgedanken seiner ‚Neuen Wissenschaft' erheben und entwickeln wird.

Denken wäre allerdings nicht Denken, wenn es bei den fingierten Bildern und Gebilden, mit denen es beginnen muß, stehen bliebe. Bruno greift hier eine seit Platon geläufige Vorstellung auf und bewertet sie neu: Nach den Ausführungen des *Timaios* (vgl. 70 d-72 b) ist der Seher zwar göttlich inspiriert, aber blind und unwissend. Das Organ seiner Inspiration ist die Phantasie, die in der Leber sitzt, einem Organ, das, ebenmäßig und glatt wie ein Spiegel, göttliche Eingebungen aufzunehmen geeignet ist. Die Gesichte, die der Seher im Schlaf oder in der Verzückung schaut, bedürfen jedoch des besonnenen Interpreten ($\pi\rho o\varphi\acute{\eta}\tau\eta\varsigma$), der sie prüft, beurteilt und verständig deutet, seinerseits aber ohne jene Eingebungen nichts zu künden wüßte. Weisheit und Urteil müssen sich ‚nach dem Gesetz' verbinden (a.a.O., 72 b 1), damit jene nicht blind bleibt und dieses nicht leer. Eine analoge Unterscheidung wird, für Bruno noch näher liegend und in seinen Texten stets präsent, in der Rhetorik tradiert, die Differenz nämlich zwischen *inventio* und *judicium*. Nun gilt die *inventio* als die eigentümliche Aufgabe des *spiritus phantasticus*. Doch erst sie und das *iudicium* des Verstandes zusammen bilden das menschliche Denken, wie Bruno in unverkennbarer Anspielung an die platonische Vorlage zu Beginn des Dritten Dialogs des Ersten Teils der *Eroici Furori* schreibt.[2] Die Verbindung von Seher und Prophet, von Dichter und Denker macht den Philosophen aus. Während jener nur als Instrument und Gefäß höherer Weisung die Gottheit in sich trägt („hanno la divinità"), spricht dieser als selbständiger ‚Künstler' („come principali artefici ed efficienti"), und damit ist er – in der ‚Vortrefflichkeit seines eigenen Menschseins' („eccellenza della propria umanitade") – selbst göttlich („son divini"; a.a.O., 987).

Auch hier wird die charakteristische Kritik Brunos an der platonischen Tradition, die er aufgreift und umwertet, wieder sehr deutlich: Der Seher

---

[2] *Dialoghi italiani*, ed. G. Gentile, 3ª ed. G. Aquilecchia, 2 Bde., Firenze 1958, 986 ff.

oder die menschliche Fähigkeit der *inventio* wird nicht mehr von oben erleuchtet – was stets die Abkehr von der Außenwelt und die Wende nach innen voraussetzte –, sondern eben von außen, durch die Sinne, deren Eindrücken die Seele sich ‚mit Leidenschaft' zuwendet, um sie von innen her zu be- und zu erleuchten. Die Ausdrucksweise ist sprechend: Die ‚heroischen' Dichter-Denker, die hier als unglücklich-glückliche Liebhaber der unendlichen Wahrheit geschildert werden, handeln „aus innerem Antrieb und natürlicher Glut, die von der Liebe zur Gottheit, zur Gerechtigkeit, zur Wahrheit, [...] geweckt wurde" – das alles würden auch die christlichen Platoniker sagen und mit denselben Worten ausdrücken; doch Bruno fährt fort: geweckt auch durch die Liebe „zum Ruhm, schärfen sie im Feuer der Sehnsucht und im Wind des Wollens die Sinne; und im Schwefel der Denkfähigkeit entzünden sie das Licht der Vernunft" („da uno interno stimolo e fervor naturale, suscitato dall'amor della divinitate, della giustizia, della veritade, della gloria, dal fuoco del desio e soffio dell'intenzione, accuiscono gli sensi; e nel solfro della cogitativa facultade accendono il lume razionale"; ebd.). Drei Akzentverschiebungen gegenüber den platonistischen Vorbildern verdienen hier Beachtung: (1) Zu den Antriebsfedern zählt auch der Ruhm, (2) der Weg und das Mittel zur Erkenntnis der Wahrheit sind die Sinne, die geschärft und geübt zu werden verdienen, und (3) entzündet sich das Licht der Vernunft auf natürliche Weise von innen her. Die *inventio* wird damit von einem Finden des ewig Gleichen in ein Erfinden von Schönem transformiert. Ihr Produkt ist notwendigerweise individuell geformt – und dennoch ist es göttlich. Denn als das Göttliche gilt nicht mehr das über allem Gleiche, sondern das, was überall und jederzeit die – schöne – Vielfalt schafft und in ihr – harmoniestiftend – wirkt.

Es wird sofort deutlich, warum ein solches Bild des Denkens dem Pantheismusverdacht ausgesetzt ist, warum sich zudem der Autor der *Eroici Furori* ständig und immer wieder – dem wohlwollenden Leser längst zum Überdruß – apologetisch mit dem Vorwurf auseinandersetzen muß, daß er nicht die heroische, sondern die tierische Liebe verherrliche. Zwar betont Bruno, daß jede Art von Liebe die Gottheit zum Objekt habe und nach der göttlichen Schönheit strebe („Tutti gli amori [...] hanno per oggetto la divinità, tendeno alla divina bellezza"; 991) und daß die körperliche Schönheit nur geliebt werde, insofern sie Zeichen der Schönheit des Geistes sei („la corporal bellezza, [...] che è indice della bellezza del spirito"; 992). Wer aber zugleich fordert, daß sich die Seele, und zwar nicht nur vorübergehend, der Welt zuwenden und die Sinne üben müsse, um die göttliche Wahrheit besser erfassen zu können, wer mithin das Göttliche allein in den Dingen und nicht ohne sie zu finden vermag, vielleicht könnte der noch auf den Gedanken kommen, daß die Wahrheit der Dinge auch ohne Gott zu finden sei. Man kann diesen Zweifel, wenn er einmal da ist, nicht mehr zwingend entkräften. Demgegenüber ließ der neuplatonische Aufstieg der Seele von den Sinnen weg und hin zur (göttlichen) Wahrheit einen solchen Zweifel gar nicht erst aufkommen. Denn die Suche nach Gott als der Wahrheit selbst implizierte ja schon eine Abkehr von der Welt. Ohne die Betonung dieser Abkehr wird das Motiv der Wahrheitssuche eine Sache der Interpretation, und Gott und die Welt sind in der Tat nicht mehr so klar und so unzweideutig zu unterscheiden. – Daß auch dieser Aspekt des Brunoschen Denkens nicht nur befreiend gewirkt hat, sondern zugleich auch beunruhigend, ist leicht zu begreifen.

Ein Philosoph im Theater:
Anmerkungen zu Brunos Komödie *Il Candelaio*[1]

Christiane Schultz

I.

Es ist in letzter Zeit üblicher geworden, daß auch Vertreter des Faches Philosophie von der Art und Weise sprechen, in der ein Philosoph sein Denken „inszeniert". Damit will man signalisieren, daß man die „literarischen" Elemente eines Werkes wahrgenommen und auf ihre mögliche Funktion in bezug auf die vorgetragenen Inhalte überprüft hat.

Was diesen Gesichtspunkt betrifft, ist Giordano Brunos Werk noch wenig untersucht[2], und eine Zusammenarbeit zwischen Spezialisten literarischer und philosophischer Forschung fände ein weites und vielversprechendes Arbeitsfeld: Denn Bruno präsentiert sich als Autor gelehrter Traktate und als Verfasser einer Komödie, er hielt akademische Disputationen schriftlich fest und verbreitete umstrittene Doktrinen zur Gedächtniskunst und Magie, verfaßte aber auch Lehrbücher; er gab Reden zum Druck (wurden sie je wirklich gehalten?), in welchen er der Universität Wittenberg Lob spendet und die Helmstedter „Academia Julia" über den Tod ihres herzoglichen Gründers tröstet, er ist der Absender echter und fingierter Briefe (sind vielleicht mehr davon fingiert, als es auf den ersten Blick den Anschein hat?), Autor von Dialogwerken und Poet, der sich in lukrezianischen und italienischen Versen ausdrückt. Wo er seine Philosophie vorträgt, geschieht es mit einem rhetorischen Aufwand, der einem modernen Leser Unbehagen bereitet; und in diesem Unbehagen, diesem Gefühl der Fremdheit, scheint einer der wesentlichen Gründe dafür zu liegen, daß lange Zeit der Philosoph Bruno wenig ernstgenommen wurde,

---

1 *Candelaio. Comedia del Bruno*, Nolano, *Achademico di nulla Achademia: detto il fastidito. In Tristitia hilaris: in Hilaritate tristis*. In Parigi. Apud Guglelmo Giuliano. Al segno de l'Amicitia. M.D.LXXXII, im folgenden zitiert als C unter Angabe der Seitenzahl bzw. des Aktes und der Szene nach der Ausgabe in der Sammlung des Verlags Einaudi: *Il teatro italiano. II. La commedia del Cinquecento*. Tomo terzo, hrsg. u. eingel. v. G. Davico Bonino, Torino, 1978, S. 139-292. - Die instruktiven Einleitungen in die drei Bände und die darin gegebenen bibliographischen Verweise führen umfassend in die Thematik ein.

2 Auf diesem Gebiet einen ersten Versuch unternommen zu haben, ist das Verdienst von P. R. Blum, „Giordano Bruno am englischen Hof. Zur Präsentationsform seiner Philosophie", in: *Europäische Hofkultur im 16. und 17. Jahrhundert*, Hamburg 1981, Bd. 3, S. 685-692.

während die Herausforderung des Neuerers und Kritikers Bruno angenommen und beantwortet wurde, mit leidenschaftlicher Parteinahme für ihn wie gegen ihn.

Kann man es dem philosophischen Forscher verdenken, wenn er den gedanklichen Kern aus Brunos Produktion herausschält und den Rest beiseite läßt – gerade im Interesse seiner Ehrenrettung als strenger Denker gleich anderen, weniger umstrittenen? Tut er Bruno nicht geradezu einen Gefallen, wenn er aus dem rhetorischen Überschuß auswählt, was besonders vielversprechend erscheint für eine Interpretation von Brunos Denken insgesamt?[3]

Als eine der literarischen „Perlen", die aus dem Gewoge der Beredsamkeit Brunos an das sichere Gestade der Philosophie gerettet werden müssen, hat sich immer seine Version des Aktäon-Mythos einer großen Beliebtheit erfreut, zu lesen im letzten Londoner Dialogwerk, *De gli eroici furori*[4], die in der Bruno-Literatur immer wiederkehrt und der auch Ein-

---

[3] Die beiden letzten in italienischer Sprache erschienenen Monographien über das Denken Brunos sind exzellente Beispiele für beide Aspekte dieses Verfahrens: N. Badaloni, *Giordano Bruno. Tra cosmologia ed etica*, Bari-Roma 1988; und M. Ciliberto, *Giordano Bruno*, Bari 1990. Beide Arbeiten rekonstruieren in stupenden Einsichten den philosophischen Raum, der sich im Durchgang durch Brunos Schriften öffnet, und in gewisser Weise krönen sie die nunmehr hundertjährige Bemühung um die konsequente Erhellung des Philosophen Bruno. Aber das Verfahren stößt zugleich an seine Grenzen: Die Zitierung von Passagen jeder Art und Gattung setzt das Mosaik eines reich gegliederten Weltbildes zusammen, erweckt aber den Anschein, als habe Bruno nur Ansichten geäußert, und die Bewegung des Denkens finde einzig in der interpretierenden Zusammensetzung durch den Darstellenden statt. – Brunos Denken erscheint häufig als eine inspirierte Bilderrede, der durchaus ein philosophischer Sinn gegeben werden kann, die sich jedoch als Diskurs völlig unseren Kriterien entzieht, so daß sie für uns übersetzt werden muß.

[4] Giordano Bruno Nolano. *De gl'heroici furori – Al molto illustre et eccellente Cavalliero Philippo Sidneo*, Parigi Appresso Antonio Baio l'Anno, 1588. – Jedoch erscheint Aktäon nicht nur hier: Vgl. auch die Verweise im Zusammenhang des 3. Dialogs des *Spaccio de la bestia trionfante* (G. Bruno, *Dialoghi italiani*, hrsg. von G. Gentile / G. Aquilecchia, Bd. II, S. 813) und des Widmungsschreibens der *Cabala del Cavallo Pegaseo* (a.a.O., S. 841). – Zur „hohen" Variante des Mythos vgl. die Ausg. Gentile / Aquilecchia, a.a.O., S. 1005-09 (Sonett über den Aktäon-Mythos und seine „philosophische Interlinearübersetzung"), S. 1120-26 (Darstellung der *venatio sapientiae*, die 1124 im Mythos des Aktäon zusammengefaßt wird, dessen Bildlichkeit auch in der Folge mehrfach aufgenommen wird, unter anderem in einem weiteren Sonett). – Der Passus der genannten zehn Seiten, aus dem immer wieder zitiert wird, ist der folgende: „Rarissimi, dico, sono gli Atteoni alli quali sia dato il destino di posser contemplar la Diana ignuda, e dovenir a tale che dalla bella disposizione del corpo della natura invaghiti in tanto, e scorti da que' doi lumi del gemino splendor di divina bontà e bellezza, vegnano trasformati in cervio, per quanto non siano più cacciatori ma caccia. Perché il fine ultimo e finale di questa

zelstudien gewidmet worden sind[5]. Es steht außer Frage, daß die Figur des Aktäon – der die Göttin Artemis-Diana nackt im Bad erblickt und vom Jäger zum Gejagten wird, über den seine eigenen Hunde herfallen – für Brunos Begriff von Philosophie als *venatio sapientiae* erhellend ist. Was jedoch auffällt, ist, daß weder der Zusammenhang zwischen begrifflicher Funktion und literarischem Ausdruck problematisiert wird, noch je auf den skurrilen Kontrapunkt näher eingegangen wird, den das Aktäon-Motiv in Brunos Komödie erhält. Aktäon erscheint hier im Abschnitt über *Argumento ed ordine della comedia* am Schluß des Abschnitts über *Bonifacio*, in der Art einer Zusammenfassung des Kommentars zu seiner Figur und seinem Anteil an der Handlung: Bonifacio, der auf Vittorias Liebesgunst Jagd macht, hat aus dem Unternehmen keinen anderen Gewinn als ein Paar „Hörner", die ihm der Maler Giovan Bernardo aufsetzt, und den finanziellen Schaden einschließlich einer tiefen Demütigung, die ihm eine Bande von Dieben (im neapoletanischen Dialekt: *marioli*) zufügt (*C 146*):

> „considerate dunque come il suo inamorarsi della signora Vittoria l'inclinò a posser esser cornuto, e, quando si pensò di fruirsi di quella, dovenne a fatto cornuto: figurato veramente per Atteone, il quale, andando a caccia, cercava le sue corne, e allor che pensò gioir de sua Diana, dovenne cervo. Però, non è maraviglia si è sbranato e stracciato costui da questi cani marioli."

Mehr noch als die – zeitlich spätere – Variierung des Aktäon-Mythos in den *Eroici furori* setzt seine Persiflierung voraus, daß die „Geschichte" von Aktäon als solche dem gebildeten Leser bekannt ist. Die Persiflage enthält eine Aufforderung des Autors an den Leser, eine Verhältnisbestimmung zwischen Aktäon als der Figur der „hohen" Kultur und der Figur der Komödie vorzunehmen. Ein weiteres Detail bestärkt die Vermutung, die durch die satirische Anwendung des Mythos auf Bonifacio bereits nahegelegt wird, daß nämlich ein Verhältnis der Spiegelung zwischen geistiger und sozialer Welt, zwischen Philosophie und menschlicher Komödie, hergestellt werden soll: Wie Bonifacio vom „Gehörnt-sein-können"

---

venazione è de venire allo acquisto di quella fugace e selvaggia preda, per cui il predator dovegna preda, il cacciator doventi caccia; perché in tutte le altre specie di venaggione che si fa de cose particolari, il cacciatore viene a cattivare a sé l'altre cose, assorbendo quelle con la bocca de l'intelligenza propria; ma in quella divina e universale, viene talmente ad apprendere che resta necessariamente ancora compreso, assorbito, unito" (a.a.O., S. 124).

5 Vgl. W. Beierwaltes, „Actaeon – zu einem mythologischen Symbol Giordano Brunos", in: *Zeitschrift für philosophische Forschung* 32 (1978), S. 345-354 (abgedruckt in W. Beierwaltes, *Denken des Einen*, Frankfurt am Main 1985, S. 424-435); vgl. neuerlich F. Fellmann, Einl. zur dt. Übers. v. C. Bacmeister: G. Bruno, *Von den heroischen Leidenschaften*, Hamburg 1989.

zum „Wirklich-gehörnt-sein" gelangt – und dadurch das Verhältnis von *„posse"* und *„esse"* persifliert[6] –, so aktualisiert Aktäon, gespiegelt im „Furor" der *venatio sapientiae*, die Möglichkeit des Menschen, im „Dikkicht" der Vielfalt der Erscheinungen deren Wesen und einigendes Prinzip aufzusuchen. Derselbe Aktäon, gespiegelt in der mit Geiz und Dummheit gemischten Geilheit Bonifacios (der, entgegen seinem Namen, nichts Gutes oder Richtiges oder Gescheites tut, was die häufige scherzhafte Variierung seines Namens in der Komödie unterstreicht), aktualisiert die Möglichkeit des Menschen, zum Tier herabzusinken. Die Zwischenstellung des Menschen zwischen Tier und Gott war bereits ein Topos des Humanismus gewesen, der bei der Herausbildung der Komödie des Cinquecento als Umformung der Komödien Athens und Roms, die durch Humanisten geschah, eine Rolle gespielt hat: Während die Übernahme der Tragödie die Welt des Menschen eröffnet, der sich zum Höheren bestimmt, ist die Komödie der kulturelle Ort derjenigen Formen menschlichen Lebens, die von seiner animalischen Natur bestimmt sind.[7]

Eine Interpretation, nach der sich die Persiflierung im *Candelaio* „gegen" die Figur des Aktäon und damit notwendig auch gegen den Cusaner richtet, zu denen Bruno demnach erst später ein positiveres Verhältnis finden sollte, ist kaum glaubhaft[8]. Also muß die Satire gegen

---

6 Diesem Verhältnis wird er in der Nachfolge des Cusanus eine zentrale Rolle einräumen in der Formulierung der Unendlichkeit der Welt, die sowohl den notwendig unendlichen Akt einer unendlichen göttlichen Potenz als auch den notwendig unendlichen Durchlauf von Materie und Form durch alle Möglichkeiten ihrer Zusammensetzung in sich schließt. Zum Verhältnis Brunos zu N. Cusanus vgl. M. R. Pagnoni Sturlese, „Niccolò Cusano e gli inizi della speculazione del Bruno", in: *Historia philosophiae medii aevi*. Studien zur Geschichte der Philosophie. Festschrift für Kurt Flasch, hrsg. v. B. Mojsisch u. O. Pluta, Amsterdam 1991; vgl. weiterhin H. Védrine, „L'influence de Nicolas de Cues sur Giordano Bruno", in: *Nicolò Cusano agli inizi del mondo moderno*, Firenze 1970.

7 Eine Variation dieses Themas hatte auch Bruno bereits in Paris vorgelegt mit dem Gebet der Circe in der Schrift zur Gedächtniskunst IORDANI BRUNI NOLANI *Cantus Circaeus ad eam memoriae praxim ordinatus quam ipse iudiciariam appellat. Ad altissimum principem Henricum D'Angoulesme magnum Galliarum Priorem, in Provincie Regis locumtenentem, etc.* Parisiis, Apud Egidum Gilles, via Lateranensi, sub trium coronarum. M.D.LXXXII. (Vgl. G. Bruno, *Opera latine* [...], Bd. II. 1. Teil).

8 Genau dies jedoch scheint die Interpretation von M. Ciliberto (a.a.O., S. 170-195) zu implizieren (der allerdings den Hinweis auf die Philosophie des Kusaners nicht aufgreift): Ähnlich wie bei Bruno selbst erscheint der Aktäon-Mythos ein Leitmotiv der *Eroici furori*. Aber gerade diese maximale Entwicklung, die das Motiv in seiner „heroischen" Variante erfährt, scheint für den Autor auszuschließen, daß die Aktäon-Persiflage des *Candelaio* in einem inneren Zusammenhang mit der Thematik der *Eroici Furori* stehen könne. „Quelle pagine [il *Candelaio*], al loro livello,

den Gegenstand der Komödie gerichtet sein, und zwar in einem eminent philosophischen Sinn – was noch zu zeigen ist. Denn es bedarf zunächst keines Philosophen, um im traditionellen Stil der Komödie des Cinquecento einen törichten Liebhaber lächerlich zu machen und die szenische Bestrafung seiner moralischen Verfehlungen herbeizuführen.

Die Frage ist also, wie Bruno sich als Philosoph in die Gattung der Komödie einbringt, nicht die, welche Philosophie er im Gewand der Komödie vorträgt. Daß diese Differenzierung notwendig ist, soll an einigen weiteren Beispielen aus dem *Candelaio* belegt werden, wo die Nichtbeachtung dieser Differenz die Gefahr birgt, Brunos Redeintention teilweise zu verkennen.

Schließlich soll angeregt werden, Brunos Auftreten allgemein – also unter anderem auch in seiner Art, sich als Autor zu präsentieren – als eine bewußte Bestimmung seiner Rolle als Philosoph zu sehen, und nicht als ein von der äußeren Notwendigkeit oder vom Impuls des jeweiligen Augenblicks her diktiertes Verhalten: als ein Agieren, nicht als ein Reagieren.

Der Vorschlag einer methodisch konsequenten Berücksichtigung der Inszenierung seines Denkens wie seiner Person – als des Philosophen aus Nola, der jenseits der Alpen lebt und lehrt – zielt keineswegs darauf ab, die so mühsam durchgesetzte Anerkennung Brunos als Philosoph in Frage zu stellen. – Eine interdisziplinäre Zusammenarbeit in diesem Sinne würde im Gegenteil an der philosophischen Ehrenrettung Brunos anknüpfen und in sein Bild die Züge einzeichnen, die seine Figur einzigartig machen und die nichts mit seiner Biographie und seinem Charakter zu tun haben. Züge, die erst in dem Augenblick zum Vorschein kommen, in dem man sich auf das Material einläßt, das er dem philosophischen Zugriff unterwirft, und nur unter der Bedingung, daß man die Einlösung seines Anspruchs – nach

---

sono [...] parte significativa della filosofia di Bruno; rappresentano una prima, straordinaria «sperimentazione» intorno al nesso vita-filosofia. Sono dunque altra cosa da un testo di Belo o dell'Aretino. Non solo: sul piano stilistico e lessicale contribuiscono a preparare molte pagine dei dialoghi italiani. Il che non vuol dire, ovviamente, cancellare le differenze, che ci sono, e sono importanti, tra i vari testi. Basta pensare alla figura di Atteone." Ciliberto zitiert die Passage gewissenhaft, um dann hinzuzufügen: „E' un esempio tra i tanti. Ma al di là dei casi specifici, quello che conta rilevare è la differenza fondamentale dei registri concettuali predominanti nelle varie opere" (*a.a.O.*, S. 25). – Das Bestehen auf der Differenz zwischen dem *Candelaio* und anderen Komödien verhindert, ebendiese Differenz exakt herauszuarbeiten: Sie besteht gerade nicht im „livello di vita elementare", mit seiner „scissione tra essere e apparire", die „inganni e sotterfuggi" möglich und in gewissem Sinne notwendig macht: Da dies seit Aristophanes Themen der Komödie sind, kann Brunos Komödie gerade darin nicht „altra cosa da un testo di Belo e dell'Aretino" sein. – Bei Badaloni (*a.a.O.*, S. 101-102) erscheint das Aktäon-Motiv in einem kurzen Zitat, das als Beleg der „heroischen Ethik" dient.

dem es die Philosophie ist, die das menschliche Wissen in seinem Fortschreiten von der Vielheit der Erscheinungen in Richtung auf einheitliche Prinzipien anleitet – in seiner jeweiligen Konkretisierung genau verfolgt.

II.

Ein weiteres Beispiel für die Methode, den „Philosophen" Bruno aus seiner rhetorischen Redundanz zu erlösen, ihn auf den Kern seines Denkens zurück- und unserem heutigen Denk- und Redestil näherzubringen, ist der Schluß des Widmungsschreibens des *Candelaio*, das gern als frühes Zeugnis für Brunos „philosophisches Glaubensbekenntnis" zitiert wird (*C 141*):

> "Ricordatevi, Signora, di quel che credo che non bisogna insegnarvi: – Il tempo tutto toglie e tutto dà; ogni cosa si muta, nulla s'annichila; è un solo non può mutarsi, un solo è eterno, e può perservare eternamente uno, simile e medesmo – Con questa filosofia l'animo mi s'aggrandisse, e me si magnifica l'intelletto. Pero, qualunque sii il punto di questa sera ch'aspetto, si la mutazione è vera, io che son ne la notte, aspetto il giorno, e quei che son nel giorno, aspettan la notte: tutto quel ch'è, o è cqua o llà, o vicino o lungi, o adesso o poi, o presto o tardi. – Godete, dunque, e, si possete, state sana, ed amate chi v'ama."

Diese Passage findet, trotz ihres rein deklamatorischen Charakters, die Billigung aller gelehrten Autoren[9]. Es scheint fast, als ob dabei Brunos eigener Stil sich auf die Interpreten übertrüge: Man fühlt sich gewissermaßen berechtigt, die rhetorische Prosa eines Autors auch im Zusammenhang philosophischer Argumentationen zu zitieren, wenn es sich um einen Autor handelt, der im Zusammenhang der eigenen philosophischen Argumentation seinerseits Vergil und Tasso zitiert.

---

9 Diese zumeist stillschweigende Billigung wird explizit gemacht von R. Tissoni, „Saggio di un commento stilistico del «Candelaio»", in: *Giornale critico della letteratura italiana*, CXXXVIII (1960), S. 41-60, wenn er schreibt: „Questa semplice pudica confessione ci commuove assai di più di tanti resoconti delle proprie calamità, più diffusi, ma più freddi, che il Bruno scriverà nelle *Epistole Proemiali* dei Dialoghi filosofici" (*a.a.O.*, S. 59). – Einmal abgesehen von der Frage, ob wir es mit einem „Bekenntnis" zu tun haben, und ob es irgendetwas aussagt, wenn wir Brunos Seiten „bewegend" finden – deutlich wird hier, was sich allgemeiner beobachten läßt, und zwar, daß Bruno gefällt, wo er, wenn schon literarisch, dann doch wenigstens „schlicht" schreibt; daß er zitiert wird, wo und insofern er unserem Geschmack entgegenkommt. Auf diese Weise bleibt jedoch der „barocke" Bruno aus der Rezeption weitgehend ausgeschlossen, wodurch die Grenzen unseres Geschmacks auch zu Grenzen unseres Verständnisses werden.

Ein Philosoph im Theater. Anmerkungen zu Brunos Komödie Il Candelaio 113

Nun soll keineswegs die Bereitschaft der Forscher getadelt werden, dem Autor auf dem Wege der μετάφορα εἰς ἄλλο γένος zu folgen. Aber dieses ἄλλο γένος hat seine eigenen Gesetze, und die Absicht, Brunos Denken ins rechte Licht zu rücken, kann sich durch solche außerhalb des Kontextes zitierte Aussagen auch selbst im Wege stehen. Mancher, der Brunos Durchgang durch den Mythos von Aktäon noch gelten läßt, wird hier Protest einlegen: Erbaulichkeiten zum Glauben an eine Art von Seelenwanderung seien kein philosophischer Gedanke.

Und in der Tat, ein Gedanke ergibt sich erst im weiteren Kontext, in den Bruno diesen Hinweis auf einen ewigen Formwechsel der Gestalten einfügt, welcher eine so ganz anders geartete Ewigkeitshoffnung eröffnet als die christliche Religion: Der Passus, der darauf hinführt, ist auf den ersten Blick ein recht grotesker Anlaß für die Verkündigung einer so ernsten Lehre[10]; Bruno trägt der „Signora Morgana B.", der er den *Candelaio* widmet und der der Abschiedsgruß gilt, Grüße auf an den "Kerzenmacher aus Fleisch und Blut" (der Vorbild für die Figur des Bonifacio ist: vgl. *C 151*), einen seiner Gegner, die darüber triumphieren, daß er aus Neapel hat flüchten müssen, und ihn auch in seiner Abwesenheit diffamieren. In diesem Zusammenhang erscheint sein Hinweis auf eine Seelenwanderung nach dem Tod in der Funktion einer theoretischen Begründung seiner Hoffnung, es diesen Übelwollenden irgendwo und irgendwie einmal heimzahlen zu können – in diesem oder in einem anderen Leben. Im Ausdruck dieses Rachegelüstes wird popolareske Bildlichkeit meisterhaft gemischt mit Bibelzitaten, durch die Bruno sich mit dem „verlorenen Sohn" aus dem Lukas-Evangelium (Kap. 15) auf eine Stufe stellt, während sein Gegner unter die im ersten Korintherbrief (Kap. 6) aufgezählten „Ungerechten" verwiesen wird, die das Reich Gottes nicht ererben werden, im speziellen Fall unter die in Luthers Übersetzung als „Knabenschänder" gekennzeichneten, gemäß dem obszönen Doppelsinn des Titels, „Kerzenmacher" oder „Lichtermacher" (*C 140-141*):

---

10 Die Annahme, daß es Bruno ernst ist mit dieser Lehre, läßt sich mehrfach bestätigen. Vgl. z. B. die Parallelstelle im durchaus nicht komödiantischen Kontext des Widmungsschreibens zu dem dritten Londoner Dialogwerk *De l'infinito, universo e mondi* (vgl. G. Bruno, *Dialoghi italiani*, Bd. I, S. 359-62), wo der wesentliche Gegenstand des Schlußteils des Widmungsschreibens an Brunos Gönner Castelnau ebendiese Philosophie ist, nach der „per la perpetua mutazion, tutta la sustanza persevera medesima ed una", eine Erkenntnis, die zugleich „la via vera alla vera moralità" ist und die sich in der Lehre vollendet, nach der das Schauspiel des ewigen Wechsels sich in unendlicher Vervielfältigung im unendlichen Universum vollzieht.

„Salutate da mia parte quell'altro Candelaio di carne ed ossa, delle quali è detto che «Regnum Dei non possidebunt»; e ditegli che non goda tanto che costì si dica la mia memoria esser stata strapazzata a forza di piè di porci e calci d'asini: perché a quest'ora agli asini son mozze l'orecchie, ed i porci qualche dicembre me la pagarranno. E che non goda tanto con quel suo detto: «Abiit in regionem longinquam»; perché, si averrà giamai ch'i cieli mi concedano ch'io effettualmente possi dire: «Surgam et ibo», cotesto vitello saginato senza dubbio sarrà parte della nostra festa. Tra tanto, viva e si governe, ed attenda a farsi più grasso che non è; perché, dall'altro canto, io spero di ricovrare il lardo, dove ho persa l'erba, si non sott'un mantello, sotto un altro, si non in una, in un'altra vita".

Wie die Bibelzitate den Umschlag in die unbiblische Verheißung vorbereiten, so antizipiert der Ausdruck „wenn nicht unter diesem, so unter einem anderen Fell, wenn nicht in dem einen, so in dem anderen Leben" in seiner Struktur den Ausdruck „alles, was ist, es sei hier oder dort, nah oder fern, früh oder spät", und so schließt sich der Abschnitt trotz seines Übergangs vom „niederen" zum „hohen" Ton zu einer stilistischen Einheit zusammen. Er bildet auch thematisch eine Einheit, wenn man den einleitenden Satz nicht als einen biographischen Anknüpfungspunkt auffaßt, von dem aus Bruno zu seiner philosophischen „Botschaft" gelangt, sondern als einen der Kunstgriffe, mit denen Bruno sein Verhältnis zu dem in der Komödie Dargestellten bestimmt und sich als philosophischer Autor eines literarischen Werks präsentiert.

Dabei ist gegenwärtig zu halten, daß Bruno seine Komödie in Paris veröffentlicht, daß also die Widmung in erster Linie für sein französisches Publikum geschrieben ist[11]. Was teilt Bruno diesem Publikum mit? Daß er in seinem Vaterland Feinde hat, die aber, erstens, Gegenstand seiner Komödie werden, wie jener „leibhaftige Kerzenmacher", und die, zweitens, als „Esel" und „Schweine" dem „geistigen Tierreich" angehören. Bruno, als „Autor" der Komödie und als „Humanist" im eigentlichen Sinne, ist derjenige, der sie einerseits darstellt und der sich andererseits urteilend über sie erhebt. Die Diffamierung des „Andenkens" an ihn in seiner Heimat kann ihn nicht berühren, da es Esel und Schweine sind, die das Feld behaupten. Der Tag seiner Rache für das erlittene Unrecht, das winterliche Schweineschlachten oder die Zubereitung des „gemästeten Kalbes" für Bruno selbst wird kommen. Denn vom Standpunkt der Philosophie aus – und der Übergang in den „hohen" Sprechstil findet genau an

---

11 Natürlich kann Bruno zu Recht erwarten, daß sein Stück, da das Interesse für Bücher in den gebildeten Kreisen Europas allgemein groß ist, von dem kulturellen Zentrum Paris aus eine europäische Verbreitung finden wird. Daß sein Werk auch den Weg nach Neapel gefunden hat, beweisen die beiden Übernahmen aus dem *Candelaio*, die sich in Della Portas Komödie *La Fantesca* nachweisen lassen, welche 1592 erschienen ist.

der Stelle statt, wo auf die Nennung der Philosophie hinzuführen ist – verfällt das Herabsinken auf das Tierische einem Urteil, das die Zeit selbst vollstreckt, indem sie dem Unrecht ein Ende setzt und das, was verkannt wurde, zu seiner verdienten Würdigung emporhebt. Der deklamatorische Ton ist also nicht der Stil von Brunos Philosophieren selbst, sondern funktional: Das Urteil über die Welt der Komödie fällt nicht der Theologie zu, die Verfehlungen der Menschen sind nicht Sünde gegen die Religion, sondern Sünde gegen ihr – philosophisch bestimmtes – Menschsein. Der verlorene Sohn ist nicht der zu Gott heimgekehrte Sünder, sondern der in seine Rechte eingesetzte Philosoph.

Wenn damit der zweite Teil des Widmungsschreibens recht wenig als auf die empirische Person Brunos bezogen erscheint, so läßt dies auch für den ersten Teil vermuten, daß die Funktion der einzelnen Elemente im Kontext das Biographische überwiegt. Wir haben guten Grund, daran zu zweifeln, daß Bruno aus Anhänglichkeit einer Freundin in der Heimat ein Buch als Geschenk übersenden will, wie er selbst sagt und wie in der Sekundärliteratur häufig zu lesen steht (mit Ausdrücken des Bedauerns darüber, daß sie leider unidentifiziert geblieben sei). Eine Frau und Freundin als Adressatin der Widmung in einem Kontext, in dem der geschlechtliche Doppelsinn des Titels beständig variiert wird, signalisiert vor allem die Gegenüberstellung zwischen der – von Bruno als Perversion verurteilten – Päderastie und dem weiblichen Element als dem natürlichen Gegenpol des Männlichen in der Geschlechtsliebe. Der Autor stellt sich als Freund einer Frau dar, zu der er eine Beziehung unterhält, die das Gegenteil der Perversion ist: An der „Signora Morgana B." wird hervorgehoben, daß sie „belesen, klug, schön und freigebig" ist, daß sie den Intellekt Brunos verfeinert und mit dem „göttlichen Wasser" aus dem „Brunnen ihres Geistes" getränkt hat. Das heißt, sie ist ihm in erster Linie Muse, und vielleicht soll ihr Name auf die Fee Morgana verweisen, die aus dem keltischen Sagengut in die italienische Ritterdichtung des 15. und 16. Jahrhunderts übernommen worden war, und auf die Pflege, welche sie müden und verwundeten Helden zuteil werden ließ. Auf jeden Fall ist sie ein Ideal der Weiblichkeit, von Bruno in eine ebenso große Entfernung von den weiblichen Figuren der Komödie gerückt, wie er sie für sich selbst gegenüber der Männerwelt dieser Komödie beansprucht. Folgerichtig wird auch in der Anrede an sie eine dritte Bedeutung des Titels der Komödie aktiviert, neben der Berufsbezeichnung des Kerzenmachers und dem Schimpfwort des Päderasten. Die Komödie soll ein „Licht" aufstecken, erhellen (*C 139-149*):

„Per mia fè, non è prencipe o cardinale, re, imperadore o papa che mi levarrà questa candela di mano, in questo sollennissimo mio offertorio. A voi tocca, a voi si dona; e voi l'attaccarete al vostro cabinetto o la ficcarete al vostro candeliero."

Im Bild der „Kerze" wird auch zugleich eine erotische Komponente der Beziehung dargestellt, die in den Anspielungen, die einige Interpreten allerdings als Nennungen früher Werke Brunos verstehen, eventuell wieder aufgenommen wird (*C 140*): „Però, a tempo che ne posseamo toccar la mano, per la prima vi indrizzai *Gli pensier gai*; appresso: *Il tronco d'acqua viva*". Das Bild der Kerze als Lichtquelle wird nun – und damit gelangen wir zum Ende des ersten Absatzes – mit ausdrücklichem Bezug auf Brunos Pariser Leserschaft wieder aufgenommen. Der „Kerzenmacher", den Bruno in die Welt entsendet, hat eine Kerze anzubieten, ein Licht, um eine weitere der von Bruno in Paris veröffentlichten Schriften, *De umbris idearum*[12], zu erhellen (*ebd.*):

> „...eccovi la candela che vi vien porgiuta per questo *Candelaio* che da me si parte, la qual in questo paese, ove mi trovo potrà chiarir alquanto certe *Ombre dell'idee*, le quali invero spaventano le bestie e, come fussero diavoli danteschi, fan rimaner gli asini lungi a dietro; ed in cotesta patria, ove voi siete, potrà far contemplar l'animo mio a molti e fargli vedere che non è al tutto smesso".

Während der erste Teil des Satzes im Begriff der „Ideen" kulminiert, leitet der zweite Teil bereits über zu den Grüßen an den „Kerzenmacher aus Fleisch und Blut", mit dem der zweite Absatz des Briefes beginnt, der seinerseits, wie wir gesehen haben, bis hin zum Begriff der „Philosophie" entwickelt werden wird. Der Übergang nun von der erhellenden Funktion der Komödie zu ihrem menschlich-tierischen Vorbild wird durch ein indirektes und leicht variiertes Zitat geleistet, gewählt wohl in erster Linie, weil es die Thematik der „Esel" und „Schweine" anschlägt und Bruno gleichzeitig erlaubt, den Verweis auf seine eigene Schrift in brillanter Form abzuschließen mit einem Verweis auf den Prolog von Pietro Aretinos *Cortigiana* als einen literarischen Bezugspunkt, und weiter auf Dantes *Inferno* mit seinem Panorama menschlicher Verfehlungen[13].

---

12 IORDANUS BRUNUS NOLANUS. *De umbris idearum. Implicantibus artem Quaerendi, Inveniendi, Iudicandi, Ordinandi et Applicandi: ad internam scripturam, et non volgares per memoriam operationes explicatis. Ad Henricum III. Serenissimum Gallorum Polonorumque Regem, etc. Protestatio. Umbra profunda sumus, ne vos vexetis inepti. / Non vos, sed doctos grave quaerit opus.* Parisiis, Apud Aegidium Gorbinum, sub insige Spei e regione gymnasij Cameracensis. M.D.LXXXII. Cum privilegio Regis. Dazu vgl. die neue hist.-krit. Ausgabe von M.R. Pagnoni Sturlese: G. Bruno, *De umbris idearum*, Firenze, Olschki, 1991.
13 Vgl. den Prolog zu P. Aretino, *La cortigiana*, in: *Il teatro italiano. II. La commedia del Cinquecento. Tomo secondo*, hrsg. u. eingel. v. G. Davico Bonino, a.a.O., S. 194: „(...) se la selva di Baccano fosse tutte di lauri, non basterebbe per coronare i crocifissori del Petrarca, i quali gli fanno dir cose con i loro comenti, che non gli fariano confessare dieci tratti di corda. E buon per Dante che con le sue

Brunos Widmungsschreiben erweist sich also als eine Flucht von Bildern, von deren jeweiligem Potential die Folge, in der sie erscheinen, Diskursebenen aktualisiert, die sich miteinander verflechten zur Darstellung einer komplexen Beziehung zwischen dem Autor und seinem Gegenstand, dem Autor und seinem Publikum, unter anderem zwischen dem Bereich „Idee-Philosophie-wahre Humanität" – oder der Wahrheit – einerseits und dem Bereich „Empirie-geistiges Tierreich-Perversion" – oder der Unwahrheit – andererseits. Eine diskursive Rede kann jeweils nur einen einzigen Aspekt der mitspielenden Bildpotentiale in eine semantische Eindeutigkeit übersetzen, eine Operation, die nur in der Berücksichtigung des engen und weiteren Kontextes von Fall zu Fall gerechtfertigt werden kann; wie zum Beispiel die Hypothese von einer impliziten Gegenüberstellung von theologischem und philosophischem Urteil über menschliche Verfehlungen zu überprüfen wäre an der Gegenüberstellung der „danteschen Teufel" und der „Ideen" Brunos, die beide den Effekt haben, die Dummköpfe in die Flucht zu schlagen, und weiterhin im Kontext der gesamten Komödie, was an dieser Stelle jedoch zu weit führen würde.

Wo die Bildlichkeit dunkel bleibt aufgrund der Unvertrautheit des Lesers mit ihren Elementen, ist dies als Grenze der Lesart anzuzeigen und nicht durch den einfachen Rekurs auf eine, sei es biographische oder historische oder wie immer geartete, Wörtlichkeit aufzulösen; wie es sich im Fall der „Signora Morgana B." erweist, deren Funktion im Text nur begrenzt festlegbar ist, und dies nicht, weil es praktisch unmöglich ist zu wissen, wer sie war, sondern weil bisher wichtige Elemente fehlen, um

---

diavolerie fa star le bestie in dietro, ché a quest'ora saría in croce anch'egli". An diesem Beispiel wird deutlich, wie Bruno – der die Stelle vermutlich im Gedächtnis hatte als einschneidende Kritik am literarischen Pedantentum – einzelne Elemente des Zitats für sich verwendet und modifiziert. Er transformiert „diavolerie" in „diavoli", so daß die generische Charakterisierung zurückgeführt wird auf eine konkrete Mehrzahl und dadurch, anders als bei Aretino, auf die Teufel verweist, vor denen im XXI. Gesang des Inferno die Seelen der Ämterverkäufer sich verstecken (vgl. *C 140 Anm. 26*). – *La Cortigiana* enthält im Titel einen Doppelsinn, der schwächer ist als der des *Candelaio*, jedoch ähnlich, da man ihn sowohl im Sinne der „Komödie vom Höfling" (d.h. vom Dummkopf aus Siena, der Höfling am päpstlichen Hof werden will) als auch im Sinne von „Die Kurtisane" lesen kann. Mit dieser Komödie des Aretino hat der *Candelaio* auch als Ähnlichkeit, wie G. Barberi Squarotti hervorhebt, der den literarischen Quellen Brunos mehrere Aufsätze gewidmet hat, insofern beide Komödien Beispiele eines „offenen Theaters" sind, „dove non esiste, in sostanza, una vicenda prevalente, ma le scene, le situazioni, i personaggi si moltiplicano indefinitamente attraverso procedimenti speculari, fino a dare il senso dell'inconclusività che tende ad identificarsi con uno spazio teatrale" (*Dizionario critico della letteratura italiana*, diretto da Vittore Branca. Bd. I, Turin 1986^2).

ihrem Umriß als einer literarischen Figur Konsistenz zu geben[14].

Auch das philosophische Sprechen über Giordano Bruno muß sich auf diese spezifische Form der Kontextabhängigkeit der Äußerungen Brunos einlassen, zumal es scheint, daß die semantische Vieldeutigkeit seiner „literarischen" Bildlichkeit im Detailreichtum der Bilder eine Parallele hat, welche in Brunos Werken über die „Gedächtniskunst" als Stütze der Erinnerung vorgeschlagen werden – Bilder, die nicht vereinfachen und „abstrahieren", sondern exemplarisch komplexe Strukturen vor Augen stellen[15].

Die Frage an den weiteren Kontext, die in unserem Zusammenhang zu stellen ist, lautet nun, ob – und wenn ja, wie – die Darstellung des Philosophen Bruno als Autor weiterentwickelt wird.

III.

Der Ort, an dem traditionell für den Autor der Komödie die Möglichkeit bestand, sich selbst dem *Publikum* vor- oder darzustellen, zu ästhetischen und moralischen Problemen Stellung zu nehmen oder in anderer Weise die eigentliche Veranstaltung einzuleiten, ist der Prolog; der Ort, wo er sich an einen möglichen *Leser* des gedruckten Textes der Komödie wenden kann, ist darüber hinaus das Titelblatt und alles, was er gegebenenfalls dem eigentlichen Text der Komödie hinzufügt.

Beide Präsentationsmöglichkeiten werden von Bruno ausgedehnt: Der zusätzliche Titel umfaßt außer dem Untertitel ein burleskes Gedicht mit dem Titel *Il libro*, worauf das Widmungsschreiben und der Abschnitt *Argumento ed ordine della comedia* folgen. Der Prolog, Beginn des szenischen Spiels und Kommentar zugleich, verdreifacht sich bei Bruno in den Figuren eines *Antiprologo*, eines *Proprologo* und eines *Bidello*.

Eingangs werden in dem burlesken Gedicht die Dichter vom Werk

---

14 Wahrscheinlich wären, der Anregung Bárberi Squarottis folgend (a.a.O.), eine Reihe von Aufschlüssen aus einer umfassenden Berücksichtigung der Produktion Aretinos zu gewinnen.
15 Eine Berücksichtigung der Struktur der Gedächtnisbilder Brunos gibt M. R. Pagnoni Sturlese in den Aufsätzen „Die Gedächtniskunst des Giordano Bruno und das Geheimnis der Schatten der Ideen" (in diesem Band) und „Giordano Bruno De imaginum, signorum et idearum compositione und die philosophische Lehre der Gedächtniskunst" in: H. Heipcke, W. Neuser, E. Wilcke (Hrsg.): *Die Frankfurter Schriften Giordano Brunos und ihre Voraussetzungen*. VCH Acta Humaniora, Weinheim 1991.

selbst in ironisch-demütigem Ton angefleht[16], daß sie ihm „un sonetto, un encomio, un inno, un'oda" an „Bug oder Heck" anfügen möchten, um seine Blöße zu decken. Dieses Motiv der Nacktheit wird durchgespielt in den Bildern der materiellen Armut und Nacktheit des Philosophen und der paradiesischen Blöße Adams, in der sich das Buch, wenn ihm die Dichter keinen Beistand leisten, seiner „Signora" wird zeigen müssen. Den Schluß bildet das Bild der körperlichen Züchtigung von Schülern, einer Züchtigung, die das Werk aufgrund seiner Nacktheit zu befürchten hat. – Der traditionelle – und von den Zeitgenossen immer wieder als sittenlos kritisierte – krude Realismus der Komödie des Cinquecento[17] wird also mit dem Mittel der Ironisierung der hohen Kultur verteidigt, wobei der Leser daran erinnert wird, daß der Begriff der Nacktheit auch andere, traditionell positiv besetzte Bedeutungen hat: Die Freiheit des Philosophen von materiellen Zwängen und die Unschuld Adams vor dem Sündenfall. Die „Signora" erscheint, die einen Anknüpfungspunkt für das Widmungsschreiben gibt (wo die ironische Beklagung der Nacktheit des Buches ein ebenso ironisches Gegenstück hat, indem das Werk als Frucht astraler Einflüsse gepriesen wird). Auch das letzte Bild – in dem das Buch sich mit einem Schüler vergleicht, dem die Bestrafung auf die entblößte Kehrseite gezählt wird – präludiert zwei Themen, die in der Komödie breite Darstellung finden: Es handelt sich einmal um die Beziehung des Pedanten zu seinen Schülern allgemein, und dann speziell um die Prügelstrafe, der am Ende der Komödie nicht der Schüler, sondern der unwürdige Lehrer Manfurio selbst unterzogen wird.

Es folgt das Widmungsschreiben, das, wie wir gesehen haben, den Autor in eine Vielzahl von Beziehungen stellt: zur „sempre veneranda"

---

16 Die Anrede an diese Dichter ist folgendermaßen umschrieben: „Agli abbeverati del Fonte Caballino. Voi che tettate di muse da mamma / e che natate su lor grassa broda / col musso (...)". Die latinisierend-preziöse Umstellung von „di muse da mamma" = „an der Brust von Musen" macht die Entgegensetzung zwischen der phonischen Assonanz von „muse" und „musso" = „Maul" und ihrer stilistischen Dissonanz noch schreiender. Die Poeten, die aus der Quelle des Pegasus am Helikon trinken und dadurch ihre Inspiration erhalten, könnten nicht radikaler disqualifiziert werden. – Wir wissen aus anderen Schriften, z.B. aus den *Eroici Furori*, daß Bruno nicht alle Dichter seiner Zeit so abtut. Im Zusammenhang der Komödie wird deutlich, daß er dichterisches Versagen mit dem „Pedantentum" in Verbindung bringt, da er Manfurio sich dichterisch betätigen läßt und auch sich selbst als Verfasser von Versen ins Spiel bringt, die Bonifacio, unter Zeichen des Abscheus für den Autor, rezitiert (vgl. *C 1. Akt, 2. Sz.*).
17 Um sich von dem unerreichten Realismus der italienischen Gelehrtenkomödie des Cinquecento Rechenschaft abzulegen, genügt ein Vergleich zwischen der Figur der Lelia aus der Komödie *Gl'ingannati*, entstanden 1525 in der *Accademia degli Intronati*, und der Viola der Komödie Shakespeares *Twelfth Night, or What You Will*.

Empfängerin seines Widmungsschreibens; zum Publikum in Paris und andernorts, dem ein Licht aufgesteckt werden soll hinsichtlich „gewisser Schatten der Ideen"; zur Welt moralischer Minderwertigkeit; zur Philosophie, die ihn über diese Welt hinaushebt. Damit wird das Selbstbildnis erweitert, das bereits durch das Titelblatt skizziert wird (vgl. Anm. 1) und auf das die Figur des *Antiprologo* explizit zurückkommen wird.

Bevor dies jedoch geschieht, erfolgt eine Präsentation des Werks, im Abschnitt *Argumento ed ordine della comedia*, welche nicht einfach den Ablauf der Handlung erzählt, sondern diesen konzentriert um die drei Darsteller der „tre materie prime", Liebe, Alchimie und Pedanterie. Wie bereits De Sanctis prägnant zusammenfaßt[18]:

> „In questo mondo comico i tre protagonisti, che sono i tre sciocchi beffati e castigati, abbracciano la vita nelle sue tre forme più spiccate, la letteratura, la scienza e l'amore nella loro comica degenerazione. La letteratura è pedanteria, la scienza è impostura, l'amore è bestialità".

Damit ist Brunos Absicht, wie er sie zu Beginn des *Argumento* ausdrücklich erklärt, genau getroffen. Die drei exemplarischen Charaktere – die De Sanctis gerade aufgrund ihres exemplarischen Charakters als „abstrakt konstruiert" ablehnt – bezeichnen diejenigen Werte der sozialen Welt, deren Verfall Bruno in den Mittelpunkt seiner Darstellung dieser Welt stellen will.

Die soziale Welt als verkehrte Welt, als Form der Pervertierung der Werte, die in ihrer positiven Form das Spezifische der menschlichen Selbstverwirklichung ausmachen, sind das Thema, das allgemein die Komödie des Jahrhunderts charakterisiert. Brunos Komödie will nicht eine zufällige Sammlung von Beispielen für Verkehrung, Perversion, Irrtum auf die Bühne bringen, nicht einfach dieser Tradition folgen, sondern er will sie, indem er ihr folgt, vervollständigen und die Abfolge der Bilder des Komischen unter Leitbegriffe stellen. Er will die „Schatten der Ideen" deutlich werden lassen, die in den wechselnden Formen, in der Flucht der Szenen dieses Schattenspiels zum Ausdruck kommen. Es ist erst in zweiter Linie zu klären, wie Bruno die Werte versteht, deren Degeneration er vorführt, zunächst ist wichtig festzuhalten, was vielleicht zu selbstverständlich ist, um noch deutlich wahrgenommen zu werden: Daß der Wechsel der Szenen sich zu den Ideenschatten, die in diesem Wechsel zum Ausdruck kommen, ebenso verhält wie der Wechsel der Erscheinungen zu den Prinzipien, die ihm zugrundeliegen.

Bruno erklärt sein reflektierendes, systematisierendes und idealisieren-

---

18 F. De Sanctis, *Storia della letteratura italiana*, 2 Bde., Napoli 1870. Anast. Neudruck Napoli 1985, Bd. 2, S. 256. – Zu Bruno allgemein: S. 272-298.

des Vorgehen am Beispiel seiner drei Figuren: In Wirklichkeit, so sagt er, haben sie alle dieselben moralischen Mängel, aber sie werden zu ideellen Repräsentanten derjenigen Verfehlung, die in der Mischung ihrer Mängel jeweils vorherrscht (*C 141*):

> „Son tre materie principali intessute insieme ne la presente comedia: l'amor di Bonifacio, l'alchimia di Bartolomeo e la pedantaria di Manfurio. Però, per la cognizion distinta de' suggetti, raggion dell'ordine ed evidenza dell'artificiosa testura, rapportiamo prima, da per lui, l'insipido amante, secondo il sordido avaro, terzo il goffo pedante: de' quali l'insipido non è senza goffaria e sordidezza, il sordido è parimente insipido e goffo, ed il goffo non è men sordido ed insipido che goffo".

Die Zentralität der drei Repräsentanten der „materie prime" wird in der Durchführung der Handlung auf besondere Weise zum Ausdruck gebracht: Im Rahmen der bereits verkehrten Welt der Komödie zeichnen sich ihre Verfehlungen als Formen der „Narrheit" oder „pazzia" aus, als ein Mangel an Wirklichkeitssinn, während die übrigen Figuren sich wirklichkeitsgerecht verhalten – nur eben in einer verkehrten Welt. Dadurch ist es möglich, daß die letzteren Bonifacio, Bartolomeo und Manfurio betrügen und, in des Wortes eigenster Bedeutung, „zum Narren halten", so daß deren „unzeitige Saat" ihnen „gloriosi frutti di pazzia" einbringt (*C 152*). In dieser Herausstellung des Motivs der „pazzia" ist Bruno, wie Ciliberto unterstreicht[19], von Erasmus von Rotterdam beeinflußt, aber damit wird nur eine auch für die traditionelle Komödie charakteristische Scheidung zwischen den Figuren verstärkt.

Nach der einführenden Bemerkung geht Bruno zu der Benennung der Verwicklungen über, für die Bonifacios Veranlagung ihn prädisponiert. Am Ende der Darstellung finden wir den bereits zitierten Vergleich mit Aktäon, der im Blick auf die Figur das zusammenfaßt, was De Sanctis mit den Worten „l'amore è bestialità" wiedergibt.

Dies Verfahren, auf den Alchimisten Bartolomeo angewendet, hebt vor allem zwei der in der Handlung entwickelten Elemente heraus: Das erste ist die spöttische Kennzeichnung der Alchimie als „dottrina de mineralibus", die Bartolomeo bei dem Betrüger Cencio „studiert", im Sinne der Synthese von De Sanctis, „la scienza è impostura". Dazu kommt der unsinnige Wettstreit zwischen Bonifacio und Bartolomeo, ob die Dirne Vittoria oder Gold und Silber, die Bartolomeo mit Hilfe dieser „Lehre" herstellen will, würdigere Gegenstände der Verehrung sind.

Damit ist locker verwoben das Motiv einer abergläubischen Religiosität, da das zentrale Element des Betruges ein Ingrediens mit dem Namen *pulvis*

---

19 M. Ciliberto, a.a.O., Kap. I, insbes. S. 23 f.

Christi ist (vgl. *C 146-148*). Aber wie immer im *Candelaio* ist auch diese Anspielung auf die Religion, die durch keine einzige Figur repräsentiert wird, nur beiläufig, wenn auch in dieser Beiläufigkeit eine Konstante, die daher ein eigenes Studium verdienen würde.

In Bartolomeos Alchimie wird aber zugleich mit der Degeneration der Wissenschaft auch ein anderes Grundthema der traditionellen Komödie, das Geld, in den Vordergrund gerückt und durch seine Bindung an die „Narrheit" Bartolomeos über den Realismus, der die Komödie in Fragen des materiellen Interesses charakterisiert, hinausgehoben und prinzipiell zugespitzt. Wie am Anfang des *Argumento* sofort präzisiert wird, ist unter den drei Hauptfiguren Bartolomeo der Prototyp des „schmutzigen Geizhalses". Aber da alle drei die gleichen Untugenden, nur in verschiedenem Maß, besitzen, sind auch Bonifacio und Manfurio geizig: Bonifacio ist es Vittoria gegenüber so sehr, daß er sie damit veranlaßt, den Streich zu unterstützen, den andere ihm spielen wollen, und Manfurio läßt sich am Ende prügeln, um sich dadurch von einer Geldbuße loszukaufen, womit er um des Geldes willen völlig seine Würde als „Magister" hintanstellt, von der er vorher ein großes Wesen gemacht hat.

Der *Proprologo* verheißt dem Publikum (*C 135*):„Vedrete [...] di scudi l'amor universale". Und in der Tat, abgesehen von einigen wenigen Figuren wird für alle das Verhältnis zum Geld sehr klar ins Licht gestellt (wobei nur Bartolomeos Frau Marta sich als kritisch erweist, da ihr Mann aus Liebe zum Gold das sexuelle Interesse an ihr verloren hat): einmal direkt und im Agieren, wie im Fall der Kupplerin Lucia sowie der Diebe und Betrüger, jedoch auch in Monologen Vittorias und natürlich Bartolomeos.

Auch diese Unterstreichung des Geldmotivs[20] müßte gesondert untersucht werden; im Zusammenhang unserer Fragestellung ist daran zu erinnern, daß damit die flüchtige Anspielung des Eingangsgedichtes auf die philosophische Nacktheit und Armut, die zugleich Freiheit vom Zwang des materiellen Interesses ist, eine starke Entfaltung und Ausweitung erfährt, denn natürlich besteht auch die richtig verstandene Alchimie für Bruno und seine Zeitgenossen nicht im Wahn des Goldmachens, sondern ist eine Form der Erforschung der Wahrheit, die auf philosophischen Grundsätzen beruht.

Manfurio schließlich erscheint als der von allen, außer von Bonifacio und seinen Schülern, verlachte und weltfremde Wortklauber und Gelegenheitspoet, den die Diebe sofort als „Schaf" erkennen, das sie zu scheren

---

20 Hierzu N. Badaloni, a.a.O., S. 28 f., der diesem Motiv das angemessene Gewicht gibt, aber es direkt an den philosophischen Zusammenhang zwischen Zufall, Notwendigkeit und Fortuna bindet, was eine Gewichtung im Rahmen der Komödie verhindert, wo, wie gesagt, der Gegensatz zur philosophischen Armut stärker unterstrichen scheint.

gedenken, dessen hohe Meinung von sich selbst durch den Spott und die Nichtachtung anderer jedoch durchaus nicht getrübt wird. Der Akt poetischer Gerechtigkeit, den die Diebe an ihm vollziehen, wird im *Argumento* ausführlich dargestellt: Erst verliert Manfurio durch Betrug einiges Geld, dann die Zeichen seiner Würde (Talar und Doktorhut), dann diese Würde selbst, da er, um einer Geldbuße zu entgehen, sich lieber schlagen läßt, wobei er die Hiebe laut mitzählen muß und dies in Latein tut, dann wird er noch einmal an der einzigen Stelle getroffen, an der er wahre Sensibilität besitzt, denn trotz der erhaltenen Schläge wird er auch um sein letztes Geld gebracht. Seine Bestrafung wird dadurch besonders hervorgehoben, daß sie das Ende der Komödie bildet, und findet ihre Krönung darin, daß er selbst die traditionelle Aufforderung an das Publikum richten muß, dieses Ende zu beklatschen.

Daß er, der doch nur ein „Schaf" ist, so tief herabgesetzt und so rauh behandelt wird, entspringt der Intention des Autors, an diesem Humanisten-Typus deutlich zu machen, daß das, was als Bildung und Wissen in der Welt der Komödie erscheint, von Personen repräsentiert ist, die in der Wahl zwischen dem Animalischen und dem Geistigen das erstere gewählt haben. Geldgier, Bildungshochmut und sexueller Mißbrauch der Schüler sind würdige Pendants einer verkommenen, nur noch „komischen" Bildung. Die Krise der Epoche wird für Bruno nicht zuletzt im Niedergang der Bildung und Erziehung deutlich; für ihn ist also kein beiläufiger Zug der Wirklichkeit getroffen, wenn für sie wahr ist, was De Sanctis auf die Formel bringt: „La letteratura è pedanteria", sondern eine der Grundlagen des menschlichen Zusammenlebens.

Das Pedantentum ist auch immer dann im Spiel, wenn Bruno den uneigentlichen Wortgebrauch denunziert, die törichte Poesie, das Wortgeklingel falscher Idealisierung, die Verschleierung der Wirklichkeit durch Bezeichnungen und Reden, die sie nicht treffen, nicht lesbar machen[21]. Seinen eigenen Wortreichtum will er als Wahrung der Wahrheitsmöglichkeit des Sprechens ausdrücklich abheben von einem pedantischen rhetorischen Mißbrauch der Sprache. Aber gerade in seinem Bemühen, den Reichtum der literarischen Sprache für die Philosophie zu retten, wird er auf Unverständnis stoßen, im Gefolge des Prozesses der Spezialisierung der verschiedenen Sprachformen und ihrer wachsenden Entfernung, sowohl untereinander als auch insgesamt von der Philosophie als einem gemeinsamen Bezugspunkt.

Die Weise, wie Bruno sich in der Anlage und Präsentation der Komödie als Philosoph erweist, war eventuell für seine Zeitgenossen leichter faßbar

---

21 Vgl. N. Badaloni, a.a.O., S. 28: „L'avversione decisa a far bella la realtà è sempre presente nel *Candelaio*".

als für uns, da sie die traditionelle Komödie aus vielen Aufführungen und Texten kannten. Wir müßten in einem nachträglichen Vergleich verifizieren, daß Bruno effektiv prinzipieller vorgeht in der Pointierung der Variierung bestimmter Themen, daß er mehr Moralist ist in der „systematischen" und „gerechten" Bestrafung aller drei Hauptfiguren.

Direkt kann in diesem Vorbereich der Komödie nur noch betont werden, wie Bruno auch in den drei Prologen, die die szenische Handlung eröffnen und daher mit einer großen Zahl von Motiven aus der Prologtradition spielen, zugleich die Gelegenheit wahrnimmt, sich als Autor darzustellen.

Der *Antiprologo* erscheint als Figur, die den Prolog sprechen sollte, ihn aber so „intricato e indiavolato" findet, daß es unmöglich sei, ihn auswendig zu lernen, noch dazu, weil im Dienst der Philosophen und Dichter, zu denen der Autor gehört, kein Geld zu verdienen sei, da „Reichtum und Güter" ihre größten Feinde seien. Die pittoreske Beschreibung des Hungers, der bei ihnen herrsche, beschließt die Klagen des *Antiprologo,* der mit den Worten endet (*C 150*): „In conclusione, io voglio andar a farmi frate; e chi vuol far il prologo, sel faccia."

In diesem Zusammenhang der allgemeinen Ablehnung und des Unverständnisses – und nicht etwa wörtlich – ist das Portrait zu sehen, das er unmittelbar vor dem Schlußteil von dem Autor zeichnet (*ebd.*):

> „L'autore, si voi lo conosceste, dirreste ch'ave una fisionomia smarrita: par che sempre sii in contemplazione delle pene dell'inferno (...): un che ride sol per far comme fan gli altri: per il piú lo vedrete fastidito, restio e bizarro, non si contenta di nulla, ritroso come un vecchio d'ottant'anni, fantastico come un cane ch'ha ricevute mille spellacchiate, pasciuto di cipolla".

Dies ist das Bild des Philosophen aus der Perspektive der Komödienwelt, deren verkehrtem Leben gegenüber er als lebensfeindlich schlechthin erscheinen muß. Hier erst erhält das Textstück der Titelseite seinen Kontext, das lautet „detto il fastidito". Es handelt sich nicht um eine Selbstbeschreibung Brunos, sondern um das Bild, das die „Welt" sich von ihm aufgrund seiner Reaktionen auf ihren alltäglichen Betrug gemacht hat.

Auch der *Proprologo* kann den Prolog nicht halten, da dies nicht seine Aufgabe ist, was aber nicht schade, da das Gewebe und die Ordnung der Komödie für sich selber spreche (*C 151*): „Chi la può capir, la capisca; chi la vuol'intendere, l'intenda."

Anstelle des Prologs gibt der *Proprologo* eine Umschreibung einiger Figuren, die auftreten werden, wobei er alle Register der Metaphorik zieht und in einem wahren Sturzbach von Worten eine Aufzählung alles dessen ausbreitet, was die Zuschauer sehen und hören werden, und die mit der

Ein Philosoph im Theater. Anmerkungen zu Brunos Komödie Il Candelaio

Aufforderung beginnt, die Bedeutung der Handlung aus dieser selbst zu entnehmen (*C 152*).

„Considerate chi va e chi viene, che si fa che si dice, come s'intende come si può intendere: ché certo, contemplando quest'azioni e discorsi umani col senso d'Eraclito o di Democrito, arrete occasion di molto o ridere o piangere".

Im Kontext des „considerare" und des „contemplare" werden die beiden Gestalten genannt, welche die Tradition als den „lachenden" und den „weinenden" Philosophen bezeichnet hatte. Und erst hier haben wir den Kontext des Mottos vom Titelblatt „In Tristitia hilaris, in Hilaritate tristis", das sich ebenfalls als strikt auf die Welt der Komödie bezogen erweist, auf die Welt der „azioni e discorsi umani" im Zusammenleben, nicht eine Beschreibung seines Temperaments und ebensowenig eine Beschreibung seiner Einstellung dem Leben als solchem gegenüber.

In einem glänzenden Abschluß der Folge von Prologen, die keine sind, kündigt der *Bidello* schließlich den *Candelaio* an, wobei er sich zweideutig sowohl auf das Werk als Ganzes bezieht, als auch auf den Träger des Beinamens, Bonifacio also, der in der Tat als erster erscheint. Und in der Reihung – einem von Bruno sehr geliebten Stilmittel – wird in jedem Ausdruck aufgefordert, diesem *Candelaio*-Bonifacio seine angemessene Deutung zu geben (*C 156*):

„Un eteroclito babbuino, un natural coglione, un moral menchione, una bestia tropologica, un asino anagogico come questo (...) – Volete ch'io ve'l mostri? Desiderate vederlo? Eccolo: fate piazza; date luoco; retiratevi dalle bande, si non volete che quelle corna vi faccian male, che fan fuggir le genti oltre gli monti".

Die Komödie als Form ist damit ein Spiegel der Wirklichkeit, eine Form, die von Bruno übernommen und ein weiteres Mal im vereinheitlichenden Spiegel seiner Ideen reflektiert wird[22]. Die Philosophie setzt sich also nicht an die Stelle der Komödie und benutzt sie auch nicht als Vehikel, sondern reflektiert sie im Vollzug und erweist sich so als eine Potenzierung der „Kunst", die bereits in der Komödie selbst am Werk ist. Daß der Philosoph Bruno eine Komödie schreibt, ist eine Anerkennung der Tatsache, daß die Komödie, wie sie in der antiken Literatur entwickelt und von seinem eigenen Jahrhundert bearbeitet wurde, die angemessene Form der Darstellung für die soziale Welt ist. – Diese theoretische Anerkennung der Komödienform ist die Voraussetzung dafür, daß Bruno auch in späteren

---

22 „Spiegelung" ist kein willkürlich eingeführter Ausdruck: Bruno nimmt den paulinischen Ausdruck vom Erkennen „in speculo et aenigmate" auf und bezeichnet auch das Denken zuweilen als „atto riflesso".

Schriften die soziale Welt immer im Element der Komödie darstellen und jede Form der Pervertierung mit dem Namen der von der Komödie bereitgestellten Figur des „Pedanten" bezeichnen wird. Die Komödie ist das Sprachsystem, das die gesellschaftliche Wirklichkeit in ihrer Unwahrheit wahrhaftig darstellt. Und wie die wahre, „nackte" Darstellung des Schönen in ihrer Sprache diese Schönheit wiedergeben wird, so ist der wahren, „nackten", unverschleierten Darstellung der aggressiven Dürftigkeit – wenn verglichen mit dem Ideal voll entwickelter Menschlichkeit – der sozialen Welt, eine aggressive und krude Sprache angemessen, die nur in ihrer kunstvollen Konstruktion ein Gegengewicht hat und nur durch diese Verknüpfung von äußerstem Realismus und ästhetischer Qualität das befreiende Gelächter ermöglicht[23].

IV.

Guido Davico Bonino merkt an[24], daß die Komödie an „Elefantiasis" leide; sie ist dadurch fast unspielbar. Das wird sofort deutlich, wenn man sie zu anderen Komödien ins Verhältnis setzt, die ihr als Anregung dienten. Als Beispiel hierfür kann die berühmte Komödie Machiavellis dienen, *La Mandragola* oder *Die Alraune*: Dort dreht sich die gesamte Handlung um den alten – den *zu* alten – Ehemann einer jungen Frau, die von einem jungen Mann begehrt wird. Es gelingt diesem, sich als Arzt auszugeben und den alten Ehemann zu überzeugen, er könne noch den erwünschten Erben bekommen, wenn seine Frau ein Elixier aus Alraune trinke; nur müsse nach dessen Genuß ein einziges Mal ein anderer Mann an seiner Statt die ehelichen Rechte ausüben, denn das Elixier habe die Wirkung, den ersten Beischläfer der Frau nach seinem Genuß unfehlbar zu töten. Nach dem Ehemann wird auch ein Mönch von dem jungen Liebhaber so weit hinters Licht geführt und manipuliert, daß er sich dazu hergibt, die junge Ehefrau davon zu überzeugen, daß sie keine Sünde begeht, wenn sie auf die Aufforderung ihres Mannes zum Ehebruch eingeht. So übernimmt auch der Mönch unter Skrupeln seinen Teil an dem Betrug, indem er die Verletzung des Sakraments als wahre Erfüllung desselben, den Ehebruch als Pflicht darstellt. Der Liebhaber verwandelt sich nun aus einem Arzt in ein scheinbar ahnungsloses Opfer, das eingefangen wird, um die tödliche Wirkung des Elixiers von dem Ehemann fernzuhalten. Das arme Opfer ist aber in

---

23 Die von De Sanctis (a.a.O.) als zu „grobschlächtig" abgelehnte Sprache hat demnach ihre Funktion nicht in einer subjektiven Befreiung des Autors von den Zwängen und Lügen der Alltagswelt, noch ist sie einfach naturalistisch, sondern sie erweist sich als exakt stilisiert.
24 Vgl. *Il teatro italiano*, a.a.o. (s. Anm. 1), S. XXIIIf.

Wahrheit derjenige, der die Intrige ins Werk gesetzt hat und nun ans Ziel seiner Wünsche gelangt. Der Vorhang fällt mit der Zukunftsaussicht, daß die tugendhafte Ehefrau, einmal gefallen und von der Torheit ihres Mannes überzeugt, ihre Beziehung zu dem jungen Liebhaber fortsetzen wird, während der Mann den erhofften Erben erhalten wird, der allerdings der Sohn eines anderen sein wird. In ununterbrochener Vertauschung von Schein und Sein, in Betrug, Verfälschung und Verschweigung stellt sich eine Stabilität des Zusammenlebens her, das Werten und Idealen zu folgen vorgibt, die gar nicht in der Lage sind, das Zusammenleben zu regeln, und deren Vorschein, im „glücklichen" Ausgang, „lieto fine", der Komödie nur dank einem ausnahmsweise geglückten – und absolut nicht zu billigenden oder zur Norm zu erhebenden – Zusammenspiel der Instinkte, der Begierden und Ängste aller Beteiligten zustandekommt.

In Brunos Komödie finden wir einen sehr ähnlichen Handlungsstrang, aber er ist nur einer von dreien: Bonifacio ist nicht alt wie der Ehemann bei Machiavelli, aber er pervertiert den Sinn der geschlechtlichen Liebe, indem er bis ins reife Alter der Päderastie huldigt und sich bald nach seiner Eheschließung von seiner jungen Frau ab- und einer Hetäre zuwendet. Noch dazu will er diese nicht bezahlen, sondern sie sich durch einen Zaubertrank gefügig machen. Die Intrige besteht in diesem Fall darin, daß er sich im Dunkel des Hauses der Hetäre doch mit seiner Frau verbindet, daß er sein geizig gehütetes Geld verliert und sich demütigt, um eine – vermeintliche – öffentliche Demütigung zu vermeiden. Auch er hat einen Rivalen, der die Intrige gegen ihn ins Werk setzt und dem es, wie dem jungen Liebhaber bei Machiavelli, dadurch gelingt, den Ehemann in ein so schlechtes Licht bei der jungen Frau zu setzen, daß sie sich davon überzeugen läßt, die ehebrecherische Beziehung sei letztlich natürlicher und moralischer – solange der Schein gewahrt bleibt.

Bruno verbindet mit diesem Thema zwei weitere Handlungsstränge bestrafter Perversion und Torheit: Bartolomeo, der sich aus Geldgier der Alchimie ergeben hat und darüber seine Frau vernachlässigt, verliert dabei jedoch, statt Gold zu machen, sein Geld an den Betrüger, der ihm die Ingredienzien zu dem Unternehmen verkauft. Manfurio, der Pedant, würdigt das Wissen des Humanismus zu einer leeren formalen Bildung herab, die er sich von Bonifacio bezahlen läßt: Bonifacios amouröse Korrespondenz mit der Prostituierten Vittoria stammt aus seiner Feder; außerdem benutzt er seine Position als humanistischer Erzieher dazu, von seinen Schülern sexuell zu profitieren. Solche Vorwürfe an sich sind zu Brunos Zeit in Italien mit dem Niedergang der humanistischen Bewegung Allgemeingut, aber Brunos Bearbeitung des Themas ist komödiantisch besonders brillant: Die Weise, in der Manfurio sich betrügen läßt, und wie seine Bildung, statt ihn die Wirklichkeit erkennen zu lassen, besonders blind für sie macht, ist von einer grandiosen Komik.

Wie häufig in der Komödie des Cinquecento, wird nicht eigentlich dem Gelächter preisgegeben, wer selbst stiehlt und betrügt, sondern wer durch die eigene Leichtgläubigkeit oder die eigenen Begierden Anlaß gibt zu Diebstahl und Betrug. Bonifacios Liebeswahn, Bartolomeos Geldgier und Manfurios Bildungshochmut blenden sie – mit dem Ausdruck des Argumento: machen sie „insipidi e goffi", oder, gemäß dem über Erasmus an Bruno gelangten Motiv: machen sie närrisch – derart, daß sie Opfer derjenigen werden, die ihre Schwächen durchschauen und sich zunutze machen.

Dies führt uns zu einer weiteren Personengruppe, die Bruno der Figurenwelt der Komödie entnimmt, jedoch weiter verdichtet: zum Maler Giovan Bernardo, dessen Initialen auf Giordano Bruno selbst zu verweisen scheinen, und auf die Diebesbande, die mit Giovan Bernardo gemeinsam zu Exekutoren der Bestrafung der drei im *Argumento* herausgestellten Figuren werden. In ihren Händen liegt also die Gerechtigkeit in der phantastischen Schattenwelt von Brunos Komödie.

Dies wird ausgesprochen vom Anführer der Diebe und von Giovan Bernardo (*C 250*):

GIO. BERNARDO Ah, ah, ah, che avete fatto?
SANGUINO Abbiamo castigati dui malfattori.
GIO. BERNARDO Fate la giustizia, ché Dio vi agiutarrà!
SANGUINO Come quella d'un certo papa, – non so se fusse stato papa Adriano, – che vendeva i beneficii più presto facendone buon mercato che credenza: il quale era tutto il dí co le bilancie, per vedere se i scudi erano di peso. Cossí farremo noi, e vedremo quanto ne viene a ciascuno.

Hier werden, unter dem Leitbegriff der Gerechtigkeit, das Motiv des Geldes (bereits in der „avarizia" der drei Hauptpersonen angesprochen und in der Komödie vielfach variiert im Sinne des „Geld regiert die Welt") und das Motiv der Religion (das auch vielfach variiert worden ist) exemplarisch verbunden (dies auch in dem Doppelsinn des Wortes „credenza", was in diesem Zusammenhang „Kredit" bedeutet, aber auch „Glauben"): Die Religion kann nicht anders erscheinen als auf der Ebene derjenigen, die sie bekennen, und erweist sich als zutiefst verflochten in die Beziehungen zwischen den Menschen, in das Zusammenspiel ihrer Begierden, das im Umlaufen des Goldes oder Geldes seinen Ausdruck findet.

So wird von einer der Figuren, die in die Hände der Diebe fällt, bemerkt (*ebda.*): „noi abbiamo fatto il peccato, e le borse ne fanno la penitenza", wobei das Motiv der „giustizia" noch nicht explizit wird, was wenig später in der bereits zitierten Äußerung Giovan Bernardos geschieht.

Es ist die Bestrafung, die Herstellung einer „giustizia" im Sinne der Komödie, in der die drei Handlungsstränge am Ende noch einmal eng zusammengeführt werden. Sie vollzieht als – von den Beteiligten selbst als solche bezeichnete – Komödie innerhalb der Komödie, da sich die Diebe als „birri", d.h. als gesetzliche Ordnungshüter ausgeben, was nur von Bartolomeo als Schein durchschaut wird; gegenüber Bonifacio und Manfurio gelingt der Betrug, so daß Bonifacio sich an seiner Börse schädigen läßt, um wenigstens den guten Namen zu retten, während Manfurio da Schläge erhält, wo er sie seinen Schülern zu verabreichen pflegt. Ihre Bestrafung ist nicht nur äußerst real, sondern auch gerecht, obwohl sie auf der Grundlage einer Täuschung geschieht und Diebe bereichert, die um nichts besser sind als die Bestraften, jedoch realitätstüchtiger. Die Bande handelt im eigenen Interesse und bestraft auf eigene Faust Manfurio und Bartolomeo, ist aber zugleich ein Werkzeug Giovan Bernardos, der die Fäden der Intrige zieht, um sein eigenes Ziel zu erreichen: den Besitz von Bonifacios Frau.

Das Ende der Komödie eröffnet dieselbe Zukunftsaussicht wie die *Mandragola*: Das Spiel der Täuschung und des Ehebruchs wird weitergehen, und der gehörnte Bonifacio verdient dies, nicht anders als der törichte Ehemann in der *Mandragola*.

Giovan Bernardo gelingt es also, aufgrund seiner Einsicht in den Lauf der Welt, in die Schwächen und Begierden seiner Mitmenschen, sich die Gelegenheit zunutze zu machen, das Glück beim Schopf zu fassen. Er ist nicht blind für die Wirklichkeit, er sieht sie als das, was sie ist, dies ist die Voraussetzung für seine Kunst als Maler, die ihn befähigt, sowohl ein der Wirklichkeit entsprechendes Portrait des Bonifacio herzustellen (*C 169*) als auch, dem Volk die Bilder der Heiligen vor Augen zu stellen. Und in der Herstellung der relativen Gerechtigkeit ist er deren Urheber. Es geschieht in der Szene der Bestrafung Bonifacios, daß er von sich selbst sagt (*C 285*): „La mia arte è di depengere, e donar a gli occhi de' mundani la imagine di Nostro Signore, di Nostra Madonna e d'altri Santi di paradiso." Trotzdem ist seine Überlegenheit nur deutlicher ausgesprochen und reflektierter als in anderen Komödien des Jahrhunderts, nicht aber grundsätzlich unterschieden von der des erfolgreichen jungen Liebhabers der *Mandragola* oder von den erfolgreichen Intriganten anderer Komödien. Und auch das Philosophieren über Glück, Zeit, Natur, Tugend u.ä., das ihm wie anderen Figuren in den Mund gelegt wird, ist nur stärker akzentuiert als in anderen Komödien, die alle – das darf nicht vergessen werden – „gelehrte" Komödien, von „Gelehrten" geschrieben sind. Daher fehlt es nicht an Hinweisen und Warnungen in dem Sinne, daß das, was in der Komödie gesagt wird, nicht wörtlich zu nehmen ist.

Daher scheint Giovan Bernardo trotz seiner Initialen ebenso weit davon entfernt, mit Giordano Bruno identisch zu sein, wie Bonifacio davon, in den heroischen Furor des Aktäon der *Eroici furori* zu verfallen.

Was die Figuren sagen, können also durchaus Ansichten Brunos sein, aber immer im Medium der Komödie geäußert und im Durchgang durch diese zu interpretieren. Deutlich wird dies, wenn es der Anführer der Räuber ist, der die Themen des ewigen Wechsels der Erscheinungen und der Gelegenheit, die der Kluge beim Schopfe faßt, auf seine Weise vorträgt, als Moral der Persiflage einer Tierfabel, die er zuvor erzählt hat (*C 189*): „«Omnio rero vecissitudo este»; e nisciuno è tanto grosso asino, che qualche volta, venendogli a proposito, non si serva de l'occasione". Dieses Zitat zeigt die Distanz an zwischen dem, der die Komödie schreibt, und dem, der in ihr agiert, und gleichzeitig zeigt es die Nähe zwischen Giovan Bernardo und dem Dieb und Betrüger Sanguino an, wenn Giovan Bernardo über die Blindheit der Fortuna räsoniert, der er nachgeholfen hat, um des Guts – Carubinas Gunst – teilhaftig zu werden, in dessen Besitz er an diesem Tag gekommen ist, und folgendermaßen schließt (*C 277*):

> „Quantunque questo bene, ch'ho posseduto questa sera, non mi sii stato da' Dei e la natura; benché mi sii stato negato dalla fortuna, il giudizio mi ha mostrato l'occasione, la diligenza me l'ha fatta apprendere pe'capelli e la perserveranza ritenirla".

Es sei nur noch ein weiteres Beispiel dafür genannt, wie problematisch es ist, etwas als Brunos eigene, unbedingte Ansicht darzustellen, was im Schlüssel der Komödie erscheint. Als Carubina Giovan Bernardo widersteht mit dem Hinweis, daß sie um ihrer Ehre willen nicht den Betrug Bonificios „mit gleicher Münze" heimzahlen kann, antwortet ihr Giovan Bernardo (*C 257*):

> „Onore non è altro che una stima, una riputazione; però sta sempre intatto l'onore, quando la stima e riputazione persevera la medesma. Onore è la buona opinione che gli altri abbiano di noi: mentre persevera questa, persevera l'onore. E non è quel che noi siamo e quel che noi facciamo che ne rende onorati o disonorati, ma sí ben quel che altri stimano, e pensano di noi.
> CARUBINA Sii che si vogli degli omini, che dirrete in conspetto de gli angeli e de' santi, che vedeno il tutto, e ne giudicano?
> GIO. BERNARDO Questi non vogliono essere veduti più quel che si fan vedere; non vogliono esser temuti più quel che si fan temere; non vogliono esser conosciuti più di quel che si fan conoscere.
> CARUBINA Io non so quel che vogliate dir per questo; queste paroli io non so come approvarle, né come riprovarle: pur hanno un certo che d'impietà".[25]

---

25 Es ist gerade diese Betrachtung der weiblichen Ehre, die in Della Portas Komödie *La Fantesca* wieder aufgenommen wird (5. Akt, 3. Sz.). Vgl. auch die Verprügelung des Pedanten, der die Schläge, die er erhält, in lateinischer Sprache mitzählt. (3. Akt, 4. Sz.).

Wenn doch außer Zweifel steht, daß der Ehrbegriff, den der Maler vorträgt, derjenige des zynischen Realismus der Komödie ist, müßten schon gute Gründe dafür beigebracht werden, um davon zu überzeugen, daß hingegen die folgende Antwort Giovan Bernardos eine authentische Äußerung Brunos in erster Person sei, mit der er sein Verhältnis zur positiven Religion charakterisierte, wie immer wieder behauptet wird.

Dies vor allem, nachdem im *Argumento* diese Szene dargestellt ist, die an den instrumentellen Gebrauch einer Pseudo-Philosophie von seiten Giovan Bernardos beim Angriff auf Carubinas Tugend und an eine scheinhafte Verteidigung derselben von Seiten Carubinas denken läßt (*C 145*):

„Carubina rimane nelle griffe di Gio. Bernardo, il quale, com'è costume di que' che ardentemente amano, con tutte sottigliezze d'epicuraica filosofia, – Amor fiacca il timor d'omini e numi, – cerca di troncare il legame del scrupolo che Carubina, insolita a mangiar più d'una minestra, avesse potuto avere. Della quale è pur da pensare che desiderasse più d'esser vinta che di vencere".

Was Giovan Bernardo von dem jungen Liebhaber in der *Mandragola* unterscheidet, ist nur, daß er, um einer Frau Vorwände zur Untreue zu liefern, keinen Mönch braucht.

Daher ist sehr zweifelhaft, ob es so wörtlich wahr ist, was Nicola Badaloni schreibt[26], bezüglich der 19. Szene des 5. Aktes (Vgl. *C 275-278*): „Si raccoglie in queste righe la teoria brunaniana della fortuna e della sollecitudine".

„Fortuna" und „sollecitudine" gehören zu den zahlreichen Begriffen, über die der antike Götterrat im vierten Londoner Dialogwerk im Rahmen der Reform des Himmels diskutieren wird. Insofern ist die genannte Szene „l'immediata progenitrice dello *Spaccio* con la sua teoria della fortuna", aber vielleicht fällt von der Uneigentlichkeit des Sprechens in der unwahren Welt der Komödie ein Licht auf den *Spaccio*, und nicht so sehr umgekehrt. Vielleicht sollte man auch in den Londoner Dialogwerken Bruno nicht so sehr wörtlich nehmen, sondern ihn mehr im Kontext und unter Berücksichtigung des Sprachgestus interpretieren. – Ebenso zweifelhaft ist, was Michele Ciliberto meint[27]:

„Nel Candelaio, mettendo a fuoco la crisi germinata fra essere e apparire, Bruno si ferma al livello della vita elementare, a quella sorta di punto di equilibrio indifferente e «naturale» realizzato, con inganni e sotterfuggi, da personaggi come Vittoria, Sanguino, Scaramuré. Non mette, cioè, a fuoco il problema della legge e del suo fondamento divino, come avverrà nello *Spaccio*. Non per caso, del resto. Lo sviluppo della filosofia nolana si intreccia, strutturalmente, all'analisi e all'inter-

---

26 Vgl. Anm. 8.
27 A.a.O., S. 30.

pretazione dei caratteri della «crisi» del secolo [...]. Quel problema si pone, e diventa centrale, quando sulla scena del mondo alle figure di Carubina, Marca, Barra, Sanguino, subentreranno quelle di Lutero e dei pedanti riformati".

Wie wir gesehen haben, ist es nicht korrekt zu sagen, im *Candelaio* fehle das Gesetz. Denn es gibt durchaus ein Gesetz, auch wenn es von einer Diebesbande verkörpert wird, und die Ordnung, die sich herstellt, ist die Ordnung der poetischen Gerechtigkeit. Wer den *Spaccio*[28] gelesen hat, muß sich fragen: Ist es vom Ton des Werkes, von seiner Anlage und Durchführung her wahrscheinlich, daß er wörtlicher zu lesen ist als die Komödie? Ist – nach Bruno – die in beiden Werken dargestellte Welt überhaupt angemessen theoretisch faßbar? Oder ist sie nicht vielmehr das empirisch Widerständige, das mittels der Theorie, die sich über es erhebt, nur in Zaum gehalten werden kann, aber nicht durchdrungen wird? Ist es nicht die Welt menschlicher Leidenschaften selbst, die nur näherungsweise, durch philosophisch „richtigere" Sternbilder am Himmel ihrer Ideen, angeleitet werden kann, wobei die Menschheit diesen Leitbildern nur soweit folgt, wie es ihre Interessen und ihre Einsicht zulassen? Muß man nicht den *Spaccio* im Sinne des Realismus der Komödie interpretieren, um ein genaues Maß für Brunos Verständnis des Verhältnisses von menschlicher Wirklichkeit und Idee zu gewinnen?

Die Sprache der Komödie, der Satire tritt vielleicht überall dort ein, wo wir es mit Bereichen zu tun haben, die für Bruno konstitutionell „unwahr" sind; die man reformieren und regieren kann, wo aber das Denken irgendwann haltmacht und die Phänomene für sich selber sprechen läßt – und sich selbst überläßt.

Wir sind mit dem *Candelaio* an der Wurzel von Brunos Übernahme des komischen, zynischen, satirischen Tons, der ein ganzes Jahrhundert italienischer Komödie gekennzeichnet hat, eines Tons, den Bruno in der Folge noch öfter anschlagen wird. Nur die Interpretation dieser Übernahme selbst kann weiterleiten zur Interpretation der komisch-satirischen Elemente, die in der weiteren Produktion Brunos auftreten.

V.

Dies führt uns dahin, am Ende eine grundsätzliche Frage zu stellen: War-

---

28 *Spaccio della bestia trionfante, proposto da Giove, Effetuato dal conseglo, Reuelato da Mercurio, Recitato da Sophia, Udito da Saulino, Registrato dal NOLANO. Diviso in tre Dialogi, subdiviso in tre parti. Consecrato al molto illustre et eccellente Cavalliero Sig. Philippo Sidneo.* Stampato in Parigi M.D.LXXXIIII (G. Bruno, *Dialoghi italiani*, hrsg. von G. Gentile / G. Aquilecchia, Bd. II).

um hat Bruno überhaupt eine Komödie geschrieben? Die Gründe dafür sind weniger evident, als es den Anschein haben mag. Man kann vielerlei anführen – aber dabei handelt es sich um notwendige Voraussetzungen, nicht um zureichende Gründe.

Es ist richtig, daß auch andere Philosophen das philosophische Potential der Komödie nicht nur erkannt, sondern auch umgesetzt haben: Der Florentiner Machiavelli hat im selben Jahrhundert mehr als eine Komödie geschrieben, und der Neapolitaner Giambattista Della Porta wird zu Lebzeiten Brunos und nach ihm sowohl Komödien als auch Tragödien und Dramen schreiben, wobei letztere bereits aus dem kulturellen Klima des Cinquecento in die Atmosphäre der Kultur der katholischen Gegenreformation überleiten.

Es ist richtig: Der italienische Humanismus hatte die akademische Form der Philosophie aufgelöst und in einen umfassenderen kulturellen Kontext eingebracht; derselbe Humanismus hatte auch die lateinische Komödie wiederentdeckt und im wahrsten Sinne des Wortes „hoffähig" gemacht. Philosophie und Dichtung waren einander in der Begründung einer neuen Kultur nähergerückt. Der neue Typ des Philosophen, soweit er außerhalb der Universitäten operierte, bewegte sich in einer komplexen Gesellschaft, mit der er in vielfältiger Art in Beziehung treten konnte – und mußte, wenn er in ihr eine Rolle spielen, d.h. als Philosoph überleben wollte.

Dennoch bleiben im Falle Brunos die Unterschiede gegenüber den beiden anderen genannten Philosophen erheblich. Machiavelli schrieb für eine kulturelle und politische Elite des städtischen Lebens, von dessen aktiver Politik er durch die Rückkehr der Medici nach Florenz ausgeschlossen worden war, Della Porta schrieb in Neapel und für ein neapolitanisches Publikum, das benennbar ist, das ihn kannte. Selbst wenn wir annehmen, daß Bruno den *Candelaio* bereits in Neapel verfaßte (was nicht auszuschließen ist, obwohl keine konkreten Anhaltspunkte bestehen), kann er es nicht in der Optik eines Komödienschreibers seines Jahrhunderts getan haben. Er war als geweihter Priester und dominikanischer Mönch von der Sphäre der Kultur ausgeschlossen, in welcher Komödien aufgeführt wurden. Allenfalls konnte er die Komödie als Text zirkulieren lassen, und bereits dies entfernt ihn erheblich von Machiavelli und Della Porta.

Die Wirkung ist denn auch die einer Rezension des Textes, nicht die einer Zirkulation als Theaterstück: 1633 wird die Komödie unter dem Titel „Boniface et le pédant" ins Französische übersetzt, und Molière hat einige Elemente daraus entliehen.

Die Eingangsfrage ist also nicht so überflüssig, wie sie erscheinen mag: Es ist wohl doch nötig, die Wahl der Komödie als Form der Darstellung zu interpretieren.

Und wenn wir dies im Fall seiner Komödie tun, könnte es sein, daß es sich lohnt, dieselbe Frage auch von Fall zu Fall für die anderen Gattungen ausdrücklich zu stellen, in denen Bruno sich mitteilt. Es gibt nur zwei Möglichkeiten: Entweder halten wir Bruno für ein Chamäleon der Kultur, das je nachdem, wie es – uns mehr oder weniger bekannte – „Umstände" erfordern, die literarische Färbung wechselt, oder wir gehen davon aus, daß unterschiedliche literarische Formen bei ihm unterschiedliche Funktionen haben.

Michele Ciliberto hat sicherlich recht, wenn er hervorhebt, daß Bruno seine Zeitkritik am Leitfaden seiner Lektüre des Erasmus herausbildet, eines der Autoren, der seit seiner frühesten Jugend auf dem „Index verbotener Bücher" stand und dessen Besitz ihm im Kloster zum Verhängnis wurde; Erasmus ist gegenwärtig in der „pazzia", welche das Dreiergestirn Bonifacio-Bartolomeo-Manfurio unter Beweis stellen, während die anderen Figuren realitätsgerecht handeln, jedoch in einer Realität, in der nur die Karikatur der Tugend und die Satire der Gerechtigkeit ihren Ort haben.

Diese Zeitkritik trifft sich mit den in der italienischen Komödie seines Jahrhunderts in einzigartiger Form herausgebildeten Tendenzen. Als Bruno schreibt, hat diese Theaterpraxis schon die Commedia dell'Arte aus sich hervorgebracht, die ihren Siegeszug durch ganz Europa antreten wird. Diese wird, weniger gelehrt, aber dafür technisch virtuoser, weniger ätzend in der Kritik, aber nicht weniger karnevalesk und respektlos, dem Publikum seine menschliche Komödie vorführen.

Bruno stellt einem europäischen Publikum, das mit der gelehrten Komödie vertraut ist, seine Variante einer Form vor, die ein Maximum erreicht hat in der sprachlichen Darstellung der gesellschaftlichen Welt. Der szenische Raum, der durch die Kulisse die urbane Realität nach den Regeln der Perspektive und mit großem technischen Aufwand in einen Innenraum projiziert, wird im gelesenen Text in den Aufweis der Architektur und der perspektivischen Form der Wirklichkeitssicht in ihrem sprachlichen Reflex umgesetzt. Brunos Anteil ist nicht der eines Theaterpraktikers. Er bringt sich selbst in Paris bei dem gebildeten Publikum als philosophischer Interpret einer Kultur in Vorschlag, welche in ihrer Komödie eine gültige kritische Darstellung der zeitgenössischen Formen des menschlichen Zusammenlebens gegeben hat, und damit als einen wahren Erben und Vollender der besten humanistischen Tradition. Die von den Humanisten in die italienische Kultur eingebrachte lateinische Komödie weist weiter zurück auf die griechische: Die „civil conversazione" von Brunos Zeitalter ist, was von der aristotelischen κοινωνία πολιτική für das politische Denken der Humanisten noch faßbar war, und die Kritik an der Deformation dieses Zusammenlebens ist die vom Denken einholbare und durchsichtig zu machende ästhetische Form, in der die Reform des Handelns in dieser Gesellschaft sich vorbereitet. Diese Reform kann sich für Bruno nur an philosophischen Werten orientieren, die er in seiner Komödie daher stärker anklingen läßt, auch auf Kosten ihrer Spielbarkeit.

Wenn denn also für Bruno die philosophische Reflexion auch durch das selbst nicht-philosophische Sprechen hindurch vollzogen werden kann, dann sind nicht so sehr die einzelnen, dem Stil der jeweiligen Gattung gemäß formulierten Äußerungen zu interpretieren, sondern ihre Abfolge, ihr assoziatives Verhältnis zu anderen Äußerungen, die Auslassungen, die Befolgung der Gattungsregeln und das Durchbrechen derselben. Philosophisch relevant ist dann nicht die Aussage, nicht das Wort, sondern das Übergehen – von einem Wort zum anderen, von einem Abschnitt zum anderen: Die Bewegung seines Denkens wäre dann großenteils nicht direkt verbalisiert, sondern aus der Strukturierung des Diskurses ablesbar. Was bedeutet, daß literarische Methoden in die Feststellung dessen, was von Fall zu Fall sein „Gedanke" ist, mit eingehen müssen.

Allgemein scheint die Frage nach dem Verhältnis von philosophischem und literarischem Sprechen große Aktualität zu besitzen. Seit Heidegger und bis zur französischen Gegenwartsphilosophie nehmen die Inkursionen der Philosophen in den Bereich des Literarisch-Poetischen eher wieder zu, nach einer langen Periode der Rationalisierung und Einschränkung auf die Dimension des Diskurses.

In dieser Situation scheint es durchaus vielversprechend, die Konfrontation mit einer Sprache zu suchen, in der noch der Anspruch besteht, in einer und derselben Bilderwelt die Möglichkeit des poetischen wie des philosophischen Sprechens zu aktualisieren. Die italienische Philosophie und Poesie, vom großen Dreigestirn Boccaccio-Dante-Petrarca über den Humanismus und bis zur Renaissance, bietet hier eine Unzahl von Beispielen, die, abgesehen von den drei „Großen"[29], gerade aufgrund ihrer Zwischenstellung zwischen Philosophie und Literatur, nur wenig Beachtung finden und, unter diesem Problemgesichtspunkt gelesen, etwas von dem Respekt und Interesse erobern könnten, welche sie verdienen, sowie ihren Beitrag leisten zur Beantwortung der Frage, wie die kulturelle und intellektuelle Umwendung zur Moderne – in einer jahrhundertelangen Arbeit der Umformulierung der kulturellen Codices der Tradition – effektiv vollzogen und artikuliert worden ist.

Der philosophische Forscher ist durch nichts gezwungen, in die Vergangenheit zurückzusteigen. Es ist eine genauso legitime Möglichkeit, das methodische Vergessen der eigenen Wurzeln zu praktizieren und das

---

29 Selbst auf dem Gebiet der Dante-Forschung ist das spezifische Thema der gegenseitigen Durchdringung von Philosophie und Dichtung noch nicht sehr weitgehend erforscht. Ein Beispiel, das noch recht isoliert dasteht, ist die Studie von W. Hirdt, *Wie Dante das Jenseits erfährt*, Bonn 1989.

Denken in einer aktuellen Konfrontation mit einem aktuellen Gegenstand aufzusuchen. Wenn er aber hinabsteigt in den „Brunnen der Vergangenheit", wie Thomas Mann ihn nannte, ist zu wünschen, daß er zurückkehrt mit einem Zuwachs an Einsicht in Möglichkeiten des philosophischen Sprechens, deren Artikulation andere Zeiten günstiger waren. Um die „durchtrennten Wurzeln" des Philosophierens Brunos „aufs neue grünen" zu lassen – wie er selbst es für die Philosophie der Antike formuliert[30] –, müssen wir uns zunächst als die hochgebildeten und zur Entschlüsselung komplexer semantischer Strukturen fähigen Leser erweisen, die er für seine Schriften voraussetzte – und auch in seiner Zeit nicht immer fand.

Mit dem Wort des *Proprologo* (*C 152*): „Considerate chi va chi viene, che si fa che si dice, come s'intende come si può intendere".

---

30 G. Bruno, *Dialoghi italiani*, hrsg. von G. Gentile/G. Aquilecchia, Bd. I, S. 498.

Zur Anwesenheit Giordano Brunos in *Love's Labour's Lost*

Rainer Lengeler

In Shakespeares Komödie *Love's Labour's Lost* (*LLL*)[1], die zwischen 1594 und 1598 entstanden ist, gibt es keine Figur, die Bruno heißt, wohl jedoch eine mit Namen Berowne, an der bestimmte Züge auf den Nolaner zu verweisen scheinen, und diese Ähnlichkeiten sollen im Zentrum meiner Ausführungen stehen. Um Mißverständnisse zu vermeiden, sei gleich wiederholt, daß *LLL* eine Komödie und kein Tatsachenbericht ist; jede Figur ist somit Teil eines fiktiven Geschehens, bevor sie als Spiegelung einer historischen Person gesehen werden kann. Und damit dieser Fiktionscharakter nicht in Vergessenheit gerät, werde ich streng zwischen den beiden Namen unterscheiden. Berowne bezieht sich immer auf die Figur dieses Namens in *LLL*, und nur, wenn ich den Menschen und Philosophen Giordano Bruno meine, werde ich von Bruno oder vom Nolaner sprechen.

Bevor ich jedoch zu meinem Kernthema, den möglichen Anspielungen in *LLL* auf Bruno und seine Werke komme, möchte ich in einem kurzen Vorspann ein Porträt, sagen wir ruhig, ein satirisches Bild des Nolaners aus der Feder eines englischen Zeitgenossen nachzeichnen.

Jedermann weiß heute, daß sich Bruno in den Jahren 1583-1585 als Gast des französischen Gesandten Michel de Castelnau de Mauvissière in London aufgehalten und nicht weniger als sechs Bücher[2] in diesen Jahren in England herausgebracht hat. Zwei dieser Bücher, der *Spaccio della bestia trionfante* (1584) und *De gli eroici furori* (1585), sind Sir Philip Sidney, dem Autor des ersten großen Sonettzyklus *Astrophil and Stella* (1591) und der *Arcadia* gewidmet. Dennoch war Brunos Verhältnis zu England und seinen Bewohnern, wie wir aus seiner eigenen Feder wissen, zwiespältig. Es gab nicht nur die faustdicke Huldigung in dem Vorwort und dem vorangestellten Sonett an die Adresse der Königin Elisabeth und an die englischen Damen, die keine Frauen, sondern göttliche Wesen[3]

---

1 Benutzte Textausgabe: William Shakespeare: *Love's Labour's Lost*, hrsg. v. R. David, The Arden Edition, London ⁵1956.
2 *Triginta Sigilli*; *La cena de le ceneri*; *De la causa, principio e uno*; *De l'infinito, universo e mondi*; *Spaccio de la bestia trionfante*; *Cabala del Cavallo Pegaseo*; *De gli eroici furori*. Vgl. F.A. Yates: *Collected Essays*, 3 Bde. London 1982-1984. Bd. II, S. 102.
3 „Wo man über das gesamte weibliche Geschlecht urteilt, soll und darf man darunter nicht einige der Euren verstehen, die nicht für einen Teil dieses Geschlechtes gehalten werden dürfen. Sie sind nämlich keine weiblichen Wesen, keine Frauen, sondern (im Vergleich zu diesen) Nymphen, Göttinnen, von himmlischer Substanz.

seien, sondern es gab auch den handfesten Skandal, den Brunos Auftritte 1583 in Oxford ausgelöst hatten. Seine Sicht des Streits hat Bruno in einer Einlage der *Cena de le ceneri*[4] (1584) publik gemacht. Zu wenig bekannt ist jedoch, daß wir eine Art Gegendarstellung aus englischer Feder aus dem Jahr 1604 besitzen, und zwar von keinem Geringeren als dem späteren Erzbischof von Canterbury George Abbot, der in einer theologischen Streitschrift beiläufig über Brunos ersten Besuch als Begleiter des polnischen Prinzen Laski im Juni 1583 und über drei öffentliche Vorträge Brunos kurze Zeit später berichtet[5]. Uns interessiert natürlich, wie Bruno auf sein Publikum in Oxford gewirkt hat. Wie sah er aus, wie hat er sich aufgeführt? Läßt sich so etwas wie ein Gesamturteil zu seiner Person aus dem Bericht herausfiltern?

Abbots Darstellung[6], namentlich dem Bild des „Didappers", eines

---

Unter ihnen ist es vergönnt, jene einzigartige Diana zu erblicken, die ich nicht unter die Zahl der Frauen und nicht mit Namen nennen will". (Zit. nach G. Bruno, *Von den heroischen Leidenschaften*, übersetzt und hrsg. v. C. Bacmeister, Philosophische Bibliothek 398. Hamburg 1989. S. 9 und 22.)

4 *Cena*, 4. Dialog.

5 R. McNulty: „Bruno at Oxford", *Renaissance News* 13 (1960), S. 300-305; F.A. Yates: *Giordano Bruno and the Hermetic Tradition*. London 1964. S. 206-211.

6 „When that Italian Didapper, who intituled himselfe, (mn: Praefat. in explicatio triginta sigillorum.) *Philotheus Iordanus Brunus Nolanus, magis elaborata Theologia Doctor, &c.* with a name longer then his body, had in the traine of *Alasco* the Polish Duke, seene our Vniversity in the yeare 1583, his hart was on fire, to make himselfe by some worthy exploite, to become famous in that celebrious place. Not long after returning againe, when he had more boldly then wisely, got vp into the highest place of our best & most renowned schoole, stripping vp his sleeues like some Iugler, and telling vs much of *chentrum & chirculus & circumferenchia* (after the pronunciation of his Country language) he vndertooke among very many other matters to set on foote the opinion of Copernicus, that the earth did goe round, and the heavens did stand still; wheras in truth it was his owne head which rather did run round, & his braines did not stand stil. When he had read his first Lecture, a graue man, & both then and now of good place in that Vniversity, seemed to himselfe, some where to haue read those things which the Doctor propounded; but silencing his conceit till he heard him the second time, remembered himselfe then, and repayring to his study, found both the former and later Lecture, taken almost *verbatim* out of the workes of (mn: De vita coelitus cóparanda.) *Marsilius Ficinus*. Wherewith when he had acquainted that rare & excellent Ornament of our land, the Reverend Bishop of Durham that now is, but then Deane of Christs-Church, it was at the first thought fit, to notifie to the Illustrious Reader, so much as they had discovered. But afterward hee who gaue the first light, did most wisely intreate, that once more they might make trial of him; and if he persevered to abuse himselfe, and that Auditory the thirde time, they shoulde then do their pleasure. After which, *Iordanus* continuing to be *idē Iordanus*, they caused some to make knowne

‚Zwergtauchers' also, ist zu entnehmen, daß Bruno von kleiner Statur und lebhaft war[7]. Will man anderen zeitgenössischen Belegen des gleichen Vogelbildes glauben, so wird auch der Vorwurf, er sei ein Schwindler und Blender gewesen, nahegelegt[8], was durchaus zu dem direkt ausgesprochenen Vorwurf, Bruno habe sich wie ein Gaukler benommen, paßt. Dies letztere, der Vorwurf der Gaukelei, wird gleich noch durch zwei weitere Umstände beglaubigt, den langen Namen[9] und das Hochkrempeln der Ärmel[10] auf der Lehrkanzel:

> When that Italian Didapper, who intituled himselfe, *Philotheus Iordanus Brunus Nolanus, magis elaborata Theologia Doctor, &c.* with a name longer then his body (...) stripping vp his sleeues like some Iugler (...)

Als Blendwerk eines Gauklers schildert Abbot jedenfalls auch die drei

---

vnto him their former patience, & the paines which he had taken with them, & so with great honesty of the litle mas part, there was an end of that matter." (Zit. nach McNulty, op. cit., S. 302-303)

7 Eben der Vergleich mit einem Zwergtaucher („didapper, didopper, dive-dapper, dive-doppel, dab-chick") legt die geringe Körpergröße wie die Lebhaftigkeit besonders der Kopfbewegungen nahe. Vgl. zum Zwergwuchs den Gegensatz drake/ didapper in Bromes *Antipodes* I, vi, 30: „Drake was a didapper to Mandeville". Zur Lebhaftigkeit: Drayton, *The Man in the Moon*, ZZ. 187-190: „And in a Cracke where waters least did stirre,/ Set from the rest the nimble Divedapper,/ That comes and goes so quickly and so oft,/ As seemes at once both under and aloft:".

8 Gut belegen läßt sich in englischen Texten der Zeit um 1600 herum auch der Ruf des Zwergtauchers als Prahler und Betrüger: Nashe, *Strange News* (1592) in: *Works*, hrsg. v. McKerrow, I, 256: „this dodipoule (= ‚Tölpel'), this didopper, this professed poetical braggart...". Shakespeare, *Venus and Adonis*, ZZ. 85-90: „Upon this promise did he raise his chin,/ Like a dive-dapper peering through a wave,/ Who being look'd on, ducks as quickly in:/ So offers he to give what she did crave,/ But when her lips were ready for his pay,/ He winks, and turns his lips another way." Die Täuschbarkeit des Vogels wie auch sein Charakter als Betrüger sind bei Erasmus sprichwörtlich (s.v. Larus. Larus in paludibus. Larus parturit. Cepphus parturit) und über die *Adagia* und Alciat (s.v. Gula) in die Wörterbücher eingedrungen (z.B. Elyot, 1548, s.v. Larus). Zuzutrauen ist dem Theologen Abbot allerdings auch die in der Patristik geläufige Symbolik einer vita voluptuosa sub specie contemplationis. Diese mag im Fall Brunos eine Unterstellung sein, sie trifft aber sicher auf den Fall der jungen Navarresen in *LLL* zu.

9 Zur Symbolik des langen Namens vgl. Ben Jonson, *The Magnetic Lady*, Chorus I, ZZ. 29-32: „Travitanto Tudesco (...) Who's that, boy? Another juggler, with a long name." (*Works*, hrsg. v. C.H. Herford et al., Bd. VI, S. 528.)

10 Zu diesem Topos vgl. *Willobie his Avisa*, Canto 39, Str. 1, 1-4: „Then jugling mates do most deceave,/ And most delude the dazeled sight,/ When vp they turne their folded sleeve,/ With bared armes to woorke their slight (...)" (Ed. B.N. De Luna, Oxford 1970, S. 183.)

Vorlesungen, die Bruno den Oxforder Theologen über die Theorien des Kopernikus gehalten hat. Mit größerer Kühnheit als Weisheit sei er sofort ‚auf den höchsten Platz unserer [...] berühmtesten Schule' gestiegen, habe sich ‚wie ein Gaukler die Ärmel hochgekrempelt' und dann viel in der Aussprache seines Landes von „chentrum & chirculus & circumferenchia" geredet und die Meinung des Kopernikus vertreten, daß die Erde sich bewege, die Himmel aber stillstünden, während in Wahrheit sich nur Brunos Kopf bewegt und sein Hirn unentwegt gedreht habe.

Es kommt allerdings noch schlimmer, denn einem der Oxford Dons kam vieles von dem, was der Nolaner da vortrug, vertraut, sogar verdächtig vertraut vor. Spätestens nach der zweiten Vorlesung stand für die englischen Gelehrten fest, daß beide Vorträge ‚fast wörtlich' aus Ficinos *De vita coelitus comparanda* stammten, ohne daß Bruno dies eingestanden habe. Man sprach sich darauf hin ab zuzuwarten, ob Bruno die Stirn besäße, seine Hörer ein drittes Mal zu täuschen. Als dies dann in der Tat eintrat, „*Jordanus* continuing to be *idē Jordanus*", war dies das Ende seines Wirkens in Oxford. In typisch englischem Understatement schließt der Bericht mit den Worten: „& so with great honesty of the litle mās part, there was an end of that matter!"

Ich habe diese satirische Darstellung von Brunos Auftritt in Oxford gleich aus doppeltem Grund an den Anfang meines Vortrags gestellt: einmal, um zu zeigen, daß Shakespeare zur Zeit der Abfassung von *LLL* in den neunziger Jahren des 16. Jahrhunderts den Nolaner mindestens vom Hörensagen kennen konnte; dann aber auch, um uns vor falschen Erwartungen über die zeitgeschichtliche Aussagekraft sog. poetischer Zeugnisse zu warnen.

Der Wirbel, den Brunos Auftritt 1583 in Oxford ausgelöst hatte, war offensichtlich so groß, daß man sich – wie der Bericht Abbots zeigt – auch nach zwanzig Jahren noch lebhaft daran erinnerte. Damit wächst aber auch die Wahrscheinlichkeit, daß Shakespeare zur Zeit der Entstehung von *LLL* zumindest von Bruno gehört hatte. Und dies würde erst recht gelten, falls sich Shakespeare bereits Ende der achtziger Jahre in London aufgehalten hat. Im übrigen ist angesichts der in unserer Komödie eingebauten Liebessonette daran zu erinnern, daß mit dem posthumen Raubdruck von Sidneys *Astrophil and Stella* im Jahr 1591 eine regelrechte Welle der Sonettzyklen eingesetzt hatte, der auch Shakespeares eigene Sonette zuzuordnen sind. Es fällt schwer zu glauben, daß diese englischen Sonettdichter nicht wenigstens auch von Brunos Vorwort in den *Eroici Furori* an die Adresse Sidneys und seinem Verfahren der Sonettauslegung gehört haben sollen. Ich würde also vorläufig die These wagen, daß Shakespeare, auch wenn er nichts von Bruno gelesen haben sollte, genügend Anekdotisches über den Nolaner gehört hat, um sich seiner in der Komödie *LLL* zu erinnern.

Das Stichwort Komödie gibt mir im übrigen Gelegenheit, das Verfahren, poetische Texte zur Ermittlung historischer Fakten heranzuziehen, etwas schärfer unter die Lupe zu nehmen. Denn auch in diesem Punkt scheint mir der Vergleich mit Abbots Bericht aus dem Jahre 1604 nützlich. Das Bild, das Abbot von Bruno zeichnet, stellt sicherlich keinen unvoreingenommenen Faktenbericht dar, sondern ist – wie Brunos eigene Darstellung im *Spaccio* – kräftig satirisch überzeichnet. Wenn Bruno den Wortführer der Oxford Dons wie ‚ein Küken im Stoppelfeld'[11] gejagt haben will, so zahlt Abbot dem Nolaner in gleicher Münze heim, indem er ihn als Zwergtaucher und Gaukler bzw. als armen Irren auf der Lehrkanzel herumfuchteln und tönen läßt. Entscheidend bleibt freilich, daß trotz dieser fiktiven Zutaten ein Faktenkern über die Ortsangaben und die Namen des Prinzen Laski und des Nolaners selbst zu greifen ist.

In Shakespeares *LLL* sieht das hingegen zunächst einmal ganz anders aus. Nicht nur hat die Quellenforschung bis heute keine eindeutige Quelle beibringen können, sondern auch die Namen wichtiger Figuren wie auch teilweise ihre Gruppierung widersprechen sogar den bekannten historischen Fakten. Einen Ferdinand von Navarra statt des späteren Heinrich IV. von Frankreich gab es nicht. Und wenn auch zwei der Begleitfiguren Navarras, nämlich Biron und Longueville, historisch richtig zugeordnet werden, so gehörte der dritte, der Duc de Mayenne, als Guise der Gegenpartei Navarras an. Es zeichnet sich somit deutlich ab, daß *LLL* der zeitgeschichtlichen Auslegung erheblich größere Schwierigkeiten entgegensetzt als Abbots oder auch Brunos eigener Bericht über den Streit des Jahres 1583 in Oxford, doch bedeutet das nicht, daß sich aus einem poetischen Text nie zeitgeschichtliche Tatsachen ermitteln ließen, wie ich am Fall von Brunos Präsenz in *LLL* zeigen möchte. Beginnen will ich mit ein paar Beobachtungen zu drei modernen Textausgaben von *LLL*. Für Arthur Quiller-Couch und John Dover Wilson, die Herausgeber des *New Cambridge Shakespeare*, stand 1923 fest, daß *LLL* das ist, was man im Englischen ein *topical play* nennt, d.h., ein Stück, das voller Anspielungen auf zeitgeschichtliche Ereignisse und Personen steckt[12]. Überzeugende Beweise für diese These hat Dover Wilson freilich nie, auch nicht in der Zweitauflage

---

11 „E se non il credete, andate in Oxonia, e fatevi raccontar le cose intravenute al Nolano, quando publicamente disputò con que' dottori in teologia in presenza del prencipe Alasco polacco ed altri della nobiltà inglese. Fatevi dire come si sapea rispondere a gli argomenti; come restò per quindeci sillogismi quindeci volte qual pulcino entro la stoppa quel povero dottor, che, come il corifeo dell'Academia, ne puo sero avanti in questa grave occasione." (Zit. nach McNulty op. cit., S. 301) F. Fellmanns Übersetzung in der Sammlung Insel ist ungenau und läßt das Bild unter den Tisch fallen.

12 S. XXXIV.

des Jahres 1962, vorgelegt – zum Unterschied von Frances Yates, die in ihrer Monographie zu *LLL* aus dem Jahr 1936 und in anderen Studien zu Giordano Bruno, zu Florio und zum Kreis um Ralegh diese These erheblich konkretisiert und untermauert hat[13].

Erstaunlicherweise jedoch zeichnet sich in zwei neueren Editionen, in John Kerrigans Ausgabe im *New Penguin Shakespeare* (1982) und besonders in G.R. Hibbards Text im *Oxford Shakespeare* (1990) ein totales Abrücken auch von den bahnbrechenden Untersuchungen von Frances Yates ab. Die Reaktion beider Herausgeber muß zumindest als zwiespältig bezeichnet werden. Obschon beide ihrerseits an die zeitgeschichtlichen Anspielungen in *LLL* glauben und auch eine gewisse Hochachtung für die Untersuchungen von Frances Yates erkennen lassen, spricht Kerrigan von einer ‚vernichtenden Kritik', der diese Art der zeitgeschichtlichen Analyse neuerdings unterzogen worden sei[14]. Und Hibbard tut als Textkritiker etwas noch Befremdlicheres, indem er die anglisierten Schreibformen der Namen *Berowne* und *Longaville* aus den frühen Quartausgaben und der ersten Folio durch die französischen Formen *Biron* und *Longueville* ersetzt, im Fall des *Duc de Mayenne* hingegen es bei der anglisierten Form *Dumain* beläßt. Ein solches Vorgehen ist um so fataler, als nun etwa in IV, iii, 227-229 (*Arden*) der Reim *moon: Berowne* und damit generell der Anklang an den Namen Brunos aus dem Text eskamotiert worden ist. Sicherlich wäre es schlecht um die These von der Präsenz Brunos in *LLL* bestellt, wenn dieser Anklang an den Namen das einzige Indiz wäre; umgekehrt aber macht es einen Unterschied, wenn zu andern Indizien auch der Anklang im Namen hinzutritt. Bevor wir jedoch in die Überprüfung von Indizien eintreten, brauchen wir einen rudimentären Überblick über die Handlung wenigstens der drei ersten Akte, der für mein heutiges Vorhaben ausreicht.

König Ferdinand von Navarra, den ich der Einfachheit halber nur mehr Navarra nennen werde, ist mit dreien seiner Hofleute, Berowne, Longaville und Dumain, übereingekommen, den Hof von Navarra in eine neu-

---

13 F.A. Yates: *John Florio. The Life of an Italian in Shakespeare's England.* Cambridge 1934 (Repr., New York 1968); *A Study of* Love's Labour's Lost. Cambridge 1936; *Giordano Bruno and the Hermetic Tradition.* London 1964.

14 J. Kerrigan in *LLL*, The New Penguin Shakespeare, S. 40. Die angeblich vernichtende Kritik aus dem textkritischen Lager verkennt das Kernproblem, das nicht darin besteht, daß der Literalsinn einer Textstelle geleugnet wird, sondern ob sie darüber hinaus Verweisungen enthält und vor allem, wie diese dingfest zu machen sind. Wenn C.J. Sisson (*New Readings in Shakespeare*, Cambridge 1953, S. 115) in der berüchtigten Zeile *LLL* IV, iii, 251-252: „Black is (...) the school of night", einen Literalsinn einsichtig macht, hat er damit *nicht* bewiesen, daß die Formulierung nicht darüber hinaus eine zeithistorische Anspielung enthält.

platonische Akademie zu verwandeln. Drei Jahre wollen die vier jungen Männer nur dem Studium der Sterne und der philosophischen Kontemplation widmen. Im einzelnen möchte der König sein Gefolge darauf einschwören, pro Nacht nur drei Stunden zu schlafen, täglich nur eine feste Mahlzeit zu sich zu nehmen, einen Tag in der Woche gänzlich zu fasten und sich für drei Jahre die Frauen aus dem Kopf zu schlagen. Während Longaville und Dumain eil- und leichtfertig Eid und Unterschrift leisten wollen, macht Berowne Umstände: ob es nicht ohne das beschwerliche Wachbleiben und Fasten und besonders die weltfremde Regel, keine Frau zu sehen, gehe. Bei seinem Versuch, dem Eid zu entgehen, spielt Berowne unverblümt den Sophisten und Epikureer. Der angeblich ‚gottähnliche' Lohn des Studiums, nämlich zu erfahren, was dem gemeinen Verstand okkult und verborgen bleibt, reizt ihn nicht sonderlich. Dagegen hätte er keine Bedenken, Verbotenes kennenzulernen, zum Beispiel herauszufinden, wie man einen Eid bricht, ohne ihn dem Schein nach zu brechen, oder eine Schöne zu treffen, wo niemand mit ihr rechnet. Noch weniger Nutzen sieht Berowne in dem Geschäft, Sterne ausfindig zu machen und zu benennen. Solche Spiele möge man den Pedanten überlassen, deren ganzer Gewinn ohnehin in dem bißchen Autorität aus anderer Leute Bücher bestehe. Berownes Gegenvorschlag: statt der Sterne die Lichter und den Glanz in den Augen der Frauen zu studieren und über diese Widerspiegelung zur Selbsterkenntnis zu kommen. Shakespeares Hintersinn hinter dieser Pose des sophistischen Gauklers versteht Berowne selbst so wenig wie seine Freunde, und auch für uns bleibt es zunächst einmal bei der überraschenden Wende, daß Berowne zunächst das ganze Unternehmen bissig in Frage stellt und dann doch den Eid schwört. In der Tat ist es nicht zum besten um das Akademieprojekt Navarras bestellt. Der Bedrohung von innen, auf die Berownes Ausflüchte aufmerksam gemacht haben, folgen andere von außen auf dem Fuße. Vor den Toren des Hofes wartet bereits die Tochter des Königs von Frankreich, um Staatsverhandlungen über die Zugehörigkeit Aquitaniens zu führen. Um sein Gelübde zu retten, quartiert Navarra daraufhin die Prinzessin und ihre drei Hofdamen in Zelten im weitläufigen Park ein, doch ohne Erfolg, denn schon beim allerersten Zusammentreffen verlieben sich prompt alle vier jungen Männer, zum Glück freilich jeder in eine andere junge Dame und der König selbstredend in die Prinzessin. Dies ist der Stand am Ende des zweiten Akts, wobei jeder Eidbrecher als nächstes vor der doppelten Aufgabe steht, wie er seine Leidenschaft vor den Freunden verbergen und sich gleichzeitig – am besten durch ein Liebessonett – der Angebeteten offenbaren soll. Allerdings ist zumindest Navarras Liebe auf den ersten Blick auch Boyet, dem Berater der Prinzessin, nicht entgangen.

Nachdem ich mir bisher verkniffen habe, irgendwelche Bezüge zwischen *LLL* und Giordano Bruno herzustellen, möchte ich hier erstmalig auf gewisse Ähnlichkeiten zwischen Boyets Beschreibung und Brunos Vorwort zu den *Eroici Furori* hinweisen. Diese Ähnlichkeiten können zufällig sein, wiewohl ich bis heute keine weiteren Belege für den Topos, wenn es denn einer sein sollte, gefunden habe. Boyet berichtet seiner Herrin über Navarras Verliebtheit, damit sie bei ihren Verhandlungen um den Besitz Aquitaniens Kapital daraus schlagen kann; und zwar schildert er auf über zwanzig Zeilen, wie sich im Auge des jungen Königs Herz, Zunge und alle Sinne gedrängelt haben, um die Schönheit der Prinzessin zu bewundern. Zugrunde liegt zunächst einmal nur der Topos vom Auge als Spiegel oder Fenster der Seele. Aufregender wird es, wenn wir erleben, wie Shakespeare dieses Staunen aller Seelenkräfte regelrecht in ein Marktangebot von Seiten Navarras umkehrt. Das Fenster des Auges wird zum Schaufenster, in dem der König seine eigenen Vorzüge feilbietet:

> Methought all his senses were lock'd in his eye,
> As jewels in crystal for some prince to buy;
> Who, tend'ring their own worth from where they were glass'd,
> Did point you to buy them, along as you pass'd:
> (II, i, 242-245)

Diese Verwandlung des Auges in eine Schaufensteranlage und auch noch in einen Marktplatz taucht, mal knapper, mal ausführlicher, an unterschiedlichen Stellen von *LLL* auf[15] und erinnert an Brunos Bilderreihe aus dem Vorwort zu den *Eroici Furori*, wo er die weibliche Schönheit abfällig als äußeren Schein beschreibt, unter dem sich ‚ein Frachtschiff, ein Krämerladen, ein Lagerhaus, ein Markt mit Schmutz und Gift ...' verberge[16]. Die Parallele mag ein Zufall sein; für sich genommen läßt sie noch keine Rückschlüsse zu, doch beginnen sich – wie ich meine – solche und auch größere Ähnlichkeiten im III. und IV. Akt von *LLL* zu häufen.

---

15 II, i, 234-245; III, i, 15-16; IV, iii, 231-232. Vgl. *Son.* 24, 7-8. Dazu auch John Florio: *Second Frutes* (1591), hrsg. v. R.C. Simonini, Scholars Facsimiles & Reprints, Gainesville, Florida, 1953, S. 205: „Loue, neede, and deceite, are the true masters of Rhetorique; and it appeares plainly that you haue beene taught by the first, & by your fore head, which is the market place, where the thoughts of louers are seene to walk, I perceiue that you are in loue" (= & alla vostra fronte, la quale e la piazza doue si vedono spasseggiare i pēsieri de gli inamorati). Zu der These, daß Florio den Vermittler zwischen Shakespeare und Bruno gespielt hat, vgl. Yates, *A Study of* Love's Labour's Lost, Kap. 6 „Bruno and 'Stella'", S. 102-136.

16 „[...] e contenuto vn navilio, vna bottega, vna dogana, vn mercato de quante sporcarie, tossichi, et ueneni [...]" (*Le Opere italiane*, hrsg. v. P. de Lagarde, Göttingen 1888. Bd. II, S. 609.)

Der III. Akt ist vor allem der Darstellung Berownes gewidmet, der selber zur Genüge weiß, welcher Hohn und Spott ihn treffen werden, wenn er die Rolle des antipetrarkistischen Liebesverächters, gegen die er gemeckert und die er dann doch angenommen hat, nicht durchhält. Doch nachdem er sein Liebessonett an Rosaline einem tölpelhaften Boten übergeben hat, der es prompt an der verkehrten Adresse abgeben wird, darf er erst einmal Klage führen. In einer parodistischen Litanei schildert er am Ende des Akts Cupidos unaufhörlichen Aufstieg vom launischen Winzling zum Alleinherrscher und Großmarschall und seinen eigenen Fall; er, der einmal die Peitsche über den Knaben geschwungen hat, trägt jetzt dessen Farben und agiert als Gaukler und Purzelbaumschläger in der Armee des Liebesgotts:

> O my little heart!
> And I to be a corporal of his field,
> And wear his colours like a tumbler's hoop!
> (III, i, 183-185)

Nicht minder stöhnt der verliebte Berowne darüber, daß er mit der schwarzäugigen und schwarzhaarigen Rosaline (einem elisabethanischen Klischee zufolge) auf das lüsternste Weibsbild hereingefallen ist, das auch ein Argus nicht unter Kontrolle halten könnte:

> ...one that will do the deed
> Though Argus were her eunuch and her guard:
> And I to sigh for her!
> (III, i, 195-197)

Wer Brunos *Eroici Furori*, speziell auch das Vorwort kennt, wird sich im Zusammenhang mit Berownes Doppelrolle des Epikureers und Liebesverächters an die in mancher Hinsicht zwiespältige Einstellung des Nolaners zur Liebe erinnert fühlen. Nachdem er erst die weiblichen Reize auf ‚einen Krämerläden und einen Marktplatz voller Schmutz und Gift' reduziert hat, verwahrt Bruno sich anschließend dagegen, als Feind der Fortpflanzung zu gelten, und fragt entrüstet:

> Sollte ich etwa versuchen, mich oder andere dem bittersüßen Joch zu entziehen, das uns die göttliche Vorsehung auf den Nacken gelegt hat?

Oder er tönt lauthals:

Ich würde mich schämen, wenn ich mit allem, was zu meiner äußeren Erscheinung gehört, hinter irgend einem anderen zurückstehen wollte (...)[17]

Ähnlich verwirrend klingen auch Brunos Äußerungen zur Liebesdichtung. Einerseits stellt er Petrarcas *Canzoniere* auf eine Stufe mit Spottgedichten zum Lob des Nachtpotts, des Dudelsacks, der Saubohne ... und greift andererseits zur Auslegung seiner eigenen Anschauungen darauf zurück oder erfindet sogar solche Gedichte[18]. Damit, so scheint mir, beginnt sich abzuzeichnen, daß Shakespeare bewußt Anklänge an Bruno in seine Komödie einbaut, die er freilich nicht im Sinn des Nolaners, sondern vielmehr zur Verspottung von dessen Anschauungen einsetzt.

Diese Anklänge nehmen im IV. Akt weiter zu und erreichen in der großen Szene IV, iii ihren Höhepunkt, mit deren Betrachtung ich mein Referat beenden möchte. Bekanntlich gehört Brunos Auslegung des Aktaion-Mythos zum Kern seiner Liebestheorie. Es kommt zu der charakteristischen Umkehrung, daß Aktaion durch den Blick Dianas vom Jäger zum gejagten Hirsch und damit zur Beute seiner eigenen Hunde wird[19]. Die Parallele in *LLL* besteht darin, daß Berowne zu Beginn der dritten Szene des IV. Akts anläßlich der Hirschjagd zu Ehren der Prinzessin über eine vergleichbare Verwandlung klagt, nur daß Shakespeare keine Vergeistigung oder Heroisierung der Liebe im Sinne Brunos beabsichtigt, sondern eher eine Parodie darauf:

The king he is hunting the deer; I am coursing myself:
they have pitched a toil; I am toiling in a pitch, –
pitch that defiles:
(IV, iii, 1-3)

Aus dem Jäger ist auch im Fall Berownes der gejagte Hirsch geworden, der sich im Netz verfangen hat, wobei Shakespeare die Doppelbedeutung des Wortes *a pitch, to pitch* nutzt[20], um diese Verwandlung ins Negative zu ziehen[21].

---

17 S. 4-5.
18 S. 8-9. Vgl. zu dieser Zwiespältigkeit bei Bruno und Florio Yates, *A Study*, S. 110-115 und 127.
19 Inge Leimberg nutzt in ihrer Studie *Shakespeares ‚Romeo und Julia'. Von der Sonettdichtung zur Liebestragödie* (München 1968, S. 115-125) Brunos Aktaion-Auslegung, um daran den Wandel in der Liebesauffassung zu kennzeichnen, der Shakespeares *Romeo und Julia* von den Sonettdichtern seiner Zeit unterscheidet.
20 Pitch, to pitch, 1. Pech, mit Pech besudeln, 2. Fangnetz, Fangnetze anbringen. Vgl. III, i, 194.
21 Viel zu wenig bekannt ist, daß eine extreme Liebesleidenschaft, wie sie Shakespeare hier am Fall Berownes karikiert, seit Jahrhunderten und besonders in medizinischen Schriften als ‚heroisch' bezeichnet wurde. Vgl. dazu den folgenden Beleg

Im Verfolg der Szene läßt Shakespeare dann nacheinander Navarra, Longaville und Dumain auftreten und mit ihren Liebessonetten ihren Eidbruch ausposaunen. Der Kürze halber übergehe ich den komplizierten Aufbau des Geschehens, beschränke mich auf ein paar Sätze zu Longavilles Sonett und komme dann vor allem auf die eingeworfenen Kommentare Berownes zu sprechen, der wie ein rechter Zwergtaucher beim ersten Geräusch in die Büsche abgetaucht ist, um nur für die Zeit seiner Kommentare sich bemerkbar zu machen. Zunächst also zu Longavilles Sonett! Einzelne Zeilen dieses Sonetts wirken ganz wie eine Parodie auf Brunos Schmeichelei an die Adresse der englischen Hofdamen im Vorwort der *Eroici Furori*. Sie erinnern sich: Nach wiederholten schlimmen Angriffen auf die Frauen allgemein nimmt Bruno am Schluß die englische Diana und ihren weiblichen Anhang von der Schelte aus: „perche non son femine, non son donne; ma (in similitudine di quelle) son nimphe, son diue, son di sustanza celeste."[22]

Zumindest der Komödiendichter Shakespeare hat sich durch dieses unerwartete Lob nicht von seinen Intentionen abhalten lassen, legt er doch dem meineidigen Longaville in seinem Sonett eine ähnliche Sophisterei in den Mund:

> A woman I forswore; but I will prove,
>   Thou being a goddess, I forswore not thee:
> My vow was earthly, thou a heavenly love;
>   Thy grace being gain'd cures all disgrace in me.
> (IV, iii, 62-65)

Und damit die Botschaft auch richtig ankommt, läßt Shakespeare Berowne

---

aus Burtons *Anatomy of Melancholy* (1621), hrsg. v. H. Jackson, Everyman's Library, London 1932, Bd. III, S. 56-57: "It (sc. Love) rageth with all sorts and conditions of men, yet is most evident among such as are young and lusty, in the flower of their years, nobly descended, high fed, such as live idly and at ease; and for that cause (which our divines call burning lust) this *ferinus insanus amor*, this mad and beastly passion, as I have said, is named by our physicians heroical love, and a more honourable title put upon it, *amor nobilis*, as Savonarola styles it, because noble men and women make a common practice of it, and are so ordinarily affected with it. Avicenna, lib. 3, fen. I, tract. 4, cap. 23, calleth this passion *Ilishi*, and defines it to be ‚a disease or melancholy vexation, or anguish of mind, in which a man continually meditates of the beauty, gesture, manners of his mistress, and troubles himself about it'; [...]" Wiewohl J.L. Lowes bereits 1914 in seinem eindrucksvollen Artikel: „The Loveres Maladye of Heroes", *Modern Philology* 11 (1914), S. 491-546, den Fachausdruck *amor heroicus* bzw. *amor hereos* über die Araber bis zu den Griechen zurückverfolgt hat, ist diese Bedeutung immer noch nicht in das *Oxford English Dictionary* ([2]1989) aufgenommen.

22 *Opere italiane*, S. 612-613.

aus dem Gebüsch nachhelfen:

> This is the liver vein, which makes flesh a deity;
> A green goose a goddess; pure, pure idolatry.
> (IV, iii, 72-73)[23]

Nachdem anschließend auch Dumain sein meineidiges Liebesgedicht hergesagt hat, beginnt das Scherbengericht der Heuchelei. Wie einer nach dem andern beim Herannahen des nächsten in die Büsche verschwunden ist, bis sie zu dritt im gleichen Strauch hocken und sich nicht sehen, kommen sie jetzt in umgekehrter Reihenfolge wieder ans Tageslicht, um übereinander herzufallen. Allerdings hat Shakespeare dafür gesorgt, daß keiner der Gauner sich allzu lang im Glanz seiner Selbstgerechtigkeit sonnen kann. Berowne freilich, der als erster angekommen ist und über den höchsten Wissensstand verfügt, fühlt sich sicher. Zwar ist auch ein Sonett aus seiner Feder unterwegs; was er jedoch nicht weiß, ist, daß der erste Bote es an der verkehrten Adresse abgegeben hat und inzwischen ein zweiter den König sucht, um ihm den Irrläufer zu übergeben. Im Bewußtsein, selber unschuldig zu sein, gerät Berownes Strafpredigt besonders bitter und überheblich, so Navarra. Dieses „Too bitter is thy jest." (Z. 172) antwortet auf das Narrentreiben, dessen sich die Freunde nach Meinung Berownes in ihren Liebesgedichten schuldig gemacht haben:

> O! what a scene of foolery have I seen,
> Of sighs, of groans, of sorrow, and of teen;
> O! me with what strict patience have I sat,
> To see a king transformed to a gnat;
> (IV, iii, 161-164)

Einen Zusammenhang gibt es auch zwischen Navarras ‚bitterem Spott' und Berownes ‚strickter Geduld'. Der Zuschauer, der Berownes Kommentar vom grünen Gänschen, das sich in eine Göttin verwandle, noch im Ohr hat, wird darin kaum ein Zeichen großer Geduld sehen. In Wirklichkeit steckt in dem „strict" ein Wortspiel, denn Berownes ‚lautere' Geduld ist eine ‚strenge Geduld' von der Art Brunos im Vorwort zu den *Eroici Furori*.

Ich weiß, das kommt jetzt ein wenig überraschend. Doch sind solche Kennzeichnungen wie die vom ‚bittern Spott' und der ‚strengen Geduld' wirklich so abwegig, wenn Sie an den Anfang von Brunos Vorwort denken, an die riesigen Beschreibungen und Kataloge etwa, mit denen er nicht nur die weltliche Liebe, sondern gerade auch ihre Verewigung in der

---

23 Anspielung auf die Leber als Sitz leidenschaftlicher Liebe.

Dichtung geißelt? Und redet Bruno nicht selbst wiederholt von Schauspiel, ja, wirkt es nicht wie eine Aufforderung, eine Komödie aus eben diesem Stoff zu entwickeln, wenn er fragt:

> Könnte uns eine Tragikomödie, eine Szene, sage ich, die mehr Mitleid und Gelächter verdiente, in diesem Welttheater, auf dieser Bühne unseres Bewußtseins vorgeführt werden, als das Schauspiel so vieler Gestalten, die nachdenklich, tiefsinnig, beständig, standhaft und treu werden, zu Liebhabern, Beschützern, Bewunderern und Sklaven gegenüber einem Gegenstand ohne Verlaß, ohne jede Beständigkeit, bar allen Verstandes [...] Seht also nun auf Papier gedruckt, in Bücher eingeschlossen, vor die Augen gestellt und vor den Ohren zum Tönen gebracht: Einen Lärm, ein Getöse, einen donnernden Schwall von Allegorien, Impresen, Mottos, Briefen, Sonetten, Epigrammen, Büchern, weitschweifigem Gekritzel, von Todesschweiß, verbrauchtem Leben, so schrill, daß [...][24]

Im Zusammenhang mit Berownes Zuschauer-Kommentator-Rolle verdient schließlich noch eine weitere Zeile Beachtung. Es ist die Zeile, in der er in dramatischer Ironie seinen Sitz im Gebüsch als den eines Halbgottes im Himmel bezeichnet: „Like a demi-god here sit I in the sky,/ And wretched fools' secrets heedfully o'er-eye." (IV, iii, 77-78). Dies scheint mir ein weiterer Verweis – wenn Sie wollen – ein weiterer Hieb auf Brunos *Eroici Furori*, denn was ist ein Heroe anders als ein Halbgott? Die Heroen der Antike, sofern es sich nicht um abgesunkene Vorolympier handelt, sind zur Ehre der Halbgottheit aufgestiegene Menschen. Und darin besteht in der Tat der Kern von Brunos Botschaft in den *Eroici Furori*, daß er – anders als Shakespeare – an die Möglichkeit eines Aufstiegs zum Heroentum glaubt.

Meine Damen und Herren, obschon ich fast am Ende meines Referats bin, halte ich es durchaus für möglich, daß der eine oder andere Hartleibige immer noch nicht an die schattenhafte Anwesenheit des Nolaners in *LLL* glaubt. Darum für heute ein letzter Versuch!

Wie zu erwarten meldet sich der Bote mit Berownes in die Irre gegangenem Liebessonett just in dem Augenblick, als der Erzheuchler kräht:

> I am betray'd, by keeping company
> With moon-like men, men of inconstancy.
> When shall you see me write a thing in rhyme?
> Or groan for Joan? [...]
> (IV, iii, 177-180)

Zur Strafe wird Berowne dazu verdonnert, die Meineidigkeit des ganzen Quartetts als ihr Gegenteil zu erweisen und in einem überschweng-

---

24 S. 3. *Opere italiane*, S. 608.

lichen Hymnus auf die Liebe die Augen der Frauen als neuen-alten Sitz der Akademie von Navarra anzupreisen. Dabei passiert es dann, daß ausgerechnet in dem Moment, wo er anhebt, seine Rosaline, sein Schwärzchen, gegen die bleichen Sonnen der anderen auszuspielen, ihn kein Platonischer, sondern ein Brunonischer Furor packt. Jedenfalls fragt Navarra sofort – und leicht pikiert über die Herabsetzung seiner eigenen Prinzessin:

> King. What zeal, what fury hath inspir'd thee now?
>   My love, her mistress, is a gracious moon;
>   She an attending star, scarce seen a light.
> Ber. My eyes are then no eyes, nor I Berowne:
> (IV, iii, 226-229)

Bereits 1936 hat Frances Yates[25] darauf hingewiesen, daß dieses „fury inspir'd" eigentlich keine schlechte Übersetzung von Brunos *Eroici Furori* sei. Und mit Frances Yates bin auch ich der Meinung, daß diese Deutung geradezu verblüffend dadurch gestützt wird, daß Shakespeare an eben dieser Stelle den Reim *moon : Berowne* einbaut, der uns nicht nur über die elisabethanische Aussprache des Namens[26] informiert, sondern gegenüber französisch *Biron* auch unverkennbar den Anklang an Brunos Namen herstellt.

---

25 Yates, *A Study*, S. 127-128.
26 Vgl. die Schreibung *Beroune* in Nashes *Christs Teares* (*Works*, II, 182).

Die Rezeption Giordano Brunos in Frankreich und Deutschland von der zweiten Hälfte des 18. bis zu den Anfängen des 19. Jahrhunderts

Saverio Ricci

Die erste Phase der europäischen Verbreitung Giordano Brunos schließt mit den von Jakob Brucker geschriebenen Seiten in der *Historia critica philosophiae*. Dieser ersten Phase, die ungefähr von 1600 bis 1750 reicht, habe ich eine umfangreiche Untersuchung gewidmet;[1] an deren Ergebnisse knüpft die vorliegende Arbeit an und setzt sie gewissermaßen für den französischen und den deutschen Bereich bis zum Beginn des 19. Jahrhunderts, das heißt bis zur Wiederaufnahme Brunos in Deutschland zwischen romantischer Naturphilosophie, Spinoza-Renaissance und Schellingschem Idealismus, fort.

Aus dem ebenso weitgespannten wie variationsreichen Panorama der Verbreitung brunianischen Denkens bis 1750, das durch vielfältige Richtungen und Auslegungen gekennzeichnet ist, die an dieser Stelle nur schwer wiederzugeben sind, soll hier nur an zwei grundlegende Interpretationen erinnert werden, und zwar wegen der Bedeutung, die diesen für die nachfolgende Zeit zukommt: Zunächst die Interpretation von John Toland, der Brunos Vision des Universums als eine Naturphilosophie begriff, welche die Defizite des Spinozismus wie auch des Newtonismus aufzufüllen und ihre Widersprüche zu überwinden fähig sei; letzterem warf der irische Philosoph einen falschen Denkansatz hinsichtlich der Beziehung zwischen Kraft und Materie vor. Sodann Brunos Auslegung durch Pierre

---

1 Saverio Ricci, *La Fortuna del pensiero di Giordano Bruno 1600-1750*. Prefazione di Eugenio Garin, Florenz 1990. Der Band behandelt im einzelnen I. *L'eredità di Lullo*, S. 13-47 (1. Nella tradizione lulliana, 2. Ramisti e brunisti, 3. La *clavis bruniana* nel XVII secolo), II. *Tra naturalismo e nuova scienza*, S. 49-129 (1. Seguaci inglesi: il ‚Northumberland Circle', 2. La questione copernicana e l'infinità dell'universo, 3. *Infinitum* e *indefinitum*: Wilkins, Descartes e More), III. *Infiniti mondi, vortici cartesiani e spazio divino*, S. 131-238 (1. Tra Bruno e Galileo: Claude Bérigard, 2. Abraham von Franckenberg lettore del *De immenso*, 3. La ‚grande macchina' e il ‚grande animale': il dibattito sull'infinito tra meccanicisti e vitalisti, 4. Bruno ‚napoletano': dagli Investiganti a Giannone), IV. *Dio e natura*, S. 239-330 (1. Bruno e Spinoza nel *Dictionaire* di Bayle, 2. Toland e la ‚propaganda' bruniana, 3. La critica delle religioni storiche, 4. Il nuovo panteismo), V. *Tra newtonismo e libero pensiero*, S. 331-393 (1. I *newtonians* e la pluralità dei mondi, 2. Contro i *freethinkers*, 3. Reazioni ed echi in Italia, 4. Lacroze e Heumann, 5. Ancora su Bruno e Toland, in Germania e in Francia).

Bayle, der ganz im Gegenteil die Philosophie des Nolaners als einen inhaltlich grundlegenden, wenn auch in der Form unklaren und nebulösen Vorläufer des spinozianischen Pantheismus betrachtete.

Während bei Toland jenes Bild Brunos wiederersteht, das die französischen Materialisten und Aufklärer vor Augen hatten, führt der Bruno Jacobis, Goethes und Schellings auf Bayle zurück, wenngleich sich, wie es oft geschieht, gewisse Elemente Brunos bei Toland gefiltert, gewandelt und angepaßt im weiten Rezeptionsspektrum zwischen Naturphilosophen und Romantikern wiederfinden und das von Bayle aufgeworfene Problem der Beziehung zwischen Bruno und Spinoza auch in der Aufklärungsphilosophie präsent ist.

In Deutschland ändert sich zwischen 1770 und 1790 von Grund auf die allgemeine Perspektive, in der die unterschiedlichen Auslegungen Tolands und Bayles Ende des 17. und Anfang des 18. Jahrhunderts ihren Platz gefunden hatten. Bei Toland war das zentrale Problem, für dessen Lösung man Bruno bemühte, das der Beziehung zwischen Kraft und Materie, Lebendigkeit und Körperlichkeit; bei Bayle stand dem der Versuch gegenüber, eine allgemeine Geschichte des in seiner Eigenschaft als systematischer Atheismus konsequenten Rationalismus und seiner Vorläufer zu schreiben, außerhalb dessen es nichts als absolute Gläubigkeit geben kann.

In deutschen Landen geben die Gedanken Brunos nach mehr als einem halben Jahrhundert, insbesondere, wenn auch nicht ausschließlich, über tolandianische und vor allem baylesche Vermittlung, den Anstoß für eine weder mechanistische noch geometrische Betrachtung der Natur. Diese wird als schlummernde, entmachtete und verantwortungslose Vernunft empfunden, in der sich die Hamann so teure *coincidentia oppositorum* enthüllt, die von Goethe in den Organismen gesuchte Göttlichkeit, jene Einheit des Endlichen und des Unendlichen, deren Vorwarnungen und Umrisse Schelling in der langen Tradition des Pantheismus verfolgt und deren Schicksal Jacobi zu rekonstruieren versucht hatte.

Das zentrale Problem, das sich stellt, ist der erneute Brückenschlag zwischen Materialismus und Idealismus, ist eine Antwort auf die Frage: Wenn die Realität auf unterschiedlichen Stufen und in zeitverschobenen Phasen ganz vom Göttlichen und vom unendlichen Gedanken durchdrungen ist, wie lassen sich dann die Zeichen einholen und entschleiern, wie könnte man die ‚Differenz‘, das ‚Endliche‘, aus der ‚absoluten Einheit‘ ableiten und definieren?

Während in Frankreich ein atheistischer und hylozoistischer Bruno im Verfolg der Konzeption Tolands durch freimaurerische Zirkel und materialistische Salons Verbreitung fand, um dann in der Revolution von 1789 auf den Altären einer laizistischen Kanonisierung zu landen, wurden dem ‚präspinozistischen‘ Bruno Bayles in Deutschland idealistische Gewänder angelegt, und dies nicht zuletzt aufgrund der wiederentdeckten neupythagoreischen und neuplatonischen Quellen der Philosophie des Nolaners, deren Erinnerung die deutsche Mystik und Gelehrsamkeit des 18. Jahrhunderts nie ganz verloren hatten.

Im Frankreich der Aufklärung war der größte Bewunderer des Nolaners Diderot, der auch den Artikel „Bruno" in der *Encyclopédie* verfaßte. Diderot hatte die mutige Unnachgiebigkeit des Philosophen beeindruckt, der sein Leben im Opfertod hinzugeben bereit war, um Zeugnis über seine Treue zu sich selbst abzulegen. Dies war eine Vorstellung, die späterhin großen Anklang finden sollte, insbesondere im 19. Jahrhundert, auf dem Höhepunkt der antiklerikalen Polemiken. Namentlich interessierte ihn jedoch der Gehalt der brunianischen Spekulation selbst, den als obskur und unverständlich anzusehen er sich weigerte und dem er sich im Zusammenhang mit der Überprüfung der mechanistischen Auffassung von der Natur näherte, welche einerseits von Toland, andererseits vom Spinozismus beeinflußt war.

Diderot rückte Bruno in die Nähe Spinozas, aber auch Leibniz'. Für ihn war der Nolaner der Koinzidenz von Willen, Notwendigkeit und Freiheit im Gotteskonzept des jüdischen Philosophen zuvorgekommen; auch das System der Monaden und die vorbestimmte Harmonie in der Konzeption des deutschen Denkers fand er in den Werken Brunos vorskizziert. Was Spinoza anbetraf, so stimmte Adrien-André François Pluquet, ein Kritiker des Fatalismus und des Monismus, mit Diderot überein und ergänzte dessen Gedanken dahingehend, daß nicht nur der Verfasser der Ethik, sondern auch Descartes und Toland entschieden in der Schuld Giordano Brunos gestanden hatten.

Diderots besondere Wertschätzung Brunos stimmte überdies mit den Auffassungen des Barons von Holbach und der Materialisten seines regen Kreises überein. Sowohl d'Holbach als auch Diderot, der eine als Übersetzer der *Letters to Serena*, der andere als Forscher des Freidenkertums, hatten von Toland den Begriff der Bewegung und der Aktivität als genuinen und von ihr untrennbaren Eigenschaften der Materie übernommen.

Toland hatte auf Bruno selbst und im weiteren Sinne auf die hylozoistische Tradition der Renaissance und des italienischen Naturalismus des 17. Jahrhunderts zurückgegriffen, um sowohl das Schweigen Spinozas zum Problem der Beziehung zwischen Bewegung und Materie als auch die Newtonsche Lösung eines ständigen auch über die Vermittlung geistiger Kräfte erfolgenden Eingriffs der Gottheit in den Herrschaftsbereich der Natur zu korrigieren. Gerade aus der Umgebung des Barons d'Holbach ging 1771 ein beunruhigendes kleines Werk hervor, die sogenannten *Pièces philosophiques*, in denen neben verschiedenen unorthodoxen Traktaten ein empörtes apologetisches Pamphlet enthalten war, der *Jordanus*

Brunus redivivus. In diesem sind tolandianischer Empirismus und antikatholisches Ressentiment eng miteinander verwoben. Die Erinnerung an Bruno wird mit Hinweis auf die schwere Bestrafung Mersennes wachgerufen und die Bedeutung seines Denkens auf eine Ebene gestellt mit der Cardanos, Pierre de la Ramées und Galileis. Die Vorstellungen Brunos von der Unendlichkeit des Universums und der Pluralität der Welten, die Toland im *Pantheisticon* wieder aufgegriffen und gerühmt hatte, wurden nicht nur als mit dem Glauben an die Existenz Gottes vereinbar, sondern sogar als einer erhabeneren und ehrenvolleren Sicht des Göttlichen würdig bezeichnet.

Der *Jordanus Brunus redivivus* scheint nicht das Werk d'Holbachs selbst zu sein. Es handelt sich möglicherweise um einen anonymen freidenkerischen Text, dessen Abfassung und heimliche Verbreitung man in der ersten Hälfte des 18. Jahrhunderts vermutet hat. D'Holbach übernahm vermutlich nur die Aufgabe, ihn einer breiten Öffentlichkeit wieder zugänglich zu machen, indem er ihn publizierte. Es erstaunt daher nicht, daß der Baron, und zwar schon vor dem Druck des *Redivivus*, von seinen Gegnern mit Bruno in Verbindung gebracht wurde. Im Jahre 1770 hatte Jean-Baptiste-Claude De Lisle de Sales, genannt Izouard, unter dem Titel *Philosophie de la nature* eine Widerlegung des Systems d'Holbachs veröffentlicht, in der er anläßlich seiner Anschuldigung des Barons als eines Atheisten nicht unterließ, an Bruno zu erinnern, „un des plus grands propagateurs de l'athéisme", „sophiste sans principes", der sich vorgenommen hatte, „d'anéantir Dieu et l'Inquisition; Dieu lui a pardonné peut-être" (scherzt Izozard); „pour l'Inquisition, elle le fit brûler vif, et la sentence du Saint-Office fut exécutée a Venise (sic!)".

Izouard war offenkundig schlecht informiert. Bruno war in Rom verbrannt worden, nicht in Venedig, wo lediglich seine Verhaftung stattgefunden hatte. Dieser Lapsus bestätigt andererseits auch nur die Oberflächlichkeit des Gegners von d'Holbach. Man stritt in Frankreich weiter über Bruno, aber auch unter den englischen Freunden d'Holbachs, in Zusammenhang mit Toland: Dies gilt in erster Linie für Joseph Priestley und seine *Disquisitions relating to Matter and Spirit*; und Jacques-André Naigeon, Mitarbeiter des Barons und mit seiner *Encyclopédie méthodique* Fortsetzer des Werkes von Diderot, sah im Jahre 1793 die Notwendigkeit, den Eintrag „Bruno", den Diderot für die *Encyclopédie* erstellt hatte, zu ergänzen und auf den neuesten Stand zu bringen. Naigeon brachte dabei interessante textliche Gegenüberstellungen ein und bestätigte die Tiefe der Verbindung zwischen Toland und Bruno, mit dem Unterschied allerdings gegenüber Diderot und d'Holbach, daß er sich nunmehr frei fühlte, den antichristlichen Charakter der Philosophie des Nolaners zu unterstreichen. Schon zwei Jahre zuvor hatte Bruno denn auch – unter dem Datum des 9.

Februar – Einlaß in den Kalender der atheistischen und häretischen Heiligen gefunden, den der Revolutionär Sylvain Maréchal verfaßt hatte. Die Französische Revolution feierte in dem Märtyrer des Campo dei Fiori, ähnlich wie in Spinoza und Voltaire, einen der bedeutendsten Helden im Kampf um die Behauptung des freien Denkens gegen den Obskurantismus der Kirche. Die von Pierre Bayle ersonnene Republik der tugendhaften Atheisten begann ihre Altäre zu errichten.

In Deutschland wurde das Vermächtnis Giordano Brunos in einer völlig anderen geistigen Atmosphäre als der französischen aufgenommen. Gewiß, auch in Deutschland hatte, wie in Frankreich, die von Bayle gelieferte Interpretation Brunos als eines Vorläufers des systematischen Atheismus Spinozas Wirkung gezeigt. Auch viele deutsche Gelehrte hielten Toland für den gottlosen Wiederentdecker des gottlosen Philosophen aus Nola, der von den Papisten verbrannt wurde, aber mit den Calvinisten von Genf in Streit geraten und in seiner erklärten Bewunderung für das Land der Lutherschen Reformation wahrscheinlich unaufrichtig und opportunistisch gewesen war. Man erinnerte sich an Bruno als einen Gegner aller offenbarten Religionen, nicht allein des Katholizismus. Die Angriffe auf die Reformierten in seinen Werken waren nicht unbemerkt geblieben, und sie schmerzten nicht weniger als der Spott auf die katholischen Riten, den römischen Aberglauben und auch auf die jüdische ‚Eseligkeit‘. Aber es waren nicht wenige in der ersten Hälfte des 18. Jahrhunderts auch in Deutschland gewesen, die in der Verurteilung Brunos die Verurteilung eines Häretikers, nicht eines Atheisten, gesehen hatten, eines mystischen Heterodoxen, nicht aber eines Feindes des Christentums überhaupt.

In Frankreich hatte sie gefehlt, in Deutschland aber wurde sie vorgenommen und erwies sich bald als recht weitreichend und erfolgreich: eine Auslegung der Philosophie des Nolaners als pantheistische Schwärmerei, als poetische Begeisterung neupythagoreischer Aszendenz. In der Blütezeit der Mystik hatte Abraham von Franckenberg (1593-1652), ein Mitarbeiter Jakob Boehmes, in einem Werk, das den Bruno-Forschern bislang entgangen ist, nämlich im *Oculus Sidereus*, den Bruno der Frankfurter Dichtungen wiederentdeckt und ihn im Lichte der dort reichlich vertretenen kabbalistischen, neuplatonischen und magischen Komponenten neuinterpretiert. So war in Deutschland das Bild eines mystischen und nicht etwa eines atheistischen Bruno entstanden, eines platonisierenden Pantheisten, in dem ein großer Teil der Kultur, auch der esoterischen, dieses Landes sich mühelos wiederfinden konnte.

Alles in allem hatte sich so das Bild eines Bruno geformt, der gewissen Schlußfolgerungen der protestantischen Mystik, der Literatur der Rosenkreuzer und der hermetischen Richtung, dem Kabbalismus und der Pansophie nicht allzu fernstand. So kam es, als in den letzten Jahrzehnten des

18. Jahrhunderts Spinoza im deutschen Raum vor allem dank Jacobi, Goethe, Lessing und Herder wieder an Bedeutung gewann und als die Ende des 17. Jahrhunderts von Bayle erneuerte Tradition des Pantheismus all ihren Einfluß und ihre Faszination wiedererlangte, daß Bruno schlagartig in das Zentrum des Interesses zurückkehrte und seine Auffassung von der Natur und der Beziehung zwischen ihr und der Gottheit für besonders bedeutsam erachtet wurde, nicht zuletzt zum Zwecke einer Neulektüre und Korrektur Spinozas. Mehr noch: Zu einer Zeit, als Naturphilosophen und Romantiker von Novalis bis Schelling, von Goethe ganz abgesehen, sich vom neuplatonischen Denken, insonderheit Plotins, unwiderstehlich angezogen fühlten, und zwar derart, daß sie ihre eigenen metaphysischen Konstruktionen idealistischer Prägung im Licht jener Tradition neu zu lesen begannen, da mußte ihnen Giordano Bruno, jener Bruno, der von Nicolaus Cusanus und der italienischen neuplatonischen Schule des 15. Jahrhunderts herkam, als ein kostbares, ja unersetzliches Zwischenglied erscheinen.[2]

Als David Clement im Jahre 1754 in Hannover den 5. Band seiner *Bibliothèque curieuse* veröffentlichte, fügte er diesem einen sehr fundierten Eintrag über Bruno ein. Clement korrigierte Irrtümer und Verdrehungen im Zusammenhang mit der Biographie des Nolaners, vor allem aber veröffentlichte er lange Auszüge aus dessen Werken und verwies den Leser, der mehr darüber erfahren wollte, an die deutschen Bibliotheken, in denen man die äußerst raren Bruniana vorfinden konnte: Göttingen, Hannover, Dresden, Hamburg. Unter denen, die noch auf den Eintrag „Bruno" im *Dictionnaire* Pierre Bayles zurückgriffen, war auch der junge Goethe, der auf einem 1770 verfaßten Blatt festhielt, über den oberflächlichen Vorwurf der Obskurität und Unverständlichkeit, den Bayle gegen einige Stellen der brunianischen Schriften, insbesondere *De la Causa*, vorgebracht hatte, äußerst ungehalten zu sein. Es ist nicht unwahrscheinlich, daß Goethe einige der Werke des Nolaners hat lesen können, die damals in den Bibliotheken Straßburgs und Frankfurts aufbewahrt wurden, und so die Vorstellung gewinnen konnte, daß der italienische Philosoph nicht nur nicht unverständlich, sondern ebensowenig gottlos war, ein Eindruck, der sich durchaus auf Äußerungen einiger deutscher Autoren des 17. Jahrhunderts,

---

[2] Dabei ist zu bedenken, daß in Deutschland Ende des 18. Jahrhunderts die Werke Plotins und der anderen Neuplatoniker noch in den lateinischen Versionen des Marsilio Ficino gelesen wurden. Die modernen Übersetzungen von Creuzer kamen erst mit dem neuen Jahrhundert; Schelling hat sie ausgiebig gewürdigt. Die Schriften Brunos stellten auch in ihren synthetischen Neufassungen – wie der in deutsch abgefaßte Auszug der von Jacobi 1789 veröffentlichten Schrift *De la Causa* – ein wirksames und eindrucksvolles Mittel dar, dem in ihr umfänglich vertretenen neuplatonischen Denken einen stärkeren Stellenwert in der zeitgenössischen Diskussion zu geben.

wie Morhof und Arnold, stützen konnte, die Goethe wohlbekannt waren. Wir wissen, daß es gerade die Lektüre eines Goethe-Gedichts von deutlich pantheistischer Inspiration, des *Prometheus*, war, die 1779 die berühmte Erklärung Lessings auslöste, welche von Jacobi mit Erstaunen und einiger Beunruhigung aufgenommen wurde: „Ich bin Spinozist." Jene Feststellung brachte Jacobi dazu, seine Studien Spinozas, aber auch Brunos, zu vertiefen und 1785 seine Briefe an Moses Mendelssohn *Über die Lehre des Spinoza* zu veröffentlichen, eine stark von emotionaler Beteiligung zeugende Analyse der Problematik des spekulativen Atheismus, um vier Jahre danach diesen Text noch einmal zu veröffentlichen, wobei er im Anhang auf deutsch eine Zusammenfassung der Schrift *De la Causa* anfügte, die Goethe fast zwanzig Jahre zuvor als durch Bayle ungerecht beurteilt angesehen hatte. Tatsächlich hatte Goethe zwischen 1782 und 1785 immer wieder *De la Causa* studiert, eine leidenschaftliche Begegnung, die in der – von Dilthey kundig zusammengetragenen und erläuterten – Abhandlung *Die Natur* sowie im *Philosophischen Aufsatz* bemerkenswerte Spuren hinterließ.³

Jacobi veröffentlichte seine deutsche Zusammenfassung des brunianischen Dialogs mit der Erklärung: „Seine Schriften wurden lange Zeit, theils wegen ihrer Dunkelheit vernachläßigt, theils wegen der darin vorgetragenen neuen Meinungen aus Vorurtheil nicht geachtet, theils wegen gefährlicher Lehren, die sie enthalten sollten, verabscheut und unterdrückt [...]. Mein Hauptzweck bey diesem Auszuge ist, durch die Zusammenstellung des Bruno mit dem Spinoza, gleichsam die Summa der Philosophie des ἓν καὶ πᾶν in meinem Buche darzulegen [...]. Schwerlich kann man einen reineren und schöneren Umriß des Pantheismus im weitesten Verstande geben, als ihn Bruno zog."

Die Wiederbelebung Brunos durch Jacobi rief lebhaftestes Interesse hervor, das weit über die Anfänge des 19. Jahrhunderts hinaus anhalten sollte. Jacobi brachte somit ein grundlegendes Werk des italienischen Philosophen wieder in Umlauf und warf von neuem die Frage nach der Beziehung zwischen Spinoza und Bruno auf. Vor allem aber drang die Spekulation des Nolaners in die deutsche Philosophie in den Jahren ein, da sich die große Epoche des Idealismus ankündigte, während der Bruno als wichtigstes Glied einer Kette begriffen wurde, die Plotin mit Spinoza verband und bis zu Fichte und Schelling und vorher noch zu Novalis reichte. In diese Reihe fügten sich die Gelehrten, die Doxographen und die Historiker der modernen Philosophie, von Johann Christian Adelung bis hin zu Johann

---

3 In denselben Jahren, zwischen 1781 und 1785, schrieb Hermann Herder bzw. Jacobi von seinem Interesse für *De la Causa* und für das *Principium coincidentiae oppositorum*, das in ihm einige Jahre zuvor, 1773, bei der Lektüre des *De minimo* erwacht war. Dieses Werk Brunos suchte und ließ er suchen in Deutschland und Italien, freilich ohne Erfolg.

Gottlieb Buhle, von Karl Heinrich Heidenreich zu Georg Gustav Fülleborn.

Diese Diskussionen machte sich besonders Dietrich Tiedemann zunutze, der Verfasser des Buches *Geist der spekulativen Philosophie*. Obwohl Tiedemann die Vision Brunos wieder aufleben ließ als die eines Pantheismus, der Spinoza vorwegnimmt, maß er den neupythagoreischen und neuplatonischen Traditionen und Komponenten der „Nolaner Philosophie" größere Bedeutung zu. Nicht zufällig gestand Novalis gegenüber Friedrich Schlegel ein, Plotin – sowie seine Analogien zu Kant und vor allem zu Fichte – vermittels der Plotin gewidmeten Ausführungen Tiedemanns entdeckt zu haben. Die Vermutung liegt nahe, daß auch Bruno sich Novalis aus der Lektüre des Tiedemannschen *Geist(es) der spekulativen Philosophie* erschloß.

„Er [Bruno] behauptet, es gibt ein Kleinstes, ein *minimum*." So begann Tiedemann seine Darstellung des brunianischen Denkens. „Bruno. Logik oder Metaphysik. Das Einfache ist das Minimum", klang es in einer Notiz von Novalis nach. Es ist beinahe überflüssig, daran zu erinnern, daß auch für Goethe und Schelling die Begegnung mit Bruno zusammenfiel mit der Entdeckung Plotins, von denen der eine wie der andere unbekannt war, und zwar zunächst und außer in den Originaltexten oder Übersetzungen vermittels Kompendien und Darstellungen von Gelehrten, Kompilatoren und Philosophiehistorikern.

Einer von ihnen, Johann Gottlieb Buhle, formulierte in seiner *Geschichte der Philosophie* (1800) eine Beurteilung der brunianischen Spekulation, die von Grund auf den Einfluß des neuen idealistischen Klimas erkennen ließ. Ihm zufolge hatte Bruno, vom Neuplatonismus beeinflußt, das System eines objektiven Idealismus errichtet, das die Philosophie Fichtes noch übertraf:

„Der Pantheismus des Bruno ist ein objectiver Realismus, sofern er ein objectiver Idealismus [...]. Es ist das objective unendliche Ich, in welchem Denken und Seyn einerley sind [...]. Die gesunde philosophierende Vernunft wird allemal sich mit dieser Vorstellungsart des Bruno eher vertragen, als mit der des neuen Wissenschaftslehrers in Deutschland, Joh. Gottlieb Fichte, die auf subjectiven Pantheismus hinausläuft."

Die von Buhle an Fichte geäußerte Kritik liegt einige Zeit davor und nimmt in ihrer Grundtendenz die Polemik zwischen Schelling und Fichte vorweg, deren Ausgang von jenem 1802 veröffentlichten Dialog bestimmt wird, den Schelling dann *Bruno, oder über das göttliche und natürliche Princip der Dinge* betitelte.

Es würde an dieser Stelle zu weit führen, den philosophischen Werdegang Schellings vor diesem Werk und Zeitpunkt in Erinnerung zu rufen.

Deshalb will ich mich damit begnügen, darauf zu verweisen, daß die pantheistische Atmosphäre der Spinoza-Renaissance auch Schelling erfaßt hatte, der ebenso wie Lessing vom Motto des ἓν καὶ πᾶν bewegt und bereit war, Hegel in einem Brief vom 4. Februar 1795 zu erklären, er sei, wie Lessing, Spinozist geworden. Seine Kritik am subjektiven Idealismus Fichtes, der nicht die Einheit von Mensch und Natur wiederherstellte und ebensowenig die tiefinnere Verbindung zwischen dem Ideellen und dem Realen zurückbrachte, vollzog sich ebenso über die pantheistische Tradition in ihren verschiedenen Ausprägungen und Schattierungen von Plotin bis Spinoza wie über die Vermittlung der Theosophie Boehmes und Oetingers.

In den letzten Jahren des 18. Jahrhunderts reifen die diesbezüglichen Gedanken Schellings weiter heran. Er zeigt ein Interesse für Plotin und den Neuplatonismus, das erst nach 1804 mit den Übersetzungen der *Enneaden* seine völlige Befriedigung finden.[4] Er greift auf die Darstellung Tiedemanns zurück, die Novalis beeindruckt hatte, vor allem aber auf jenen Anhang zu den *Briefen über die Lehre des Spinoza*, der, wie Werner Beierwaltes geschrieben hat, „ein direkter und noch mehr indirekter Vermittler Plotins an den Idealismus" war, das heißt an die von Bruno in *De la Causa* vorgenommene Überarbeitung des Neuplatonismus. Plotin durch die Brille Brunos, Bruno als Vehikel der Verbreitung Plotins – dies gilt sicherlich für die größeren Werke, die Schelling in jenen Jahren schuf: *Von der Weltseele, Erster Entwurf eines Systems der Naturphilosophie* und *System des transzendentalen Idealismus*. Nachdem er eine vom neuplatonischen und vom Renaissance-Panpsychismus beeinflußte Naturphilosophie qualitativen und antimechanistischen Charakters ausgearbeitet hat, stellt Schelling die Natur und den Menschen als die unbewußte und die bewußte Seite ein und derselben Realität dar. Der Mensch ist, was die Vernunft betrifft, die Manifestierung der Rationalität und Spiritualität der Natur, die so dem, was sich uns als intelligentes und bewußtes Prinzip darstellt, identisch scheint.

Der Einfluß des Nolaners, den Schelling durch das deutsche Kompendium Jacobis kennt, durchdringt von Grund auf die Seiten des Werkes, in dem eine Figur namens Bruno den Standpunkt der antiken Tradition des materialistischen Pantheismus entwickelt, die er dahin gelenkt hatte, mit der neuplatonischen Tradition, und hier vor allem mit Plotin, eine Verbindung einzugehen. Schelling kommt zu der Auffassung, daß Bruno eine neue Synthese von Materialismus und Idealismus entworfen hat, indem er „die Keime der höchsten Speculation" entwickelte. Das Absolute Schel-

---

4 Diese Übersetzungen waren von seinen Freunden Windischmann und Creuzer vorgenommen worden.

lings läßt sich weder mit dem Sein – wie Gott bei Spinoza – noch mit dem Denken identifizieren, wie Fichte annimmt. Bruno scheint Schelling dabei behilflich zu sein, diese doppelte Überwindung zu vollenden. Das Unendliche nimmt nicht das Endliche in sich auf, weil sonst sich die Natur selbst veränderte; vielmehr macht sich das Endliche unendlich, indem es sich mit dem Unendlichen in das Absolute einfügt. Von der absoluten Einheit von Gleichheit und Verschiedenheit, von Unendlichem und Endlichem, gehen die unzähligen natürlichen und geistigen Produkte aus. In den Umläufen der himmlischen Sphären finden sich jene Einheit und jene Relation vor, die Genesis der belebten Welt, in deren Zentrum der Anfang des Lebens pulsiert, von welchem das unsterbliche Licht ausgeht. Das Universum ist ein großer belebter Korpus, an dem man vielförmige Glieder, die untereinander allesamt verbunden und belebt sind, unterscheiden kann. Wiederum an *De la Causa* erinnernd, zitiert eine der Figuren des *Bruno*, Alessandro, die Sätze: „In diesem allgemeinen Leben entsteht keine Form äußerlich, sondern durch innere, lebendige und von ihrem Werk ungetrennte Kunst. Es ist Ein Verhängnis aller Dinge, Ein Leben, Ein Tod; nichts schreitet vor dem andern heraus, es ist nur Eine Welt, Eine Pflanze, von der alles, was ist, nur Blätter, Blüten und Früchte, jedes verschieden, nicht dem Wesen, sondern nur der Stufe nach, Ein Universum, in Ansehung desselben aber alles herrlich, wahrhaft göttlich und schön, es selbst aber unerzeugt an sich, gleich ewig mit der Einheit selbst, eingeboren, unverwelklich."

Es ist an Bruno, der Dialogfigur, die Schlüsse Schellings zu entwickeln. Er proklamiert die wahre und letzte Philosophie, die – und hier benutzt der Bruno Schellings die Worte des historischen Bruno, des Bruno von *De la Causa* – aus der Einheit ihr Gegenteil zu entwickeln wußte: „Um in die tiefsten Geheimnisse der Natur einzudringen, muß man nicht müde werden, den entgegengesetzten und widerstreitenden äußersten Enden der Dinge nachzuforschen; den Punkt der Vereinigung zu finden, ist nicht das Größte, sondern aus demselben auch sein Entgegengesetztes zu entwickeln, dieses ist das eigentliche und tiefste Geheimnis der Kunst." Worte Giordano Brunos (in der Fassung Jacobis), von denen Schelling erklärt, sie gewählt zu haben „als das Symbolum der wahren Philosophie".

Goethe las den *Bruno* Schellings bei dessen Erscheinen, wie eine Anmerkung der *Tagebücher* bestätigt. Es ist besonders der deutschen Geschichtsschreibung, bei Dilthey angefangen, nicht schwergefallen, Einflüsse und Anregungen des Italieners im *Urfaust* und im *Faust*, im ‚Prinzip der inneren Form' und in den Teilen festzustellen, die Goethe Mohammed,

Prometheus und Ganimed gewidmet hatte.[5] An Schlosser schrieb Goethe am 18. Februar 1812: „Dieser außerordentliche Mann ist mir *niemals* ganz fremd geworden"; er hob damit eine alte, tief in ihm verwurzelte Gewohnheit hervor, ein stetig sich entfaltendes Interesse, das im Laufe vieler Jahre ohne Unterbrechung wachgeblieben war. Bruno, fügt er in dem Brief hinzu, habe ihn dazu angeregt, mit besonderer Aufmerksamkeit die Geschichte der Philosophie des Rinascimento zu studieren, in dem Bemühen auch, die Gründe für manche beißenden Stellungnahmen Brunos besser zu verstehen: „[...] doch habe ich die Geschichte der mittleren Philosophie niemals so sorgfältig studieren können, um zu wissen, wo er eigentlich hinauswill; warum er gegen gewisse Vorstellungsarten so heftig streitet und auf gewisse Punkte so sehr bejahend appuyrt. Noch manches andere, wie Sie selbst wissen, steht dem Verständnis seiner Werke entgegen." Auf diese Schwierigkeiten spielt Goethe noch in einer anderen Notiz aus dem Jahre 1812 an, dort, wo er es für ein übermenschliches Unterfangen hält, im Denken Brunos „das gediegene Gold und Silber aus der Masse jener so unglaublich begabten Erzgänge auszuscheiden und unter den Hammer zu bringen"; die „mystische Mathematik", in die der Nolaner seine Vision der Natur in oft unverständlicher und phantasievoller Weise einkleidete, verwirrte ihn, ohne ihn jedoch zu entmutigen, und noch 1815 gelang es ihm in *Gott und Welt*, eine eindrucksvolle Paraphrase des Kapitels XII des fünften Buches von *De immenso* vorzulegen, deren Beginn wie folgt lautet: „Was wär ein Gott, der nur von außen fließe, Im Kreis das All am Finger laufen ließe? Ihm ziehmt's, die Welt im Innern zu bewegen, Natur in sich, sich in Natur zu hegen, So daß, was in ihm lebt und webt und ist, Nie seine Kraft, nie seinen Geist vergißt." Es verwundert daher nicht, daß, als die Wagnersche Ausgabe der italienischen Werke Brunos erschien, Goethe sie mit Begeisterung begrüßte und die beiden Weihnachtstage des Jahres 1829 mit der Lektüre des *Candelaio* zubrachte und am Schluß anmerkte: „Höchst merkwürdige Schilderung der sittenlosen Zeit, in welcher der Verfasser gelebt."

---

5 Wir haben gesehen, wie Goethe seine Lektüren Brunos von 1770 an begann. Es ist einzufügen, daß er sie mit wachsender Intensität 1812 wiederaufnahm, wie erneut die *Tagebücher* belegen. Zu Beginn jenes Jahres entlieh sich Goethe aus der Bibliothek von Jena *De minimo* und *De monade*, Schriften, die er erst sechs Jahre später, im September 1818, zurückgab. Er ließ sich von seinem Freund Schlosser bei der Übersetzung des schwierigen Lateins des Nolaners helfen und versuchte sich selbst an der deutschen Version des Kapitels XI des ersten Buches von *De immenso*, das er unter dem Titel „Grundsätze des Jordanus Brunus, eines Italieners, der [...] in Rom als Atheist ist verbrannt worden" hinterließ. – Über das Verhältnis Goethes zu Giordano Bruno handelt im vorliegenden Band ausführlicher Maria Fancelli, „Goethe und Giordano Bruno", S. 175-186.

Viele Jahre waren vergangen, seit zwischen 1770 und 1789 Goethe, Hamann und Jacobi die Aufmerksamkeit in der philosophischen Kultur Deutschlands wieder auf Bruno gelenkt hatten. 1814 stellte Wilhelm Gottlieb Telemann in seiner *Geschichte der Philosophie* sehr zu Recht fest, daß die deutschen Philosophen in den Werken des Nolaners „den Idealismus der neuesten Schule nicht nur in dem Keime, sondern auch fast vollständig ausgebildet" finden konnten. Bruno war „noch tiefer und inniger" in das Denken der Neuplatoniker eingedrungen; gleichzeitig hatte er sich als „der Vorläufer von der Philosophie des Absoluten [...] und noch mehr von der Naturphilosophie" erwiesen. Dies war eine These, die 1828 von Gottlob Benjamin Jäsche in seiner Abhandlung *Der Pantheismus* wiederaufgegriffen wurde und zu ausführlicher kritischer Darlegung kam. Bruno hatte, so Jäsche, „das ewige göttliche Princip in der Materie" erkannt, wie es Schelling erschienen war. Es war dem Italiener gelungen, eine „Erhebung der Materie zum Range des ewigen und göttlichen Princips" zu vollenden, indem er die „idealistische Seite" der modernen naturalistischen Tradition enthüllte und „den Keim des Idealismus der neuesten Schulen" umriß. Dennoch war sich Jäsche der Schwierigkeiten durchaus bewußt, die der Nolaner nicht gelöst hatte. Schelling hatte seinen *Bruno* betitelten Dialog mit dem Zitat einer zentralen Stelle aus *De la Causa* beschlossen, die sich auf „das Verhältnis der endlichen Existenz zum Unendlichen, oder zu Gott" bezieht. Jäsche gibt der Überzeugung Ausdruck, daß Bruno die Frage „unbestimmt" gelassen habe, für deren definitive Beantwortung es seiner Meinung nach „die Deutlichkeit und Präcision eines metaphysischen Kopfes" gebraucht hätte.

Brunos Versuch, die Natur in ihren endlichen und den ihr eigenen Bestimmungen zur *natura naturans* wie „ein unvollkommenes Abbild zu seinem vollkommenen Urbilde", wie „ein Schatten" zum Ur-Licht, zu jener „Einheit" oder jenem ersten Prinzip, „welches die Vielheit und Mannigfaltigkeit der einzelnen endlichen Wesen erzeugt", in Verbindung zu bringen, scheint Jäsche übermäßig von jenen Denkformeln neupythagoreischer und neuplatonischer Provenienz geprägt, die in einer Art „combinatorischem Spiel" lösbar sind, nunmehr freilich zu weit entfernt von den Kategorien und Mitteln, mit deren Hilfe sich die Philosophie des 19. Jahrhunderts ausdrückt. Bruno hat nach seiner Auffassung die Tradition des materialistischen Pantheismus zu einer Vergöttlichung der Natur geführt, die sich vom reinen und einfachen Hylozoismus abhebt und entfernt, und gelangt im Endeffekt zur Ausarbeitung eines höheren Begriffs von Materie, der seine „erhabenste und reinste" Form gewinnt, der vergleichbar, was „weder das bloße Subject der natürlichen und veränderlichen Dinge", „noch weniger (...) mit Körper verwechselt", aber gleichwohl „noch verderblich und vergänglich", „mit dem Unverderblichen und Unvergänglichen vermischt" ist. Es handelt sich mithin um ein „System der Wechseldurchdringung des Intellectualismus und des Materialismus, in welchem beide zusammen Ein lebendiges Ganzes ausmachten." Der Nolaner jedoch bleibt „ein Vorläufer" der Philosophie Schellings. Es konnte ihm noch nicht gelingen, in ihrer „Reinheit und Gediegenheit" die „Grundidee" der völligen Indifferenz „zwischen Materie und Form" im Absoluten zu erkennen.

(Übersetzung von Christine Drewes)

Giordano Bruno im Spiegel des Deutschen Idealismus

Josef Simon

Giordano Bruno ist durch sein Schicksal bekannter als durch den Inhalt seiner Philosophie. Aber natürlich ist beides nicht voneinander zu trennen. Seine „Lehre", für die er starb, ist vielleicht – wie Hegel bemerkt[1] – „nichts weniger als original" und nur „ein Widerhall der alexandrinischen"[2] Philosophie. Wenn aber ein Zusammenhang zwischen einem Werk und einem Lebensschicksal zum Thema werden soll, muß das Werk so dargestellt werden, daß man seine lebensorientierende Bedeutung verstehen kann.

In diesem Fall geht es um nichts weniger als um den Wahrheitsbegriff in seiner Wendung gegen den traditionellen Wahrheitsbegriff der aristotelisch ausgerichteten Schulen, nach dem sich uns Wahrheit in *distinkten Begriffen* darstellt oder doch darstellen soll und nicht etwa in der Dichtung als einer metaphorischen Redeweise. So wäre hier eigentlich zunächst ein Exkurs über „Begriff und Metapher" und über „Zeichen und Begriff" vorauszuschicken, denn für Bruno sind – was auch Hegel betont – die Dinge *Zeichen*: Es stehen nicht die Zeichen „für" Dinge; die Zeichen haben im Sinne des aristotelischen Zeichenbegriffs als Stehen-für keine Bedeutung.

Nach „hermetischer" philosophischer Tradition sind Metaphern als Zeichen, die im Gebrauch *unmittelbar* verstanden werden *müssen*, „älter" als Begriffe mit „fester" Bedeutung. Vielleicht ist diese Tradition selbst älter als die, die von finiten, eine Sache *auseinanderlegenden* Begriffen ausgeht. Oder ist es nicht metaphorisch, wenn die Vorsokrater sagen, „alles" sei „Wasser", „Feuer" oder „Geist", d.h. das Unbestimmte werde in diesen Anschauungen, die man ja kennt, begreiflich? Zu dieser Tradition gehört Hamann, der sich – ohne zu wissen, daß es von Cusanus

---

[1] Hegel bezieht sich, wie die meisten seiner Zeitgenossen, vor allem auf die Auszüge, die Jacobi seinem Spinozabuch beigab. – Jacobi, Werke, Darmstadt 1980, IV 2, 5 ff.: „Beylage I. Auszug aus Jordan Bruno von Nola, Von der Ursache, dem Princip und dem Einen".

[2] Hegel, Geschichte der Philosophie, Werke, ed. Glockner, 19, 227. Unter „alexandrinischer Philosophie" versteht Hegel eine „höchst spekulative" Form der Aristotelischen Philosophie, „dasselbe was die neupythagoräische, auch die neuplatonische genannt, die aber ebensogut neuaristotelisch zu nennen ist –; die Form, wie sie von den Alexandrinern als identisch mit der platonischen angesehen und bearbeitet ist" (ebd. 18, 311). Hegel sah in dieser Philosophie „das tiefere Prinzip, daß das absolute Wesen als Selbstbewußtsein begriffen werden muß" (ebd. 19, 33).

übernommen ist³ – für Brunos Prinzip der „coincidentia oppositorum" interessiert, natürlich auch Goethe⁴, in dieser Beziehung sowohl von Bruno wie von Hamann beeinflußt, und schließlich Nietzsche. Nach Nietzsche sind Begriffe festgewordene Metaphern, und nach ihm „verbürgt" „das Hart- und Starr-Werden einer Metapher durchaus nichts für die Notwendigkeit und ausschließliche Berechtigung dieser Metapher"⁵. Dies ist von denen, die in der Poesie „die Muttersprache des menschlichen Geschlechts"⁶ und somit auch die eigentliche Sprache der Wahrheit sehen, gern übernommen worden.

Das nach Begriffen *ordnende* Schema von Gattungen und Arten ist nach Aristoteles ontologisierend verstanden. Etwas *ist* das, als „was" es in diesem Schema ausgesagt ist. Das Schema verbürgt den Seinsbezug. Das „Wesen" von etwas, das „ti en einai" ist das, *wovon* (hoson) der „logos" der „horismos" ist⁷. Das Unsagbare hat als das Undefinierte, Unbegrenzte (apeiron) kein Wesen. Es „ist" nicht im Sinne dieser Ersten Philosophie, und es ist somit auch im Wissen nichts.

Die Metapher mißachtet den „logos", in dem alles, was ist, „gehörig" zu bestimmen ist. Sie wirft die Seinsordnung durcheinander, offensichtlich, um über sie hinweg doch noch etwas, das *in ihr* „Unsagbare", sagen zu können. Wenn Achill „Löwe" genannt wird, hat man sich in einen *anderen* „logos" als den „gehörigen" begeben, man hat sich über die Orthodoxie hinweggesetzt, weil man etwas sagen möchte, was *sie* nicht zu sagen vermag und deshalb auch nicht erlaubt. Man hat den „gewohnten" Logos verlassen und damit die kommunikative *Gewißheit* des Sinnes verloren, aber man *wagt* dies, weil man z.B. eine Eigenschaft des Achill ausdrücken möchte, für die innerhalb des „gehörigen" Redens „die Worte fehlen".

Der moderne Nominalismus setzt den ganzen Bereich des Logischen als ein begriffliches Gefüge in den Bereich des Gemachten oder der Kunst. Begriffe sind für ihn, auch wo sie Gattungen und Arten unterscheiden, „nur" Namen. Sie stehen als solche nicht „für" Seiendes. Damit läßt sich nicht mehr *sagen*, „was" etwas in Wahrheit sei. Das Seiende läßt sich nicht mehr im „Wesen" fassen. Diese Lage entstand dadurch, daß man sich fragte, woher man denn *wissen* könne, *welches* von allen „möglichen" Gefügen von Gattungen und Arten „ontologisch" sei.

Diese Frage ergibt sich, wenn der Mensch sich als endliches „Subjekt" reflektiert, das von einem *beschränkten* Standpunkt her denkt, den es

---

3 Vgl. Cusanus, De docta ignorantia I, Kapitel 4.
4 Vgl. W. Saenger, Goethe und Giordano Bruno, Berlin 1930.
5 Nietzsche, Über Wahrheit und Lüge im außermoralischen Sinn 1.
6 Vgl. Hamann, Aesthetica in nuce, Sämtliche Werke, ed. Nadler, II 197.
7 Aristoteles, Metaphysik Z 4 1030 a 6-7.

innerhalb des Kosmos einnimmt, der ihm deshalb als Ganzes und damit als „*in sich*" geordneter nicht in den Blick kommen kann. Die Ordnung, die dennoch vorausgesetzt bleibt, weil es offensichtlich eine *bestehende* Welt gibt, wird als eine Ordnung gesetzt, die „exoterisch" nicht einsehbar sei. Die Welt im verborgenen „Grund" ihres Bestehens wird aus dem Verstehen, über das *wir* verfügen, herausgesetzt. Denn „wir" sind gegenüber diesem „inneren Grund" – und hier wird das astronomische Modell des Kopernikus philosophisch gewendet – wesentlich nur auf einem „peripheren" Standpunkt.

Doch auch die Peripherie in ihrer *Differenz* zur Mitte *ist*, sie hat *als* Peripherie „ihre" Wahrheit als „ihre" Stelle im Kosmos. Hegel wie Schelling[8] loben an Bruno, daß er, anders als Spinoza, diese *Differenz* ernst nehme. Er nimmt sie nach Hegel gerade dadurch ernst, daß er es nicht für „das Größte" hält, „den Punkt der Vereinigung zu finden", sondern „aus demselben auch sein Entgegengesetztes zu entwickeln". Dies sei „das eigentliche und tiefste Geheimnis der Kunst"[9]. Hegel führt in diesem Zusammenhang die „Grundschriftarten" Brunos an, in denen sich die *Differenz* einschreibe: „Spezies, Formae, Simulacra, Imagines, Spectra, Exemplaria, Indicia, Signa, Notae, Characteres et Sigilli"[10]. Es sind Muster zur Erzeugung von *individuellen*, also gerade darin, daß sie „begrifflich" *nicht* überbrückt werden können, *positiv* gefaßten Differenzen. Die Differenz der „spezies" kann dies erläutern: Der Allgemeinbegriff einer „Art" soll jetzt nicht mehr sagen, „was" etwas in Wahrheit sei, so als könnte dies überhaupt „allgemeinverbindlich" gesagt werden. Er drückt vielmehr eine individuelle Sichtweise, eine *Perspektive* aus.

Man kann all diese „Grundschriftarten" darin zusammenfassen, daß sie nicht „objektive" Unterschiede wiedergeben sollen, sondern alle *als* objektiv *gedachten* Unterschiede aus dem Moment ihres subjektiven *Gemachtseins* verstehen. Auch die *Differenz* zwischen Imagination oder Traum – Hegel spricht ausdrücklich vom „Erträumten" – und „objektiver" Wirklichkeit ist selbst nicht objektiv, sondern – hier deutet sich in Bruno das barocke Lebensgefühl an – von einem Standpunkt her „gemacht", und sogar der Unterschied zwischen *Dingen* und *Zeichen von* Dingen ist selbst

---

8 Vgl. Schelling, Bruno, (Originalausg.) IV 236: „[...] da wir die Einheit aller Gegensätze zum Ersten machen, die Einheit selbst aber zusammt dem, was du den Gegensatz nennest, selbst wieder und zwar den höchsten Gegensatz bildet, wir, um jene Einheit zur höchsten zu machen, auch diesen Gegensatz, zusammt der Einheit, die ihm gegenübersteht, darin begriffen denken, und jene Einheit als dasjenige bestimmen, worin die Einheit und der Gegensatz, das sich selbst Gleiche mit dem Ungleichen eins ist."
9 Von Hegel nach Jacobi zitiert (Hegel 19, 233; Jacobi IV 2, 45).
10 Hegel, 19, 242.

nicht „objektiv" zu verstehen, sondern in *Zeichen* eingeschrieben.

Um all dies im Begriff des Zeichens zusammenzufassen: Die Zeichen stellen nicht „etwas", es re-präsentierend, dar; „Bezeichnung" *setzt* vielmehr immer erst die Differenz zwischen Zeichen und Bezeichnetem, und *nur so* geschieht auf der Peripherie eine Nachahmung der Mitte, des göttlichen Schaffens durch das Schaffen der endlichen „Monade", wie schon Bruno das individuelle subjektive Sein nennt. Jede dieser Monaden führt den göttlichen Plan und Willen gerade dadurch aus, daß sie ihn *frei*, auf ihre *eigene* Weise ausführt, und sie sieht die Dinge gerade dadurch in ihrer Wahrheit, daß sie sie „subjektiv" sieht und auf ihre *eigene* Weise zwischen Objektivität und Subjektivität *unterscheidet*.

Auch die *Unterscheidung* von Art und Gattung, im Aristotelismus die Leitkategorie zum Wesen der Dinge, ist hier – ebenso wie in Hegels eigener „Logik" – nur *eine* der „Schriftarten". Sie steht in *einer* Reihe mit den kunstvollen Erzeugnissen der Phantasie in ihrer *Unterscheidung* von der „Realität". Das Eine differiert vielfältig in es jeweils auslegenden *Zeichenversionen*, die ihren Sinn nur im Rückbezug auf dieses tätige Auslegen selbst, wie Hegel sagt, im „Selbstbewußtsein" haben, ebenso wie der „unrealistische" Traum, von dem man nicht sagen kann, „was" er für die Realität des Wachenden, aus der heraus der Traum als „bloßer" Traum bestimmt wird, bedeuten soll, und der doch seinen Sinn in der Identität des Träumenden hat. Dem korrespondiert, daß in Hegels „Logik" „Sein", „Realität" und „Existenz" jeweils nur *eine* Seite der Unterscheidungen kategorialen *Denkens* sind.

Auch Zerrissenheit und Schmerz haben in dieser Sicht ihren Sinn, insofern sie der Grund dafür sind, daß nach immer wieder *neuer* Orientierung, nach einer anderen als der „festgewordenen" vorherrschenden, nach einer *individuelleren* Lesart der Welt gesucht wird, und sei sie auch erträumt. Wenn sie gefunden wird, ist sie ebenso *gut* wie die „realistische Erklärung", in der einseitig nur *eine*, nämlich die prädikativ herausgestellte Seite der Aussage „für" die Wahrheit genommen wird. Als neue ist sie sogar *besser*, denn gerade die *unendliche* Individualisierung „entspricht" dem unendlichen Schaffen Gottes, wenn auch auf inkommensurable Weise. Unendlich viele Interpretationen der Welt *sind* die wahre Welt, und auch die *Unterscheidung* zwischen Text und Interpretation der Welt folgt schon einem Schema der *Interpretation*. Der „Aristotelismus" ist selbst nur solch ein Schema.

Die *Erde* als Wohnort der Menschen gerät zwar „kosmologisch" auf die Peripherie, aber sie verliert dadurch nicht ihren *Sinn*. Es ist nicht negativ zu nehmen, daß wir das absolut Größte nicht so erfassen, wie es „ist" oder sich „selbst" denkt. Das Absolute wäre nicht absolut, wenn unser Auffassen ihm äußerlich und somit von ihm absolut geschieden bliebe. „Ist"

Gott das absolut Größte, „demgegenüber es kein Größeres geben kann", dann ist damit nichts ausgegrenzt, und er „ist" auch das Kleinste. Nur im Relativen gibt es *feststellbare* Unterschiede.

Die Welt in göttlicher Sicht ist mit der Welt in unserer jeweiligen Sicht inkommensurabel, aber gerade darin hat sie ihre göttliche Wahrheit. Sie wird zum *Kunstwerk*, und auf „Kunst" sah Hegel Brunos Denken gerichtet. Wir stehen zur Welt in einem Verhältnis, in dem wir, aristotelisch gedacht, sonst „nur" zu den Werken der Kunst stehen: Sie ist von Gott als einem Individuum, also individuell gemacht, und so können wir „von außen" oder „exoterisch" nicht definitiv begreifen, *wie* sie gemacht ist. Wir können sie, obwohl sie gemacht ist, so nicht nachmachen. Das könnten wir, wenn sie nach allgemeinen, uns zugänglichen *Regeln* gemacht wäre. Zwar ist das Werk anschaulich da, als etwas, das uns betrifft, aber eben, wie Kant es formuliert, „ohne Begriff".

Gewiß meint das Wort „Künstler" zu Brunos Zeit auch den Handwerker und das Wort „Kunst" auch die technische Herstellung. Aber Bruno tendiert doch zu der moderneren Bedeutung, nach der der Künstler sich nicht auf die Herstellung von Dingen nach vorgegebenen Begriffen, sondern auf die Aufhebung ihrer begrifflichen Unterscheidung in eine ästhetische Einheit bezieht. Gott und der Künstler in Brunos Sinn „verwirklichen" nicht begrifflich abgegrenzte „Möglichkeiten", die auch unverwirklicht bleiben könnten, sondern etwas, was zuvor auch als „Möglichkeit" nicht denkbar war. Sie schaffen aus ihrer individuellen Notwendigkeit „von innen". Goethe – wie Bruno der *hermetischen* Tradition verpflichtet – spricht hier vom „Dämon". In dem in Jacobis Spinozabuch abgedruckten und auch Goethe bekannten Text Brunos „Von der Ursache, dem Prinzip und dem Einen" heißt es: „Das höchste Gut, die höchste Vollkommenheit und Seligkeit beruhet auf der Einheit, welche das Ganze umfaßt. Wir ergötzen uns an der Farbe, aber nicht an einer einzelnen, sondern der Vereinigung verschiedener. Es ist eine schwache Rührung, die ein musikalischer Ton für sich allein zuwege bringt; die Zusammensetzung vieler Töne aber setzt uns in Entzücken."[11]

Es geht also nicht um die Einheit besonderer Gegenstände, wie ihr „Begriff" sie vorstellen könnte, auch nicht um die Einheit einer Pyramide von Begriffen, sondern um die des schaffenden „Wesens", „welches alles, was Tat und Vermögen heißt, umfaßt", indem es alles gestaltend hervorbringt. Es „umfaßt" alles in der einmaligen künstlerischen Komposition z.B. von Farben oder Tönen, die sich in ihrer *begrifflichen* Verschiedenheit *ästhetisch* aufeinander beziehen. Die Kunst verliert darin ihren abbildenden Charakter, ihr Stehen „für etwas", und wird „absolute" Kunst. Das Äs-

---

11 Bruno, zitiert nach Jacobi, 45.

thetische, das im Unterschied zum Begrifflichen keine Allgemeingültigkeit garantiert oder erzwingt, sondern sie nur „ansinnt" und dem individuellen Auffassen überläßt, wird zum letzten Einheitsgrund.

Die zu Brunos Zeit noch „zentralistisch" denkende offizielle Welt hatte offenbar verstanden, daß die Metapher Gottes als Farb- oder Tonkünstler ihr die Verwaltung der Göttlichkeit im Sinne eines „gehörigen" Redens über Gott aus der Hand nehmen würde, denn der Künstler in diesem neuen Sinn hat es, im Unterschied zum „gehörig" nach Regeln arbeitenden Handwerker, nicht mehr „in der Hand", „was" er sich zu machen vornimmt. Er „richtet" sich nicht nur nach seinem Auftraggeber, sondern immer auch nach der *Materie*, nicht nur indem er die für die Formabsicht geeignete auswählt, sondern auch indem er sich durch sie zur Abänderung der Formabsicht bewegen läßt. In der Auseinandersetzung mit der Form *und* der Materie finden das Werk und der Künstler erst ihre *eigene* Individualität. Individuelle ästhetische Eigenschaften der Dinge, wie *diese* Farbe in *diesem* Licht und in Verbindung mit jener, die nicht vorweg gewollt sein können, werden wirksam, so daß sie auf die Ordnung der Dinge im Werk zurückwirken und sie dem Subjekt als dem *formal* Bestimmenden entziehen. – Das erinnert sowohl an Goethes Farbenlehre wie auch an Hegels Begriff des „spekulativen Satzes", nach dem nicht nur das Prädikat bestimmt, „was" das Subjekt sei, sondern auch das Subjekt das Prädikat konkretisiert. Eigentlich löst sich somit im Werk nicht nur die Begrifflichkeit der Begriffe in ihrer Art- und Gattungshierarchie, sondern auch die Subjektivität des *formal* gestaltenden Subjekts auf. Im Zugeständnis der eigenen Form und Wirksamkeit der Materie bis ins „Kleinste" wird das Werk unendlich individualisiert und gerade darin zum Zeichen des „Größten": Der Begriff Gottes als reine Form hebt sich ebenso auf wie der Begriff einer „ersten", selbst absolut formlosen Materie.

Aristotelisch gesprochen ist „Sein" „in Ordnung sein". Es wird in einer „entsprechenden" Ordnung der Zeichen re-präsentiert. Auch bei Bruno ist die Welt ein Kosmos, aber nicht des logisch Dargestellten, sondern ein ästhetischer Kosmos unendlich vieler und niemals „abgeschlossener" Darstellungen. – Doch anders als Hegel wollte Bruno „zuletzt" an der *Einheit* festhalten, in die hinein sich die Darstellung der Wahrheit im *Widerspruch* der Standpunkte schließlich doch aufheben soll. Aber im Sprechen bleibt, auch nach Hegels Sprachbegriff, das, was *einer* von seinem Ort her sagt, für den *anderen* immer auch fremd. Es bleibt in seinem Eigensinn stehen und anzuerkennen.

Man sagt, Metaphern entsprängen der Sprachnot. Sie würden ersatzweise versucht, wenn „passende" Begriffe fehlten. Das suggeriert, daß Begriffe in der Regel paßten, d.h. daß sie sich als solche auf „etwas" bezögen. In dieser Auffassung hat sich das Denken aber noch nicht selbst als peripher (gegenüber *anderem* Denken) reflektiert, sondern versteht sich als ein Vermögen im allgemeinen „richtig" passender Begriffe. Wenn sich das Denken als peripher oder exzentrisch reflektiert, geht es davon aus, daß es nicht über eine *Schrift* verfügt, die, nur richtig gefügt, „für" das Gesagte und zuletzt „für" das Seiende stünde. – In Kants Logik findet sich als Drehpunkt seiner „Kopernikanischen Wendung der Denkungsart" die Bemerkung, daß wir, wenn wir wissen wollen, was das Wort „Vorstellung" bedeute, es uns „immer wiederum durch eine andere Vorstellung erklären" müßten.[12] Wir können unsere Vorstellungen nicht mit etwas vergleichen, das außer unserem Vorstellen läge, um festzustellen, ob es „wahre" Vorstellungen seien. Wenn wir wissen wollen, was ein Zeichen – und sei es das Zeichen „Vorstellung" – für *andere* bedeutet, so kann die Antwort immer nur wieder in Zeichen gegeben werden. Wir kommen nicht über „periphere" *Versionen* der Zeichen hinaus in das *eine* Zentrum, und ob die Antwort auf die Frage nach ihrer Bedeutung befriedigt, kann sich nur daran *zeigen*, daß die jeweils letzten Zeichen ohne *weitere* Frage nach einer Bedeutung „ästhetisch" verstanden zu sein scheinen.

So stellt sich die Frage nach dem Ursprung der Begriffe aus dem Geist der Metapher. Die Antwort auf diese Frage ergibt sich aus der Not des Handelns. Sie drängt zur Bildung von *Urteilen*, die zur *Zeit* des Handelns als *hinreichend* deutliche Orientierung dienen, so daß der Handelnde sich auf *das* Bild verläßt, das *er* sich gerade macht. Im *Ernst* des Handelns wird der metaphorische Versuch zum „festen" Begriffsverhältnis. Sonst bleibt es *Spiel*, und im unendlichen „Spiel der Metaphern" als Zeichenversion „hält" sich das Subjekt selbst als Einheit nur soweit, wie die Kunst der Prägung seines individuellen Gedächtnisses als Einbildungskraft[13] jeweils gerade reicht. Die „lullische Kunst" der auch mnemotechnisch wirksamen „Charakteristik" erhält konstitutive Bedeutung für das Selbstbewußtsein des Subjekts.

Das Christentum geht wohl genuin von der „Endlichkeit" menschlichen Wissens und damit von der peripheren Stellung des Menschen aus. Es beansprucht aber theo-logisch, d.h. in logischer Bestimmung des Absoluten, doch eine onto-logische Aus-deutung der Zeichen als die letzte, maßgebliche und nicht nur praktisch geforderte Zeichenversion in Relation zur „Sache selbst". So mußte die Logik zum theo-logischen Gebrauch

---

12 Kant, Logik, ed. Jäsche, Akademieausgabe IX 34.
13 Vgl. Hegel, 19, 236: „Die Sache des Gedächtnisses wurde Sache der Einbildungskraft; jenes ist aber höher". – Es ist „höher", weil es sich auf „etwas" bezieht, was es von der Einbildungskraft und der durch sie subjektiv zu erreichenden Einheit immer auch *unterscheidet*; es bezieht sich, indem es sich *als* Gedächtnis reflektiert, zugleich auf etwas außerhalb dieser Kraft. – Hier deutet sich Hegels Kritik an Brunos Einheitsphilosophie an.

doch Onto-Logik sein können. – Für Bruno ist Gott aber Künstler. Damit ist gesagt, daß wir sein Werk nicht logisch nachvollziehen können, sondern nur als Kunstwerk, d.h. ästhetisch. So aber verstehen wir ihn gut. Wir verstehen ihn „esoterisch" in seiner Wirkung in uns, in unserem eigenen Schaffen.

Dies wollte Bruno nicht widerrufen. Er wollte nicht widerrufen, daß es für Menschen *keine* Möglichkeit einer „realistischen" Unterscheidung der Welt von Gott gibt, weil nach ihm *alle* Differenzen für unsere Bedürfnisse *gemachte* und nur darin sinnvolle Unterscheidungen sind. Im Grunde hat er damit gesagt, unser Reden von Gott könne nur metaphorisch sein. Das bedeutete die Unmöglichkeit einer Onto-theo-logie. – Hegel hat wohl recht, wenn er die Philosophie des Bruno nicht für originell hält. Er hätte noch mehr recht gehabt, wenn er Cusanus einbezogen hätte. Aber in dem genannten Sinn war Brunos Philosophie zu ihrer Zeit doch *unzeitgemäß*. Sie berührte die Autorität letzter Auslegungen von Zeichen – sowohl der Schrift wie der Natur.

Hegel interessiert sich für die innere Unruhe und Umtriebigkeit Brunos. Für ihn war es bei Bruno zwar „ein großer Anfang, die Einheit zu denken", aber „das andere" blieb ihm zufolge doch nur ein „Versuch", nämlich „der Versuch, das Universum in seiner *Entwicklung* im System seiner Bestimmungen aufzufassen, und zu zeigen, wie das Äußerliche ein Zeichen ist von Ideen. – Dies sind" – nach Hegel – „die beiden Seiten, die von Bruno aufzufassen waren"[14].

Ist ihm dies gelungen? Hegel sagt von Bruno, er habe „kein Glück" gehabt, weil die Aristoteliker „noch zu fest" gesessen hätten.[15] Er ist für seine Lehre gestorben und hielt sie damit wohl – eigentlich völlig inkonsequenterweise – selbst für ein „letztes Wort". Da man ihm eine andere als letztes Wort entgegensetzte, zwang man ihn wohl dazu. Die Tragik Brunos als eines Unzeitgemäßen liegt darin, daß er in dieser *polemischen* Situation dann doch „die Einheit" „realistisch" verstehen mußte. Hegel spricht von der „Einheit" als einem „unglücklichen Wort", denn dieses Wort suggeriert ein oberstes Ziel, während doch schon die *Differenz* von Einheit und Vielheit immer nur eine in Zeichen *gesetzte* ist, die ihren Zweck nur aus einem besonderen Horizont heraus erhält. „Die *Einheit* bezeichnet [...] eine subjektive Reflexion; sie wird vornehmlich als die Beziehung genommen, welche aus der *Vergleichung*, der äußerlichen Reflexion entspringt. Insofern diese in zwei *verschiedenen Gegenständen* dasselbe findet, ist eine Einheit so vorhanden, daß dabei die vollkommene

---

14 Hegel, 19, 244. Hervorh. v. Vf.
15 Hegel, 19, 225.

Gleichgültigkeit der Gegenstände selbst [...] gegen diese Einheit vorausgesetzt wird".[16]

So konnte dieses „unglückliche Wort" gerade dem, was Bruno eigentlich wollte, nicht als Ausdruck dienen. Es mußte ihn, „realistisch" verstanden, verführen, und es hat ihn dadurch unglücklich gemacht, daß er zwar in allen anderen Oppositionen, aber zuletzt doch nicht in der von *„Einheit und Vielheit"* „nur" eine „Schriftart" sah. Die „coincidentia oppositorum" müßte konsequenterweise einschließen, daß Einheit, als *absolute* gedacht, ebensogut Nicht-Einheit sei, d.h. daß ein Gesichtspunkt der Ver-einheitlichung sich selbst in keinem Fall als ein letztes Wort oder als „Lehre" *festhalten* dürfe. Das *Ende* der „Polarität" bedeutete auch das Ende der individuellen „Steigerung" im Goetheschen Sinn.

Auch schon nach Kant – der sich nicht direkt auf Bruno bezieht, sich aber durchaus mit der zeitgenössischen „Hermetik" auseinandersetzte – bedeutet „urteilen", „ein Merkmal mit einem Ding" zu vergleichen. Da wir aber nicht Dinge, sondern „nur" unsere Vorstellungen von ihnen „haben", kann „das Verbindungszeichen *ist*"[17] in den Urteilen nur besagen, daß das urteilende Subjekt *meint*, daß es so sei, wie es es sich vorstellt. In einem definitiven Sinn wissen kann es dies nicht, denn es kann nicht das Merkmal mit einem Ding vergleichen. Für Kant bedeutete aber diese kritische Einsicht keineswegs Resignation. Für ihn ergab sich daraus vielmehr die absolute Berechtigung der *freien* und „bloß" subjektiven *Meinung*. Das *Recht* ihrer Äußerung konnte nun nicht mehr prozessual von einem Beweis ihrer *Wahrheit* abhängig gemacht werden. Der „Begriff" der Wahrheit bedeutete jetzt, daß sich *kein* Subjekt und *keine* irdische Instanz darauf berufen könne, daß *ihre* Zeichen „für" die Wahrheit der Dinge stünden. Aus diesem Grund müssen nun *andere* Meinungen als die je eigene, gerade *weil* sie die eigene relativieren, jederzeit willkommen sein, auch wenn man sich – im Sinne der Aufklärung als „Hervorgang des Menschen aus seiner selbstverschuldeten Unmündigkeit" – im Interesse verantwortlichen Handelns immer nur auf *eigenes* Fürwahrhalten verlassen soll. Die andere, fremde Meinung, die sich in einer anderen Ordnung der Zeichen darstellt, kann aber zur gewissenhaften „Behutsamkeit" dabei veranlassen[18]. Unglücklicherweise kamen solche Überlegungen für Bruno zu spät.

Auch Schelling fühlte sich von Bruno angezogen. Seine Affinität zu ihm liegt aber eher – wenn auch in einer nicht mehr gefährlichen historischen Lage – in dem für Bruno so tragisch gewordenen Gedanken der Einheit.

---

16 Hegel, Wissenschaft der Logik, ed. Lasson, I 77.
17 Kant, Die falsche Spitzfindigkeit ... § 1, AA II 47.
18 Vgl. Kant, Die Religion innerhalb ... , AA VI 186.

Auch Schellings Denken hält die *Negativität* als *Kritik* der Metaphysik und ihrer Logik der Endlichkeit nicht durch[19], wenn er „über" die *Differenz* von Einheit und Vielheit noch einmal die wahre, nun auch *die Differenz einbeziehende* und aus sich entlassende *absolute* Einheit setzt. Nach Schelling muß Philosophie „positiv" sein; es muß ein Positives *sein*. So versteht er das Absolute zuletzt doch wieder positiv und nicht, wie Hegel, als Entäußerung seiner selbst in die Zeitlichkeit. – Später hat dann noch einmal Nietzsche betont, daß es, absolut gesehen, keinen definitiven „Thatbestand", keine letzte Positivität gebe und daß alles Feste sich (dogmatischen) Festlegungen verdanke, die selbst auch nur ihre Zeit haben. Zeitlichkeit steht nicht mehr *gegen* das Sein. „Alles ist flüssig, unfaßbar, zurückweichend; das Dauerhafteste sind noch unsere Meinungen."[20]

---

19 Vgl. Schellings Bezeichnung der Kantischen kritischen Philosophie als „bloß" kritische. Schelling, Immanuel Kant, VI 9.
20 Nietzsche, Nachlaß VIII 2 [82].

Goethe und Giordano Bruno

Maria Fancelli

Hat es tatsächlich eine Beziehung zwischen dem bedeutendsten deutschen Schriftsteller und dem unglücklichen neapolitanischen Philosophen gegeben, dessen Leben auf dem Scheiterhaufen endete?

In der Geschichte der Goetheforschung haben die großen Interpreten davon nur in eher ausweichenden Formulierungen und mit spürbarer Zurückhaltung gesprochen. Erst seit dem unmittelbaren Beginn des 20. Jahrhunderts gibt es einige Spezialuntersuchungen zum Thema, darunter ein ausgesprochen umstrittenes Buch, aber immerhin das einzige, das sich ausschließlich mit unserer Fragestellung befaßt. Ich meine das Werk *Goethe und Giordano Bruno* von Werner Saenger, das 1930 in Berlin erschienen ist.[1] Weitaus fruchtbarer als alle Bemühungen in diesem Bereich waren dagegen die kontinuierlichen Anregungen, die von theologischer und philosophischer Seite kamen, auch wenn sie im allgemeinen fernab vom literarischen Kontext im engeren Sinne erfolgten und mit den realen Gegebenheiten Goethescher Texte im allgemeinen wenig zu tun hatten.

Wenn sich die vom Fach dazu bestimmten Interpreten, das heißt die Germanisten, so auffallend wenig um dieses Thema gekümmert haben, so gibt es dafür sicherlich einen guten Grund. Dieser ist insonderheit in dem Mangel an handfesten Bezugnahmen auf Bruno im Werk Goethes zu sehen und darüber hinaus in der weiteren Schwierigkeit, die wenigen greifbaren Daten in einem sinnvollen und verifizierbaren historisch-literarischen Rahmen zusammenzufügen.

Ich möchte gleichwohl versuchen, auf die eingangs gestellte Frage eine Antwort zu geben. Meine Zuversicht stützt sich dabei einerseits auf die Burckhardtsche Maxime von der „Unerschöpflichkeit der Quellen", andererseits auf das unbestreitbare Recht, ja die Pflicht einer erneuten Textlektüre, auch wenn neue Resultate nicht in jedem Fall jenen Grad von Gewißheit aufweisen mögen, der einem als optimal vorschwebt. Wiewohl die erwähnten Schwierigkeiten unverändert fortbestehen, meine ich doch, daß sich für unser Thema nützliche Schlußfolgerungen aus den Fortschritten ziehen lassen, die zwischenzeitlich sowohl die Bruno- als auch die Herme-

---

1 W. Saenger, *Goethe und Giordano Bruno. Ein Beitrag zur Geschichte der Goethischen Weltanschauung.* Berlin 1930, S. 271. Reprint Nendeln-Lichtenstein, 1967. Seine Thesen werden von Martin Bollacher drastisch abgelehnt in *Der junge Goethe und Spinoza.* Tübingen 1969, S. 257.

tismusforschung erzielt haben, insbesondere aufgrund der fundamentalen Untersuchung von Frances A. Yates.[2]

Die neuen Einsichten, zu denen die Forschungen von Yates führten, sind in der Tat überaus bedeutsam. In allen Bereichen der Brunorezeption, einschließlich der literarhistorischen, kam es zu unterschiedlich akzentuierenden Neueinschätzungen des Nolaners, darunter – und dies scheint mir besonders wichtig – zur Überwindung der Beurteilung Brunos als eines „modernen Rationalisten" und Vorkämpfers des historischen Materialismus (so das liberal geprägte Bild des 19. Jahrhunderts) zugunsten eines Bruno als „Emissär der Reformation und der hermetischen Philosophie", des Trägers einer religiösen Sendung mithin, die auf das engste mit einem politischen Vorhaben verknüpft war. Dieser Bruno mußte für die katholische Kirche noch sehr viel unerträglicher sein als seine Philosophie selbst. Das von Yates konzipierte Bild eines Bruno, der sich als „festländischer Magus der spanisch-habsburgischen Gegenreformation" entgegenstemmte, seine Auffassung als eine Art „chevalier errant" der Renaissancephilosophie hat unter anderem zu einer bedeutsamen Schwerpunktverlagerung der Brunoforschung geführt. Diese wandte sich in der Folge von der überwiegenden Erörterung theologischer und philosophischer Probleme verstärkt dem kulturhistorischen Bereich zu und führte zur Rekonstruktion eines neuen Bildes hermetischer Beziehungen, die sich als ein ganz Europa umspannendes Geflecht herausstellten. Es handelt sich um ein Beziehungsgeflecht, das noch im Deutschland des jungen Goethe aufgrund der innerdeutschen Situation gewandelt zwar, aber dennoch lebendig und wirksam war. Aus diesem Kontext gewinnt Goethe bekanntlich eine Fülle anregender Gedanken; er wird für ihn zu einem schier unerschöpflichen Reservoir im metaphorisch-lexikalischen Bereich.

Dieses Beziehungsgeflecht, das mit seiner spezifischen Verquickung von mystischen und hermetischen Traditionen für das deutsche Geistesleben im Ausgang des 18. Jahrhunderts eine nicht zu unterschätzende Rolle spielt, gibt also das Referenzsystem ab, von dem aus wir uns noch einmal einem der dornigsten Probleme germanistischer Forschung und einem Rezeptionsvorgang zuwenden wollen, über den, wie gesagt, eine Fülle anregender Mutmaßungen geäußert, aber kaum historisch und philologisch unwiderlegbare Erkenntnisse beigebracht wurden. Das bekannte Buch von Rolf Christian Zimmermann, *Das Weltbild des jungen Goethe*[3], darf als das bedeutendste Resultat der neuen Betrachtungsweise angesehen werden, zu

---

2 F.A. Yates, *Giordano Bruno and the Hermetic Tradition*. London 1964.
3 Rolf Christian Zimmermann, *Das Weltbild des jungen Goethe. Studien zur hermetischen Tradition des deutschen 18. Jahrhunderts*, 2 Bde., München, 1969-79. S. auch *Epochen der Naturmystik*, hrsg. von A. Faivre und R.Ch. Zimmermann. Berlin 1979, S. 459.

der die Untersuchungen von Yates geführt haben. Es ist zugleich das einzige Werk, das als Bemühung um ein wirklich umfassendes Gesamtbild zu betrachten ist, im Unterschied zu jenem eher impressionistischen, auf zuweilen ungreifbaren Impressionen beruhenden Panorama, das sich aus verschiedenen Spezialstudien zum Thema ergibt.

Wenn wir uns also hier diesem Thema wieder zuwenden, dann gilt es vorab, einige scheinbar marginale Fragen zu klären, um den nur schwach sichtbaren Spuren Brunos in Denken und Werk des jungen Goethe mit einiger Hoffnung auf eine mögliche Antwort nachzugehen; es gilt nämlich, eine Antwort auf die Frage zu geben, wann und was, das heißt welche Texte, Goethe wirklich gelesen hat, wann und wie er auf die entsprechenden Lektüren Bezug genommen hat.

Im Zusammenhang mit der ersten Frage ist sofort und ohne Zögern einzuräumen, daß es nur verschwindend wenig gesicherte Fakten gibt. Niemand war bislang in der Lage, zuverlässig festzustellen, welche Texte Brunos Goethe gekannt, in welchem Maß er sie gelesen und insbesondere welche der überaus seltenen, im Umlauf befindlichen Ausgaben er benutzt hat. Unzweifelhaft gesichert ist nur das, was man in der Frankfurter Bibliothek des Vaters und in der Weimarer Bibliothek des Sohnes gefunden hat, dazu die wenigen Verweise Goethes auf den Philosophen, auf die wir noch zurückkommen werden.[4]

Wie dem auch sei, auf der Grundlage dieser wenigen Fakten, der bisher vorliegenden Ergebnisse verschiedener Untersuchungen und meiner persönlichen Überzeugung möchte ich die Hypothese formulieren, daß Goethe nur einzelne Teile der wichtigsten italienischen und lateinischen Werke Brunos kannte, vor allem *De la causa, principio et uno*, *De monade numero et figura*, *Il Candelajo*, mit hoher Wahrscheinlichkeit aber auch *Lo spaccio de la bestia trionfante*. Ebenso bin ich davon überzeugt, daß er die lateinischen besser als die italienischen Werke las und kannte und daß seine Lektüre nie jemals vollständig noch sehr tiefgehend war. Allem Bemühen, das Gegenteil zu beweisen, steht eine recht explizite Erklärung Goethes selbst entgegen, der unumwunden seine Schwierigkeiten einräumt, sich im Denken des neapolitanischen Philosophen zurechtzufinden; überhaupt habe er ihn erst sehr spät wirklich historisch präziser eingeordnet.[5]

---

4 S. Franz Götting, „Die Bibliothek von Goethes Vater", in: *Nassauische Annalen* 64, 1953, S. 23-69.; *Goethes Bibliothek. Katalog.* Bearb. von Hans Ruppert, Weimar 1958. Reprint Leipzig 1978.

5 Vgl. den Brief Goethes an J.G. Schlosser (1.2.1812): „Dieser außerordentliche Mann ist mir niemals fremd geworden; doch habe ich die Geschichte der mittleren Philosophie niemals so sorgfältig studieren können, um zu wissen, wo er eigentlich hinaus will; warum er gegen gewisse Vorstellungen so heftig streitet und auf gewisse Punkte so sehr bejahend appuyrt. Noch manches andre, wie Sie selbst

Hingegen unterstreiche ich meine subjektive Überzeugung, die auf zahlreichen begrifflichen und bildlichen Übereinstimmungen basiert, wenn ich sage, daß jedweder Text oder Textteil Brunos, den Goethe gelesen hat, entweder aufgrund seiner aktuellen Thematik oder aufgrund seiner leidenschaftlichen, mitreißenden, in jedem Fall unverwechselbaren Ausdruckskraft einen tiefen Eindruck auf ihn gemacht und Spuren in seinem Denken und Schreiben hinterlassen hat.

Auf die zweite Frage, nämlich wann und bei welchen Gelegenheiten Goethe Bruno gelesen hat, vermag ich mit größerer Sicherheit zu antworten und kann sagen, daß das Interesse für Bruno Goethe ein Leben lang begleitet und sich in drei unterschiedlichen Phasen seiner Entwicklung besonders manifestiert hat, vor allem durch Tagebucheintragungen. Man kann sogesehen von drei Phasen der Bruno-Rezeption Goethes sprechen: Die erste fällt in die Frankfurter Zeit, die zweite läßt sich um das Jahr 1812 ansetzen, die dritte fällt mit den letzten Lebensjahren unseres Autors zusammen, genauer gesagt um 1829. Darüber hinaus gilt es festzuhalten, daß die Phasen Goetheschen Interesses für Bruno mit denen seiner Hinwendung zu Spinoza zusammenfallen, daß dieser Parallelismus die gesamte Rezeption der Philosophie des Nolaners im literarischen Bereich geprägt und eine eindeutige Scheidung des Brunoschen Einflusses von dem Spinozas stets beträchtlich erschwert hat.

Auch aus diesem Grund bin ich der Meinung, daß die für unser Thema bedeutsamste Phase die Frankfurter Zeit ist, in der die Präsenz Spinozas noch nicht die Brunos überlagert. Und mit eben dieser Phase, den ersten Monaten des Jahres 1770 in Frankfurt am Main, möchte ich mich in meinem knappen Beitrag etwas ausführlicher befassen. Frankfurt ist sicher ein sehr bedeutungsträchtiger Ort hinsichtlich Leben und Rezeption Brunos, insofern der Neapolitaner sich hier zweimal aufgehalten und seine lateinischen Werke zum Druck gebracht hat. Man könnte in diesem Zusammenhang auch in Erinnerung bringen, daß nicht zufällig hier im Jahre 1623 die erste lateinische Version der *Civitas Solis* eines Philosophen erschienen war, der engstens mit Bruno verbunden und auch in der Bibliothek Goethes vertreten war, nämlich Tommaso Campanella.

Wir wissen heute zweifelsfrei, daß die erste Bezugnahme Goethes auf Giordano Bruno in die Frankfurter und nicht in die Straßburger Zeit fällt. Es handelt sich um den bekannten Passus aus den *Ephemerides*, in dem auf französisch zu einem Abschnitt des Artikels *Brunus* im *Dictionnaire* von

---

wissen, steht dem Verständnis seiner Werke entgegen".

Pierre Bayle Stellung genommen wird. Dieser Passus liefert uns eine Reihe wertvoller Informationen. Ich darf zitieren:[6]

> Ich bin nicht der Auffassung von Herrn Bayle hinsichtlich Jor. Brunus, und ich finde weder Religionsspötterei (*impiété*) noch Absurdität in den von ihm zitierten Passagen, wiewohl ich keinerlei Absicht habe, diesen widerspruchsvollen Mann zu entschuldigen.
> Das Eine, das Unendliche, das Sein und das, was in allem und durch alles ist, ist dasselbe überall.
> Dieser Passus verdiente eine philosophischere Erklärung und Untersuchung als die Darstellung von Herrn Bayle. Es ist leichter, einen dunklen, unseren Begriffen sich entziehenden Passus zu zitieren, als ihn zu entschlüsseln, als dem Gedankengang eines großen Mannes zu folgen. Das Gleiche gilt für einen Passus, in dem er sich über einen Gedanken Brunos lustig macht, dem auch ich keineswegs zustimme, so wenig wie den vorhergehenden; ich halte sie jedoch zumindest für tief und möglicherweise anregend für einen gescheiten Beobachter.
> Beachten Sie etwa die folgende Absurdität, schreibt B.: Er sagt, daß nicht das Sein es ist, welches wirkt, daß es vielerlei Dinge gibt, sondern daß diese Vielfalt in dem besteht, was an der Oberfläche der Substanz erscheint.

---

6 Aus den *Ephemerides*, in *Der junge Goethe*. Neu bearb. Ausg. in 5 Bänden. Hrsg. von H. Fischer-Lamberg, Bd. 1 Berlin 1963, S. 426-516:
„Je ne suis pas du sentiment de Mr. Bayle a l'egard de Jor. Brunus, et ie ne trouve ni d'impiete ni d'absurdite dans les passages qu'il cite, quoique d'ailleurs ie ne pretende pas d'excuser cet homme paradoxe.
L'uno, l'infinito, lo ente e quello che é in tutto, e per tutto anzi é l'istezzo Vbique.
E che cossi la infinita dimenzione per non esser magnitudine coincide coll individuo. Come la infinita moltitudine, per non esser numero coincide coll unita. Giord. Brun. Epist. Ded. del Tratt. de la Causa, Principio, e Vno.
Ce Passage meriteroit une explication et une recherche plus philosophiques que le disc. de Mr. Bayle. Il est plus facile de prononcer un passage obscur, et contraire a nos notions, que de le dechiffrer, et que de suivre les idees d'un grand homme.
Il est de meme du passage ou il plaisante sur une idee de Brunus, que ie n'applaudis pas entierement, si peu que les precedentes; mais que je crois du moins profondes et peutetre fecondes pour un observateur judicieux.
Notes, je vous prie, dit B. une absurdité: il dit que ce n'est point l'etre qui fait qu'il y a beaucoup de choses, mais que cette multitude consiste, dans ce qui paroit sur la superficie de la substance.
E quello che fa la multitudine nelle cose, non é lo ente, non é la cosa: ma quel che appare, che si rappresenta al senso, e nella superficie della cosa." [Dial. V. p. 127.]
Zum Thema Goethe und Bruno ist diese Passage, deren Authentizität manchmal bezweifelt worden ist, immer ein obligater Ansatzpunkt aller Forscher gewesen; zu ihnen zählt der junge Benedetto Croce, welcher im Jahre 1887 unter dem Pseudonym Gustave Colline einen kurzen Artikel „G. Bruno e W. Goethe" in *Rassegna pugliese* (Trani) IV, 1. herausgab.

Aus diesem Passus läßt sich erstens eine überaus sichere Stellungnahme ableiten: Mit Entschiedenheit wird Bruno gegen den Vorwurf der Religionslosigkeit und Dunkelheit in Schutz genommen, den Bayle hinsichtlich eines (hier zitierten) Abschnitts aus Brunos *De la causa* formuliert. Zweitens werden die fraglichen Betrachtungen als tiefschürfend und anregend für einen intelligenten Beobachter anerkannt. Drittens distanziert der Autor sich von einem als „paradox" (also widersprüchlich) definierten Bruno, den er keineswegs entschuldigen, aber doch durchdenken will. Was diese letztere Beobachtung betrifft, so meine ich, in ihr dieselbe Vorsicht und dieselbe ablehnende Haltung zu erkennen, die an mehreren Stellen des *Urfaust* im Hinblick auf jene zum Ausdruck kommen, die ihre Stimme erheben und auf dem Scheiterhaufen enden.[7]

Dem Abschnitt aus den *Ephemerides* wird zu Recht besonders von jenen Interpreten große Bedeutung beigemessen, die nach der Kenntnis fragen, welche der junge Goethe von einem Hauptwerk der Bruno-Rezeption im 18. Jahrhundert besaß, dem *Dictionnaire* nämlich, und die entschiedene Stellungnahme hinsichtlich der Anschuldigung des Atheismus einer Analyse unterziehen.

Die Bedeutung dieses Abschnitts, eines der längsten der *Ephemerides*, tritt aber noch klarer hervor, wenn man ihn in seinem Gesamtkontext sieht. Die *Ephemerides*, die auf den ersten Blick wie eine gelehrte Ansammlung vollzogener oder noch zu vollziehender Lektüren wirken, stellen in Wahrheit eine eindrucksvolle Bibliothek von Schrifttum dar, das sich in weiterem Sinne als „hermetisch" charakterisieren läßt. Wir sehen uns nämlich einer überraschenden Reihung von Häretikern, Astrologen und Magiern gegenüber, die in irgendeiner passiven oder aktiven Beziehung zu Giordano Bruno stehen, angefangen bei Manilius über Scaliger und Fabricius bis hin zu Kircher. Besonders letzterer war einer der wichtigsten Kanäle gewesen, über die sich die hermetische Tradition im Herzen des Christentums und des Jesuitentums zu erhalten gewußt hatte. Ja es wird sogar jener Isaac Casaubon zitiert, der 1614 als erster entdeckt und nachgewiesen hatte, daß das *Corpus Hermeticum* eine christliche Fälschung war. Es versteht sich von selbst, daß in dieser umfassenden Sammlung von Lesefrüchten Paracelsus und Agrippa von Nettesheim einen besonderen Platz einnehmen.

Das Brunozitat aus Bayle steht jedoch mit zumindest zwei weiteren wichtigen Stellen in Zusammenhang, die nach meiner Auffassung auf gedankliche Kohärenz hindeuten und den einzelnen Lektüren einen – wenn

---

7 „Wer darf das Kind beim rechten Namen nennen?" (WA I, 14, S. 36, 590-93); „Deshalb verbrennt man Atheisten" (WA I, 15/1, 4898); „Wo sind denn die? Eh man hat sie verbrannt" (WA I, 38, S. 59, 110)

Goethe und Giordano Bruno 181

auch nur schwach erkennbaren – roten Faden geben. Ich meine das Zitat eines Abschnitts von Voltaire sowie eines lateinischen Abschnitts aus A. Fabricius.

> Ich habe in meiner Zeit mehr als Luther und Calvin gemacht;
> Sie sah man in einem verhängnisvollen Irrtum Mißbrauch gegen Mißbrauch stellen,
> Skandal gegen Skandal,
> Sich ins Getümmel der streitenden Parteien werfen;
> Sie verdammten den Papst und wollten ihn nur nachahmen,
> Durch sie wurde Europa für lange Zeit ein Ort der Verwüstung.
> Sie haben die Erde verwirrt, und ich habe sie getröstet.
> Ich habe den ineinander verbissenen Streithähnen gesagt:
> Hört auf, Ihr Verruchten, hört auf, Ihr Unseligen,
> Ihr überaus dummen Kinder Gottes; seid euch als Brüder zugetan
> Und bekämpft euch nicht mehr um absurder Chimären willen.[8]

Der lateinische Passus[9] enthält Gedanken eindeutig Brunoscher Prägung über die Identität von Gott und Natur sowie, bekräftigt durch die Autorität

---

8 *Ephemerides*, op. cit. S. 428:
  J'ai fait plus en mon temps que Luther et Calvin;
  On les vit opposer, par une erreur fatale,
  Les abus aux abus, le scandale au scandale,
  Parmi les factions ardens a se jetter,
  Ils condamnoit le Pape, et vouloit l'imiter,
  L'Europe par eux tous fut longtemps desolée.
  Ils ont troublé la terre, et ie l'ai consolée.
  J'ai dit aux disputans, l'un sur l'autre acharnés:
  Cessez impertinens, Cessez infortunés,
  Tres sots enfans de Dieu; cherisses Vous en freres,
  Et ne Vous mordes plus pour d'absurdes chimeres.
                                                      Voltaire.
9 *Ephemerides*, op. cit., S. 431:
  Ad. Fabric.Bibliogr.antiq. p 234 et seq.
  Separatim de Deo, et natura rerum disserere difficile et periculosum est, eodem modo quam si de corpore et anima sejunctim cogitamus; animam non nisi mediante corpore, Deum non nisi perspecta natura cognoscimus, hinc absurdum mihi videtur, eos absurditatis accusare, qui ratiocinatione maxime philosophica Deum cum mundo conjunxere. Quae enim sunt, omnia ad essentiam Dei pertinere necesse est, cum Deus sit unicum existens, et omnia comprehendat. Nec Sacer Codex nostrae sententiae refragatur, cujus tamen dicta ab unoquoque in sententiam suam torqueri, patienter ferimus. Omnis antiquitas ejusdem fuit sententiae, cui consensui quam multum tribuo. Testimonio enim mihi est virorum tantorum sententiae, rectae rationi quam convenientissimum fuisse systema emanativum; licet nulli subscribere velim sectae, valdeque doleam Spinozismum, teterrimis erroribus ex eodem fonte manantibus, doctrinae huic purissimae, inquissimum fratrem natum esse.

der gesamten Antike, Beobachtungen über die Vereinbarkeit des emanativen Systems mit der Heiligen Schrift.

Der Passus aus Voltaire ist nicht lediglich, wie man immer wieder lesen kann, ein Beleg für die aufklärerische Bildung des jungen Goethe; wenn wir aufmerksam hinschauen, so wird deutlich, daß von gleichen oder ähnlichen Themen wie zuvor die Rede ist, nämlich von der Absurdität von Religionskriegen und der Notwendigkeit einer Überwindung des Zwiespalts. Eine unbestreitbare Fortsetzung dieser Argumentation findet sich im *Brief des Pastors zu* *** *an den neuen Pastor zu* *** (Ende 1772), in dem die bekannte Überlegung Goethes begegnet, daß jeder „seine eigene Religion" hat.[10] In jedem Fall wird noch hier der Horizont eines Europa sichtbar, das von den Religionskriegen verwüstet worden war.

Ohne befürchten zu müssen, dem Text Zwang anzutun, möchte ich noch auf eine andere Äußerung Goethes zurückgreifen, und zwar auf jene Stelle im sechsten Buch von *Dichtung und Wahrheit*, wo er erwähnt, Morhof gelesen zu haben[11], und zugleich seine erste Lektüre Bayles in Erinnerung ruft. Es mag genügen, mit Worten S. Riccis auf die Tatsache zu verweisen, daß eben jener Daniel Georg Morhof es war, dessen sich Goethe fünfzig Jahre später noch so klar erinnert, welcher „in den so überaus vorsichtigen Seiten A. Kirchers *vestigia Bruni*" aufspürt, „ihn leidenschaftlich verteidigt, mit Interesse resümiert und seinen Einfluß auf alle bedeutenderen Denker des 17. Jahrhunderts" unterstreicht.[12]

Mir scheint offenkundig, daß zwischen den einzelnen Stellen, die ich genannt habe, ein Zusammenhang besteht, daß es, mit Goethe zu sprechen, einen „geheimen Punkt" gibt, um den sich diese und andere Fragmente der *Ephemerides* gruppieren. Und dieser Punkt betrifft das von dem Abschnitt aus Bruno bzw. Bayle aufgeworfene Problem der Identität von Gott und Welt und von der Vereinbarkeit dieses Gedankens mit der Heiligen Schrift, das heißt zugleich auch der Überwindung der zerstörerischen theologisch-religiösen Auseinandersetzungen durch die „Alleinheitslehre".

Mit den *Ephemerides* verbindet sich für mich jedoch noch eine weitere, zugegebenermaßen eher freie Assoziation im Hinblick auf die Gestalt Brunos. Ich meine zwei Stellen, die Heinrich III. betreffen,[13] den König von Frankreich und Repräsentanten jener Monarchie, mit deren Hilfe Bruno gehofft hatte, seine universale Friedensreform und Überwindung der Religionskonflikte erfolgreich ins Werk zu setzen. Wenn ich an die Hypothese von Frances A. Yates bezüglich des wahren Grundes der Verurtei-

---

10 Vgl. *Brief des Pastors zu* *** *an den neuen Pastor zu* ***, in *Der junge Goethe*. Zürich 1953, GA, 4, S. 1011-17.
11 Vgl. *Dichtung und Wahrheit*, Bd. 6 (WA I, S. 27, 39).
12 S. Ricci, *La fortuna del pensiero di Giordano Bruno*. Firenze 1990, S. 405.
13 *Ephemerides*, op. cit., S. 440.

lung Giordano Brunos denke, so kann ich nicht umhin, alle erwähnten Spuren in einem Geflecht von Bezügen zu sehen, das auf den jungen Goethe ganz zufällig und unausgeprägt wirken mochte. Vor unseren Augen aber zeichnet sich das Bild eines jungen Lesers ab, der auf nunmehr aufklärerischen Positionen nach dem Zeitalter der Moderne Ausschau hält, sich jedoch noch mit den Problemen konfrontiert sieht, die von jenen politisch-religiösen Kämpfen herrührten, welche seit dem Tode Brunos Europa mit ihren Zerstörungen überzogen hatten.

Wenn ich die *Ephemerides* zutreffend deute, so stieß der junge Goethe auf Giordano Bruno in einem Augenblick, da das von dem italienischen Philosophen vertretene Projekt „einer Universalreligion, in der sich eine als ‚magia naturalis' verstandene Wissenschaft unlöslich mit der als ‚magia divina' verstandenen Religion verband, offensichtlich im Schwinden begriffen war" (so Yates, H 427). Der Traum davon und das Projekt waren aber noch lebendig, und um diesen Traum bzw. dieses Projekt ranken sich denn auch die Lektüren, von denen die *Ephemerides* so beredtes Zeugnis ablegen.

Wenn wir nunmehr den engen Kreis der *Ephemerides* verlassen und uns dem umfassenderen Feld der literarischen Arbeiten des jungen Goethe zuwenden, so zeigt sich, daß die direkten oder indirekten Hinweise auf den Namen Bruno verschwinden, bis auf eine Stelle im sogenannten *Zum Shäkespears Tag* (Oktober 1772), die in Kommentaren neueren Datums auf Giordano Bruno bezogen wird:

> Was edle Philosophen von der Welt gesagt haben, gilt auch von Shäkespearen, das was wir bös nennen, ist nur die andre Seite vom Guten, die so notwendig zu seiner Existenz, und in das Ganze gehört, als Zona torrida brennen, und Lapland einfrieren muß, daß es einen gemäßigten Himmelsstrich gebe. (Münchener Ausgabe, 1-2, 414)

Ich möchte gerade in diesem Zusammenhang an einen der suggestivsten Hinweise von Frances A. Yates erinnern, daß nämlich Shakespeare Bruno verbunden war und dieser vielleicht in der Gestalt des Prosperus gegenwärtig ist – in einem Kapitel der Kulturgeschichte, das noch längst nicht ausreichend erforscht ist (Yates, H 386).

Aber während die Spuren rarer werden und der Name Brunos aus dem Werk Goethes bis zum Jahre 1802 verschwindet, in einem Zeitraum, da auch die Welt der hermetischen Traditionen unwiderruflich versinkt, so ist ein an Ideen Brunos orientiertes Gedankengut zweifellos in vielen Texten des jungen Goethe aus dieser ersten Phase wirksam; freilich handelt es sich um eine Materie, die zunehmend durch andere Lektüren vermittelt erscheint und immer schwerer von anderen Quellen zu unterscheiden ist. (So ist beispielsweise im Zusammenhang mit dem *Faust* die Rolle Agrippas von Nettesheim wichtig, ein Autor, den Bruno sehr häufig benutzt hatte und der natürlich für Goethe sehr viel leichter zugänglich und nutzbar war.)

Bleibt die Tatsache, daß, je weiter man in die großen dichterischen Werke des jungen Goethe eindringt, umso bestimmender das Gefühl wird, mit Themen Brunos zu tun haben – die monistische Obsession, der Gedanke der Liebe, die dynamische Vorstellung einer materia agens, das Bild der Unendlichkeit der Welten, die Idee vom absoluten Primat der Natur.

An diesem Punkt muß ich nun freilich einräumen, daß ich mich in jenen Bereich einer impressionistischen und subjektiven Kritik begebe, die es nicht vermag, die eigenen Eindrücke mit gänzlich eindeutigen Belegen zu verifizieren. Ich meine jedoch, beispielsweise in *Wanderers Sturmlied* das Echo Brunoscher Verherrlichung des schöpferischen Geistes und der Weltseele zu vernehmen. Dabei vergesse ich durchaus nicht, daß der oben erwähnte Zimmermann (II, 104) für die gesamte Hymnik des 18. Jahrhunderts das gemeinsame Erbe der verschiedenen hermetischen Quellen in Anspruch nimmt, wobei er übrigens durchaus überzeugend die Nähe Goethes zur Furor-Lehre Agrippas nachweist. So weit, so gut – es erhebt sich abermals die Frage: Agrippa oder Giordano Bruno?

Auch im *Prometheus* und im *Ganymed* ist für mich ein Echo des Brunoschen Dilemmas zwischen Schöpfung und Erlösung unüberhörbar, ebenso ein Anklang an den heroischen Furor des Genies. Nicht weniger deutlich tritt für mich im Brief vom 18. August, im ersten Teil des *Werther*, der Gedanke einer göttlichen und wirkenden Natur hervor, die Vorstellung von der Unendlichkeit der Welt, von der Unendlichkeit der Welten, die Ahnung von der panischen Macht der Materie und der Natur, wenn es beispielsweise heißt (GA, 4, 315, *Werthers erste Fassung*):

> […] wenn […] mir alles das innere glühende heilige Leben der Natur eröffnete, wie umfaßt ich das all mit warmem Herzen, verlohr mich in der unendlichen Fülle, und die herrlichen Gestalten der unendlichen Welt bewegten sich alllebend in meiner Seele […]. Und ich sah sie wirken und schaffen in einander in den Tiefen der Erde, all die Kräfte unergründlich.

Die einzige etwas handfeste Bekräftigung dieser Eindrücke erhalten wir lediglich dadurch, daß auch einige Zeitgenossen so empfanden, und zwar vor allem Jacobi. Als dieser den *Prometheus* mit dem Spinozismus Lessings in unmittelbare Verbindung brachte, da hatte er sich zuvor bereits mit Bruno auseinandergesetzt und hinter Spinoza den sehr viel bedrohlicheren Schatten des neapolitanischen Philosophen verspürt; er hatte sich auf die Suche nach Texten Brunos begeben, hatte einige Abschnitte von ihm übersetzt (aus *De la Causa*) und sie 1789 veröffentlicht. Die Bibliothek

Jacobis wies eine beträchtliche Anzahl von Werken Brunos auf[14], und Hegel zufolge war er der Hauptverantwortliche für die Überbewertung des Italieners, der sich seinen Weg in den deutschen Idealismus über dieselben, so mühsam nur rekonstruierbaren Kanäle bahnte wie es bei Goethe der Fall war.

Ich sagte eingangs, daß ich mich darauf beschränken würde, von der ersten Phase der Beschäftigung des ganz jungen Goethe mit Bruno zu sprechen. Die nachfolgenden Phasen stellen sich noch komplexer dar aufgrund der fortschreitenden Integration der Brunoschen Philosophie in den großen Strom des Spinozismus und jenes Pantheismus, den Heine als „die geheime Religion Deutschlands" bezeichnen wird.

Ich weiß nicht, ob es mir gelungen ist, eine befriedigende Vorstellung von dieser ersten Phase zu vermitteln, ob ich die Verflechtung der aufklärerischen und der hermetischen Interessen, jene Anziehung zugleich und Ablehnung verdeutlichen konnte, von der Blumenberg spricht, jene unsystematische Aneignung der Brunoschen Philosophie, die vielleicht tatsächlich nur auf dem Weg über besonders ausdrucksstarke Fragmente aus den Werken des Nolaners an den jungen Goethe gelangt ist. Gleichwohl hoffe ich, eine erste positive Antwort auf die eingangs gestellte Frage gegeben zu haben, ob man tatsächlich, und in welchem Sinn, von einer Beziehung zwischen dem größten Autor deutscher Zunge und dem unglücklichen Philosophen sprechen kann, dessen Leben auf dem Scheiterhaufen endete.

---

14 *Die Bibliothek Friedrich Heinrich Jacobis. Ein Katalog*, bearb. von K. Wiedemann. Stuttgart 1989, S. 143-46.

Giordano Bruno im deutschsprachigen Drama

Willi Hirdt

Wohl kaum ein Leben – und Sterben – stellt soviel Stoff für eine dramatisierende Gestaltung bereit wie das Giordano Brunos. Die Gründe dafür liegen auf der Hand. Am 17. Februar 1600 verstummt für immer die Stimme eines der größten Denker Italiens. Am Morgen jenes denkwürdigen Tages wird Giordano Bruno in Rom auf dem Scheiterhaufen der Inquisition bei lebendigem Leib verbrannt. Aber es ist, als beginne der Verfechter einer neuen Philosophie erst jetzt recht eigentlich zu leben. Der Satz, den er seinen Richtern bei der Urteilsverkündung entgegenschleudert – „Ihr fällt den Spruch über mich vielleicht mit größerer Furcht, als ich ihn hinnehme" –, erweist sich als prophetisch. Indem aus der Tragödie eines einzelnen Menschenlebens das Drama des menschlichen Geistes wird, der einen unbeugsamen Kampf um seine Freiheit führt, gewinnt Giordano Bruno eine ungeheure Statur, wird er zur europäischen Symbolfigur einer neuen Zeit und zum Märtyrer der Wahrheit. Tatsächlich ist *Wahrheit* der Schlüsselbegriff im Leben und Denken dieses ungewöhnlichen Mannes. Er weiß sich einer Wahrheit verpflichtet, die, im Gegensatz zu dem auf übernatürlicher Offenbarung gegründeten Glauben, unverrückbar auf den Prinzipien der natürlichen Vernunft basiert. In seinem grundlegenden Werk *Die Vertreibung der triumphierenden Bestie* vertritt Bruno ausdrücklich den Autonomieanspruch des Menschen im Zeichen der Tugend, als deren höchste er die Wahrheit betrachtet: Sie „ist höher und würdiger als alle Dinge, sie ist Anfang, Ende und Mitte". Stets nach dem wahren und notwendigen Grund zu suchen, ist die vornehmste Aufgabe des Menschen. Leitfaden dieser Suche ist die Einsicht, daß die Natur der Vernunft das Gesetz vorgibt, nicht umgekehrt. In dem Bemühen um eine harmonische Verbindung von Vernunft- und Glaubenswahrheiten gelangt er zu einer Philosophie der Immanenz, des In-der-Welt-Enthaltensein-Gottes, die zu verkünden er nicht müde wird. Die Einheit der Welt ist die Einheit des Organismus. „Die Zeit nimmt alles, und sie gibt alles", schreibt Bruno im Vorwort zum *Candelaio*; „alles wandelt sich, nichts wird vernichtet; es ist ein einziges Unwandelbares, ein einziges Ewiges und vermag in alle Ewigkeit eins, gleich und selbst zu dauern. Mit dieser Philosophie wächst mir der Mut und hebt sich der Geist." Die Geschichte der Menschheit stellt sich ihm als ein Prozeß zunehmender Annäherung an die Wahrheit dar, die beharrlich zu ergründen dem menschlichen Geist aufgegeben und möglich ist.

„Ich werde die Wahrheit sagen." Dies sind die ersten Worte Brunos, als er 1592, zunächst in Venedig, vor Gericht erscheint. Schon hier stellt Wahrheit für ihn mehr als nur einen theoretischen Wert dar. Sie ist innere Kraft zugleich, die sich ohne Scheu vor Konfrontation und mit selbstbewußter Zähigkeit im Maß ihrer Stärke zu artikulieren trachtet. Dieses unerschütterliche Beharren auf für richtig erkannten moralischen, historischen und philosophischen Positionen treibt Bruno immer weiter in sein qualvolles und schließlich tödliches Duell mit der römischen Inquisition. Freilich: Welches Leben darf einem solchen Sterben sich vergleichen?

Auf seiner Suche nach ideologischer und religiöser Toleranz sieht sich der schon früh ketzerischen Gedankenguts verdächtigte Italiener zu einer europaweiten Odyssee gezwungen, die ihn von der Schweiz über Frankreich nach England führt. Auch in Marburg, Wittenberg und Helmstedt versucht der wandernde Professor Fuß zu fassen, nirgends mit dauerndem Erfolg. Deutschland, genauer: Frankfurt, wo er mehrere seiner Werke veröffentlicht, wird für ihn zur letzten Station vor der endgültigen Rückkehr nach Venedig, das ihn seinen Häschern ausliefert.

Aber nicht nur für das Leben, sondern auch für das Nachleben Brunos gewinnt Deutschland besondere Bedeutung. Den Auftakt dieser folgenreichen Rezeption markiert der Philosoph Friedrich Heinrich Jacobi, der in seinen Briefen *Über die Lehre des Spinoza* (1785) einschlägige Auszüge aus Brunos *Von der Ursache, dem Princip und dem Einen* veröffentlicht. Schelling findet hier Gedanken wieder, die seiner eigenen Naturphilosophie schon zugrundelagen, und verfaßt den Dialog *Bruno oder über das göttliche und natürliche Prinzip der Dinge* (1802) – der Italiener wird zum Sprachrohr Schellings. Hegel befaßt sich in seinen *Vorlesungen über die Geschichte der Philosophie* (1805/06 ff.) ausführlich mit Giordano Bruno, und für die Ausformung des Goetheschen Pantheismus ist er mit seinem kosmologischen Weltbild nicht wegzudenken.

Die nachromantische Zeit bringt in Europa eine Fülle von Dichtungen, vor allem Dramen, hervor, in denen Giordano Bruno als zentrale Gestalt auftritt – ein kühner Zerstörer „alles katholischen Autoritätsglaubens", ein „Messias der modernen Weltanschauung", „echter Freidenker", „edler Märtyrer", „Übermensch" und „Geistesheld". Sein tragisches Schicksal, seine Seelenkämpfe, sein Tod für die Wahrheit treten entschieden in den Mittelpunkt des Interesses. Es kommt zu einer regelrechten Bruno-Renaissance, in deren Verfolg sich im Rom der späten achtziger Jahre des 19. Jahrhunderts ein Komitee zur Errichtung eines Denkmals für den Nolaner konstituiert. Wie stark die Arbeit und Pläne dieses Komitees noch mit ideologischem Sprengstoff befrachtet sind und also zwangsläufig zur Polarisierung der Meinungen führen, zeigt die aufgeregte Reaktion hinsichtlich der Gedächtnisfeier für Giordano Bruno, die am 26. Februar 1888 auf Betreiben der Denkmalskommission in der Universität Rom ausgerichtet wird. Der *Corriere della sera* (Num. 57) berichtet darüber in seiner Ausgabe vom 27./28. Februar 1888:

La commemorazione di Giordano Bruno è riuscita imponente. Sulla porta del Collegio Romano eravi un trofeo di bandiere coll'iscrizione seguente: «A Giordano Bruno pel 288° anniversario del supplizio.» Salendo per lo scalone si entrava nella Grand'Aula adornata di bandiere nazionali circondanti degli scudi che portavano per epigrafe i più memorabili detti di Bruno, tratti dalle opere sue. Sulla parete di fondo stava il busto di Bruno modellato da Ferrari Ettore. Vi era un trofeo di bandiere sotto l'effigie. Una fila di poltrone dorate era destinata per i personaggi autorevoli; a destra e sinistra due tavoli per il Comitato e per l'oratore. Gli invitati erano ammessi previa presentazione del biglietto d'invito; gli studenti entravano colla tessera universitaria. Uno steccato doveva dividere gli studenti dagli invitati, ma una fiumana di giovanitri lo ruppero pressochè subito. Fra le bandiere notavasi quella dell'Università di Roma. La folla era così grande che dovette rimanere in parte nei corridoi. Assistevano parecchie signore, molti deputati e senatori. (...)

Alle due ore non si poteva più entrare in sala. Alle due e trenta entrò il senatore Moleschott, accolto da grandi applausi, assieme al prof. Morselli ed al Comitato del monumento. Mentre stava per incominciare, entrò Crispi inaspettato con Boselli neo-ministro, accolti da un subisso di applausi, di grida di viva Crispi, evviva il ministro liberale, abbasso i clericali, viva Giordano Bruno. Tutti erano in piedi, sventolando i fazzoletti, agitando i cappelli. Crispi si fermò in mezzo alla sala e sembrava commosso dalla dimostrazione che durò parecchi minuti. Sedutosi Crispi, aveva allato Boselli, Mariotti.

*

Moleschott pronunciò un breve discorso, presentando il prof. Morselli ed inneggiando a Giordano Bruno. Disse che fra tutte le lotte che si possono impegnare fra la civiltà e la reazione, non avvenne alcuna più sterile, più impotente, più disperata di quella che vuol contrastare al progresso del pensiero umano. In questo luogo, soggiunse, in questa Roma noi compiamo oggi un atto di filosofia sperimentale. Con questa solenne, serena commemorazione non intendiamo recriminare sul passato. Vittorio Emanuele mettendo fine al dominio papale rese la coscienza all'uomo moderno. Sentiamo il bisogno di affermare la libertà del pensiero. Non vogliamo santificare un uomo, ma salutare il fatto glorioso del martire. Il monumento a Giordano dovrà sorgere e sorgerà in Campo di Fiori per volontà del popolo romano che saprà farsi degno interprete dei sentimenti della nazione. (...)

*

Prese a parlare poi il professore Morselli. Gli manca la robustezza della voce, e la vivacità delle immagini, ma è simpatico parlatore, il cui pensiero chiaro e preciso spicca traverso alla nitidezza cristallina della frase semplice e piana.

La conferenza elevatissima era divisa in due parti. Nella prima, piaciuta meno, dimostrò la potenza scientifica e l'antiveggenza della filosofia di Bruno, da cui derivò la filosofia tedesca di Heghel (sic!), Spinoza, ed anche la filosofia moderna sperimentale. Nella seconda parte tracciò la vita, il carattere di Bruno, che stretto dai bisogni della vita, perseguitato, martorizzato, non rinnegò i suoi principi scientifici, morì fortemente, respingendo perfino il crocifisso, che pure aveva amato, perchè presentatogli da ipocriti sacerdoti. Concluse non bastare il culto della memoria di Bruno, occorrerebbe un segno esterno che tuttogiorno lo ricordi ai giovani.

– Un subisso di applausi, grida di Viva Giordano, Viva il martire, accolsero la chiusa. L'oratore ebbe le congratulazioni generali. Quando Crispi accennò ad uscire le grida entusiastiche di evviva Crispi, evviva il ministro liberale, ricominciarono e lo seguirono sino alla strada.

*

Partito il ministro dall'aula del Collegio Romano, dopo la conferenza, alcuni studenti cominciarono a gridare: A Campo di Fiori, a Campo di Fiori. Subito i portabandiere delle Società liberali e anticlericali risposero all'appello. Alcuni volevano anche la bandiera dell'Università, ma altri si opposero dicendo che avevano promesso di non lasciarla uscire dalla sala. La dimostrazione si avviò a Campo di Fiori, rumoreggiando e seguita da numerose guardie e carabinieri. Lungo la via il corteo ingrossava. Alcuni distribuivano cartellini rossi su cui era scritto: Viva Giordano, abbasso i clericali. Passando sotto il palazzo del principe Massimo (clericale) la folla fischiò. Le guardie cercavono di sbarrare la via che conduce a Campo di Fiori, ma i dimostranti passarono ugualmente. Pierantoni li attendeva vicino alla Fontana e pronunziò un discorso altitonante, provocando applausi e grida di Viva Giordano, viva i liberali, morte ai clericali. Conchiuse invitando a sciogliersi colla massima calma, a mostrare così ai nemici che si combatte non colle loro subdole armi, ma col pensiero e colla virtù.

Due studenti dissero poi poche parole.

*

Mentre la dimostrazione stava sciogliendosi, alcuni gridarono: al Campidoglio al Campidoglio! L'ispettore di P.S. Bò pregò i dimostranti di sciogliersi: alcuni obbedirono, ma altri presa la corsa, infilarono la strada che conduce al Campidoglio. Un solo bandieraio li seguì. Ai piedi dello scalone del Campidoglio stava ad attendere un cordone di guardie di P.S. e municipali. Dall'alto del piazzale del Campidoglio molta gente faceva segno ai dimostranti di fermarsi e di tacere.

I dimostranti si fermarono e videro comparire il convoglio funebre della contessa Strozzi (che aveva seguito Garibaldi in parecchie campagne) seguito da garibaldini e da reduci e da massoni. Alcuni dimostranti allora si unirono al corteo, altri si fermarono.

Passato il corteggio, i rimasti tentarono di salire al Campidoglio. Nacque un tafferuglio fra le grida anticlericali e di viva Crispi e viva i ministri liberali. Alcuni dimostranti fecero segno alle persone del piazzale di scendere, che nel tempo stesso essi sarebbero saliti.

Ciò si fece; quindi il cordone delle guardie venne rotto dai due urti e molti poterono raggiungere il piazzale.

Mentre uno studente si preparava a parlare, comparvero due compagnie di soldati. I dimostranti li accolsero colle grida di evviva l'esercito, evviva i soldati.

L'ispettore Bò invitò a sciogliersi.

I dimostranti ubbidirono, ma in fondo allo scalone tornarono ad aggrupparsi e per la via del Gesù si avviarono a piazza Colonna. Lungo la strada trovarono un prete che fischiarono. Il prete si indignò e percosse con un ombrello un dimostrante. Questi gli applicò un sonoro schiaffo. Ne nacque un tafferuglio. Il prete si ricoverò nel palazzo dell'ambasciata di Germania. Vi furono colluttazioni colle guardie e due arresti.

I dimostranti infilarono poi il Corso. In piazza Sciarra avvennero altre colluttazioni ed altri tre arresti. I dimostranti proseguirono fino in piazza Colonna sempre gridando i soliti evviva ed abbasso. La piazza, essendo domenica, era affollatissima. L'ispettore Bò ordinò di nuovo di sciogliersi: indi nuove colluttazioni, e due altri arresti ed alcune ombrellate. Infine i dimostranti si sciolsero. (...)

Am 9. Juni 1889 enthüllt das Königreich Italien unter dem Beifall vieler Delegationen aus aller Welt auf demselben Campo di Fiori, wo einst der Scheiterhaufen dem Leben des Nolaners ein Ende gesetzt hatte, das erbittert umkämpfte Bruno-Denkmal.[1] Damit erfüllt sich die Prophezeiung Giordano Brunos auf spektakuläre Weise. Das Denkmal auf dem Campo di Fiori bleibt nicht das einzige, das sein Überleben bezeugt, weder in Italien noch sonstwo. Zahlreiche deutschsprachige Dramatiker – und davon soll hier die Rede sein – errichten dem Italiener sein Denkmal auf ihre Weise.[2] In ihren Dramen erklingt, bei aller unterschiedlichen Akzentuierung der Aussage, wieder und wieder die Stimme Giordano Brunos – Bekenntnis zur Wahrheit, Mahnung zur Toleranz.

*

Seht! Freunde, ich lehre euch das w a h r e Christentum!
Das da verkündigt wird, und das nicht ward:
Friede auf Erden und den Menschen ein Wohlgefallen!

---

1 Vgl. dazu das vorzügliche Resümee von Karl J. Rivinius, „Der Giordano-Bruno-Skandal von 1888/1889. Eine Episode im Konflikt zwischen Vatikan und italienischer Regierung um die Wiederherstellung der weltlichen Macht der Päpste", in: *Historisches Jahrbuch* 107, 1987, S. 389-404. - S. auch Titus Heydenreich, „Kirchenstaatlicher Strafvollzug im Blick italienischer Literatur des Ottocento und beginnenden Novecento", in: Peter-Eckhard Knabe (Hrsg.), *Literaturstudien/Etudes littéraires*, Köln 1991, Bd. 15, S. 77-98, S. 96.
2 Es handelt sich um insgesamt zwölf in Form und Inhalt sehr unterschiedliche Inszenierungen, die von 1859 an in mehr oder minder regelmäßigen Abständen erscheinen: August Aderholdt, *Giordano Bruno. Historisches Trauerspiel in fünf Aufzügen*, Weimar 1859; Adolf Wilbrandt, *Giordano Bruno. Trauerspiel in drei Aufzügen*, Wien 1874; Heinrich von Stein, *Giordano Bruno (dramat. Bild)*, in: *Helden und Welt*, 1883; auch in: Heinrich von Stein, *Gesammelte Dichtungen*. Hrsg. v. F. Poske, Bd. 2: *Helden und Welt*, Leipzig 1916; Philipp Holitscher, *Giordano Bruno. Historisches Drama in fünf Abteilungen*, Stuttgart 1898; Otto Borngräber, *Das neue Jahrhundert. (Giordano Bruno). Eine Tragödie*. Mit einem Vorwort von Ernst Haeckel, Bonn 1900; Carl Hilm, *Giordano Bruno. Ein Drama in fünf Aufzügen*, Berlin 1903; Erwin Guido Kolbenheyer, *Giordano Bruno. Die Tragödie der Renaissance*, Wien 1903; P. Appenrodt, *Giordano Bruno. Trauerspiel in vier Aufzügen*, Bromberg und Leipzig 1904; Heinrich Bayer, *Giordano Bruno. Schauspiel in fünf Akten*, Straßburg 1915; Rudolf Dreydorff, *Giordano. Ein Trauerspiel in fünf Akten und einem Vorspiel*, Berlin 1928; Eugen Diem, *Lebende Flamme. Ein Drama um Giordano Bruno*, München 1946; Klemens Tschermak, *Giordano Bruno. Drama in fünf Akten*, Zürich-Leipzig-Wien 1960.

Seht! Freunde, ich lehre euch das Menschentum!
Werdet große und freie M e n s c h e n, die sonder Zwang,
Im Wechselstutze zu den Sternen strebend,
Den menschgeword'nen Götterkeim entfalten!
Denn in der Menschheit stieg der Gott am lichtesten
Zur Erde:
Drum in der Menschheit steige er am lichtesten
Zum Himmel!
Seht! Freunde, ich lehre euch ein Übermenschentum,
Das, was vom Tiertum blieb, siegjauchzend abwirft,
Daß nach und nach ein ganz befreiter Geist
In Denken, Fühlen, Wollen und – im Handeln,
Nicht von dem Viehestrieb der Selbstsucht, nein,
Gespornt vom Adlerschwung der Gottmensch-Selbst a c h t u n g,
Auf Erden schon sich in den Himmel hebt!
Ja wißt, ihr s t r a h l t am Himmel! –
Seht! Freunde, ich lehre euch ein Göttertum!!
        (Kurz ab)
So thut danach! –

Diese Worte an das Volk, getragen von passionierter Rhetorik mit Anklängen an Luthers Bibelsprache und mitreißend im Schwung der Verkündung eines neuen Wertesystems, eines neuen Menschen, scheinen dem Mund jenes Weisen zu entstammen, dem Nietzsche in seiner philosophischen Dichtung den Namen des altiranischen Religionsstifters *Zarathustra* gibt. Der Eindruck ist richtig und falsch zugleich. Tatsächlich handelt es sich um eine Ansprache von Giordano Bruno, jenes fiktiven Bruno nämlich, dem der junge Otto Borngräber im Jahre 1900 in seiner Tragödie *Das neue Jahrhundert. (Giordano Bruno)* zu literarischem Leben verhilft. Die unüberhörbaren Anspielungen auf Nietzsches wohl populärstes Werk sind bewußt und gewollt, ohne daß deswegen, wie noch zu zeigen sein wird, von einer ideologischen Identität der Protagonisten gesprochen werden kann.

Der *Giordano Bruno* Borngräbers ist Glied in der Kette einer stoffgeschichtlichen Dramentradition, die im deutschsprachigen Raum 1859 mit dem historischen Trauerspiel *Giordano Bruno* August Aderholdts ihren Anfang nimmt und 1961 mit dem gleichnamigen Drama von Klemens Tschermak vorerst endet. Giordano Bruno gehört, wie beispielsweise seine Landsleute und Zeitgenossen Savonarola oder Galileo Galilei auch, zu jenen Gestalten der Weltgeschichte, die an der erheblichen Stoffbereicherung der Literatur des 19. Jahrhunderts aktiven Anteil haben, das in seinem Eklektizismus so ziemlich alle Quellen auf seine Mühlen lenkt, die die aufblühende historische Forschung freilegt. Es handelt sich bei den dramatisierten Stoffen um durch bestimmte Komponenten – Gestalten oder Ereignisse – vorgeprägte Fabeln, die ihrerseits, wie Elisabeth Frenzels

Darstellung *Stoffe der Weltliteratur* zeigt, eine eigene Geschichte oder doch Ansätze zu einer solchen entwickeln können. Diese Geschichte stellt keinen Prozeß einer stets weiterführenden Annäherung an die betreffende Gestalt dar, sie ist vielmehr in der stets neuen Kombination und Gewichtung von Kern- und Randmotiven des Stoffes ein überaus aufschlußreicher Spiegel etwa der weltanschaulichen, politischen und sozialen Gegebenheiten jener Epoche, in der ein Autor sich dazu entschließt, den betreffenden Stoff zu dramatisieren.

Wenn das Stichwort „Giordano Bruno", im Unterschied zu „Savonarola" und „Galileo Galilei", in Frenzels *Lexikon dichtungsgeschichtlicher Längsschnitte* fehlt, so liegt das möglicherweise daran, daß sich keines der uns hier interessierenden Dramen einen bleibenden Platz im deutschen Bühnenrepertoire zu sichern gewußt hat. Unter zahlenmäßigem Aspekt ist diese Lücke jedenfalls eher verwunderlich. Bei einer eingehenden Analyse des Stoffes anhand der uns vorliegenden Texte zeigt sich, daß dieser aus wenigen Konstanten und zahlreichen Variablen besteht. Konstanten sind insbesondere die rhetorisch eindrucksvolle Darlegung des Brunoschen Credos in Form eines großen Monologs, das Motiv der Versuchung, durch die der Protagonist zum Widerruf seiner Thesen bewegt werden soll, und das des schließlichen Flammentodes. Variable Elemente sind solche, die den dramatischen Knoten auf jeweils unterschiedliche Weise schürzen helfen – wenn etwa Adolf Wilbrandt (1874) Giordano Bruno einen unehelichen Sohn Lorenzo andichtet, der als Mann der Inquisition den eigenen Vater vor das Tribunal des Sanctum Officium bringt, oder wenn Borngräber die jugendliche Gemahlin des Grafen Mocenigo zur Geliebten Brunos macht, dem venezianischen Mäzen des Nolaners mithin auch massiv persönliche Beweggründe für dessen Auslieferung an Rom unterstellt. Die Fülle der zu untersuchenden Dramen und die Knappheit des zur Verfügung stehenden Raums legen hier gleichermaßen eine raffende Darstellung nahe, die auf drei bedeutsame Etappen der dramatischen Rezeptionsgeschichte Brunos in Deutschland paradigmatisch eingehen wird: August Aderholdts *Giordano Bruno* von 1859, Otto Borngräbers *Das neue Jahrhundert* von 1900 und Eugen Diems *Lebende Flamme* von 1946. Die Schnitte mit einem Abstand von jeweils rund einem halben Jahrhundert versprechen zugleich ein zeit- und geistesgeschichtliches Panorama von besonderem Interesse.

I. Aderholdts *Bruno* (1859)

Das fünfaktige Trauerspiel des 1828 geborenen Kosmopoliten August Eduard Aderholdt, der übrigens in Bonn Mathematik und Naturwissenschaften studiert hatte, ist ein Stück aus dem Geiste Lessings und Schillers. Die zentralen Motive des Dramas sind das der religiösen Toleranz und das der Gewissensfreiheit, der Freiheit nämlich, die einmal erkannte Wahrheit auch gegen etablierte Überzeugungen, Tabus und institutionalisierte Macht zu vertreten. Deutlich tritt der Bezug zur Lessingschen Ringparabel zutage, wenn Bruno sein Ideal einer reinen Humanität der eigenen Mutter mit dem Argument plausibel zu machen sucht:

> Wie eine Sitte sich vererbt, so erbt
> Der Glaube auch vom Vater auf den Sohn.
> Es traf sich so, daß ich als Katholik
> Geboren bin, drum willst Du, daß ich's bleibe.
> So setze Du nun diesen Fall einmal,
> Du seiest Jüdin oder Heidin gar;
> Nicht wahr, Du würdest klagen, so wie jetzt,
> Wenn ich mit Eins ein Christ geworden wäre?[3]

Auf den Einwand Lukretias, daß nur der „echte Glaube" zum Heil führt, entgegnet der als „Fürst der Ketzer" verdächtigte Bruno:

> So sage mir: Woran erkennest Du
> Den echten Glauben? Nimmt ihn doch in Anspruch
> Für sich der Jude und für sich der Heide,
> Und jeder gründet ihn, so wie der Christ,
> Auf Gottes eigne Offenbarung. Siehe
> Da ist kein Friede für den Forschergeist,
> Der ruhelos nach lautrer Wahrheit ringet.
> Er schweift hinaus, durchspäht das Weltenall,
> Er kehret heim, blickt in die Menschenbrust,
> Und hat er Gott geschaut, s o   d o r t, wie hier,
> Ist ihm die Seligkeit zu Theil geworden.[4]

Hier wird, wie bei Lessing, das Bekenntnis zu einer religiösen Toleranz deutlich, die davon ausgeht, daß die drei auf Offenbarung Anspruch erhebenden monotheistischen Religionen sich nicht objektiv als „richtig" oder „falsch" erweisen lassen. Es ist jedoch zugleich das Bekenntnis zu einer absoluten, universellen Toleranz, deren Geltung über den Bereich des Religiösen hinausgeht. Das religiöse Ideal der Toleranz wird einem übergreifenden ethischen Ideal der Humanität eingeordnet.

Es ist bezeichnend, daß Bruno am Beginn der Handlung der bedrängten Jüdin Sarah zu Hilfe eilt, der man mit Gewalt das Kind nehmen will, und

---

3 S. 37.
4 S. 38.

daß es schließlich Sarah ist, die Bruno angesichts des drohenden Flammentodes Trost zuspricht. Wenn sie ihm zuruft: „O Herr, Ihr seid kein schwaches Menschenkind – / Nein, ein Prophet seid Ihr, von Gott gesendet!", so gelten diese Worte der Unbeugsamkeit, mit der Bruno für seine Wahrheit gekämpft hat und zu sterben bereit ist. Unüberhörbare Anklänge an Schiller werden in den Worten deutlich, die er dem eifernden Großinquisitor entgegenhält:

> Ein jeder fromme Glaube ist mir heilig,
> Und eben dieses fordre ich von Euch.
> Gebt frei die Geister, die Gewissen! Gebt
> Die Forschung frei – und seht, in Frieden wird
> Der Wahrheit Licht sich mehr und mehr enthüllen![5]

Dieser Bruno wird explizit in die Nähe Jesu gerückt, dessen Gottesgemeinschaft auch von den Versuchungen durch den Satan nicht zerstört zu werden vermag. Er gerät zum großen, beispielgebenden Märtyrer der Wahrheit, von dem der Engländer Sidney sagen kann: „Du kamst zu früh – / Jahrhunderte vielleicht – auf diese Welt!"

Aderholdts Drama, dies gilt es ergänzend zu sagen, ist keine Schöpfung aus dem Nichts. Die Materialbasis dieses ausdrücklich als „historisch" qualifizierten Trauerspiels ist vielmehr in der Darstellung eines Mannes zu suchen, dessen Bedeutung für die deutsche Brunorezeption gar nicht hoch genug eingeschätzt werden kann. Ich meine den Philosophen Moriz Carrière (1817-1895) und sein Werk *Die philosophische Weltanschauung der Reformationszeit in ihren Beziehungen zur Gegenwart*.[6] Der von Hegel und Fichte beeinflußte Carrière, der schon in seinem Erstlingswerk *Die Religion in ihrem Begriff, ihrer weltgeschichtlichen Entwicklung und Vollendung* (1841) betont religiösen Fragestellungen nachgeht, denkt zunächst an eine Monographie über Giordano Bruno und Jakob Böhme, um, wie er formuliert, „durch eine gründliche Charakteristik beider darzuthun, wie in der schwungvollen Phantasie des Italieners und dem mystischen Tiefsinn des Deutschen die neue Weltanschauung in keimkräftiger Fülle hervorgebrochen".

Aus der geplanten Monographie wird eine systematische Darstellung reformationszeitlichen Denkens, die kaum vorhersehbare Folgen zeitigt. Nicht ohne Grund, denn das Werk Carrières ist kein Buch wie jedes andere. In der bewegenden Dichte seiner Gedanken und dem mitreißenden Elan seiner Darstellung birgt es ein überreiches Anregungspotential, das dar-

---

5 S. 61.
6 Moriz Carrière, *Die philosophische Weltanschauung der Reformationszeit in ihren Beziehungen zur Gegenwart*, Stuttgart-Tübingen 1847; 2. verm. Aufl. Leipzig 1887.

stellende Künstler, etwa der Maler Wilhelm von Kaulbach, wie Schriftsteller ausgiebig genutzt haben. Das Erfolgsgeheimnis Carrières liegt in seinem Programm, welches Männern wie Humboldt und Varnhagen zusagte, die semiotischen Gratwanderer der Gegenwart freilich ebenso befremden muß wie es schon seinerzeit die akademischen Zunftgenossen im engeren Sinn befremdete.[7]

Aus der bewußt auf Kongenialität bedachten Darstellung Carrières erwächst ein Werk, dessen unverlierbare Frische den Autor veranlaßt, die 2. Auflage von 1887 nur zu vermehren, nicht zu ändern. „Wir begrüßen in diesem herrlichen Mann den philosophischen Genius Italiens", lautet der erste Satz über Giordano Bruno, und dies ist denn auch der Tenor, in dem den Werken Brunos der „Stempel der Jugendlichkeit, thaufrischer Phantasie und unerschrockener Kühnheit" bescheinigt wird. Bruno wird zum „reformatorischen Eiferer", den das Ziel der Verkündung seiner Ideen durch Europa treibt, zum „literarischen Raufbold", in dem die Streitsucht der älteren Humanisten lebendig geblieben ist, zum „phantasiereichen Priester der Natur", „der in der antiken Mythologie die Symbole für seine Gedanken sucht".

Carrière übersieht und verhehlt keineswegs, daß diesen Gedanken „die wissenschaftliche Reife oder methodische Strenge einer beweisenden Entwickelung" fehlt; wichtiger als dies ist ihm aber ihre phantasiereiche „Tiefe, Kraft und Fülle", durch die Giordano Bruno für ihn zum faszinierenden „Geisteshelden" wird. Diese Einschätzung ist auch die des italienischen Literarhistorikers de Sanctis; sie ist es, die die Vorstellungskraft deutscher Dramenschreiber bis weit in das 20. Jahrhundert hinein anregt.

II. Borngräbers *Das neue Jahrhundert. (Giordano Bruno)* [1900]

Von Borngräbers Drama war eingangs bereits kurz die Rede. Der 1874 geborene Otto Borngräber war nach einem Studium der Theologie und

---

7 Der Grund für die Befremdung wird vielleicht deutlicher, wenn man sich dieses Programm des Autors noch einmal vergegenwärtigt. Er schreibt: „Ich habe die Darstellung auf ein liebevolles Studium der Quellen gebaut, sie jedoch durch keinen unnützen Notenprunk unterbrechen mögen. Ich war bestrebt die einzelnen Männer stets sich selbst schildern zu lassen und so viel als möglich vom Hauch und Duft des Originals in meine Bearbeitung zu verpflanzen; Kenner werden beurtheilen wie weit es gelungen ist dies zu erreichen und zugleich die nothwendige Einheit des Eigenthümlichen zu bewahren. Engbrüstiger Zunftsinn mochte mir vorwerfen ich wolle zween Herren dienen, dem Publikum der Belletristik und der Gelehrsamkeit; Sie wissen daß ich nur einen Herrn anerkenne, die Menschheit, und daß ich bei ernstem Denken und reinem Herzen nur die allgemeine Bildung als Bedingung der Theilnahme an meinem Streben voraussetze."

Philosophie und dem Erfolg seiner Veröffentlichungen zunächst freier Schriftsteller und ging 1906 als Dramaturg des „Neuen Theaters" nach Berlin. Das Stück *Das neue Jahrhundert*, mit dem der 26jährige Vorkämpfer des Monismus und eines „gottfreien Menschentums" eine Laufbahn als Dramatiker beginnt, basiert materialiter zwar ebenfalls auf der 1887 in 2. Auflage edierten Darstellung Carrières, hat aber mit der klassizistisch-romantischen Version Aderholdts im Hinblick auf die Aussage nur wenig mehr gemein.

Borngräber geht es um den modernen, genialen, geistig und sittlich ringenden und endlich obsiegenden Übermenschen, der mit seinem Beispiel die gesamte Menschheit zu einer Art aristokratischem Freiheitsglück emporreißen will und kann. Diesen beispielgebenden Typus repräsentiert Giordano Bruno. Ihm an die Seite gestellt ist der zähe Weise Campanella, der durch *ein* gleiches, göttlich-kirchlich-staatliches Gesetz die ganze Menschheit in ein – demokratisches – Gleichheits- und Ordnungsglück zwingen möchte. Zu einer in sich differenzierten Trias der Wissenschaft werden die beiden durch den stillen Gelehrten Galilei, der zwar teilweise vom Großen an Giordano Bruno begeistert und teilweise vom Richtigen an Campanella überzeugt ist, für sich aber lediglich eine dienende Rolle in Anspruch nimmt und keine Reform der Menschheit im Sinn hat.

Diese drei stehen als Repräsentanten der Wissenschaft ausgangs des 4. Aktes zwischen der Übermacht des Klerus auf der einen und des Staates auf der anderen Seite oder – bühnenbildlich – zwischen Markuskirche und Dogenpalast. Während der 1. Akt den übermenschlichen Bruno in einem gärenden Jahrhundert zeigt, illustriert der 2. seinen äußeren Zusammenstoß mit den Weisen und die Wirkung des Übermenschen auf die gebildete, sich emanzipierende Frau. Der 3. Akt stellt einen Klärungsprozeß dar, in dem der zuvor nur natürlich-fühlende durch das hinzutretende Schuldgefühl zu einem sittlich-strebenden Übermenschen wächst, dem ein äußerer Sieg beim Volk zufällt. Der 4. Akt bringt die völlige Konfrontation mit allen Gruppen, mit den praktischen Weisen, mit dem fanatischen Priestertum, mit dem Staat, den Auseinanderfall mit dem noch unreifen Volk, der 5. schließlich die letzte, innerste Anfechtung durch das Christentum und die Erweisung des sittlich-strebenden Übermenschen, seinen Blick in die Zukunft.

Das nach allen Regeln dramatischer Kunst aufgebaute Stück hat unmittelbaren Erfolg.[8] Es wird noch im Juni 1900 in Leipzig und im März

---

8 Besprechungen von Otto Borngräbers *Giordano Bruno*: Karl Beth, „Borngräbers ‹Giordano Bruno (Das neue Jahrhundert)›, das erste der Berliner Akademischen Bühnenspiele", Berlin 1903; Walter van der Bleek, [Pseud. v. Kurt Leo Walter], „Otto Borngräbers ‹Giordano Bruno› und ‹König Friedwahn› in ihrer Stellung zum Gesamtkunstwerk Richard Wagners". Sonderausgabe des 1. künstlerischen Teils der

1901 in Halle auf die Bühne gebracht. Die Intendantur der zum Zweck einer geistigen Erneuerung begründeten „Akademischen Bühnenspiele" setzt es 1903 als erstes auf den Spielplan, offenbar ohne zu sehen, daß Borngräbers Drama noch unter einem ganz anderen Aspekt in seiner Zeit und in einer Strömung wurzelt, die man gerade überwinden will – nämlich im Naturalismus. Der *Bruno* Borngräbers ist in der Tat ein Übermensch ganz besonderer Art. Er ist sich, ganz im Sinne der naturalistischen Theorie, bewußt, *auch* „bête humaine" zu sein, aber eben im Besitz einer Strebekraft, die ihn über das Stadium des Animalischen hinauszuführen, zum Gott zu erheben vermag. So äußert sich Bruno gegenüber Mocenigo:

> Doch wie? bin ich nicht mehr denn willenloses Tier?
> Bin ich nicht Mensch und Mann? –
>   (Sich riesenhaft reckend)
> Ich fühl' eine K r a f t in mir! – gab mich nur h i n
> In willlos tierisch übertäubte S c h w ä c h e!
> Schlaftrunk'ne S c h w ä c h e ist die ganze ‚Schuld',
> Einlullend auch des H e l d e n Strebekraft
> Wie den Herakles Omphales Weiberkette!
>   (Mit gewaltigster Energie)
> Zerreiße sie, Menschheit!! Komme zu dir selbst!
> Du kannst! wenn du w i l l s t! Wie (mit einer gewissen Geringschätzung gegen die Erdscholle) bist d u, Erdkloß, S t e r n:
> So bist du, Mensch, (indem ihm der Gedanke aufblitzt, in förmlicher Verzückung) ein lichter H i m m e l s bürger!
> Du m u ß t dir helfen können: du bist Gott!! –[9]

An dieser und anderen Stellen wird deutlich, daß und wie Borngräber die moderne Entwicklungslehre in seine Ethik einbringt. Die Animalität hat sich von ihren untersten Stufen immer mehr emporentwickelt und im Menschen, der freilich des Tierischen keineswegs ganz ledig ist, ihren vorläufig höchsten Entwicklungspunkt erreicht. Unter diesem Aspekt formuliert Borngräbers Bruno sein aristokratisches Ideal: „Die Gleichheit ziemt dem Tier!"[10] Von der Warte einer unaufhaltsamen Entwicklung verkündet der todgeweihte Bruno:

> Ein kommendes Jahrhundert ... (Wieder lebhaft) Doch es k o m m t!
> In meinen Flammen glüht sein Morgenrot!

Prolegomena zu einer Richard-Wagner-Gesellschaft für Deutsche Kunst und Kultur, Berlin-Wilmersdorf 1904; Gadebuse, „Borngräber", in: *Illustrierte Zeitung,* 1900; Kurt Sternberg, „Otto Borgräbers ‹Giordano Bruno› im Lichte der Philosophie", in: *Zeitschrift für Philosophie und philosophische Kritik,* 1909.
9 S. 56 f.
10 S. 96.

> Es kommt! (in Jubel umschlagend) es schüttelt sich vom Schlaf! und jauchzt,
> Die Lebenskräfte freudig zu entfalten,
> Der jungen S o n n e und dem Tage zu!

Das sind Töne und Gewißheiten, wie wir sie, mit vergleichbarer Metaphorik eines Keimungs- und Reifungsprozesses beim Autor von *Germinal*, dem französischen Naturalisten Emile Zola antreffen, der bekanntlich ein nicht minder fervener Vertreter darwinistischer Theorien ist.

So verwundert es denn nicht, daß das Drama Ernst Haeckel und Gerhart Hauptmann gewidmet ist. Ernst Haeckel, leidenschaftlicher Verfechter der Abstammungslehre Darwins in Deutschland und mit seiner Erweiterung des Entwicklungsgedankens zu einer Weltanschauung dem Monismus nahestehend, gibt dem Borngräberschen Drama ein Vorwort bei, in dem er Giordano Bruno als „freien Geisteshelden" feiert, der bereits 300 Jahre zuvor „die Grundsätze des heutigen Monismus mit der Glut der Leidenschaft ‚verkündet' und mit seinem Flammentod" besiegelt habe. Wörtlich schreibt er:

> Bruno dagegen füllte eine u n e n d l i c h e Welt mit u n z ä h l i g e n Sonnensystemen. Bruno aber ahnte auch bereits jene wahre ‚Stellung des M e n s c h e n in der Natur', ahnte in ihm das höchste Produkt einer natürlichen Entwickelungskette, wie sie erst drei Jahrhunderte später durch D a r w i n – den biologischen Kopernikus unserer Zeit – endgültig bewiesen wurde. Das moderne S u b s t a n z - oder U n i v e r s a l - G e s e t z, von der ewigen Erhaltung der nur ihre Formen wandelnden W e l t - K r a f t und - M a t e r i e, worin unsere heutige Naturwissenschaft seit einem halben Jahrhundert alle ihre höchsten und allgemeinsten Erkenntnisse zusammenfaßt, ist nur eine Krönung der ebenso tiefsinnigen als religiösen Naturauffassung von Giordano Bruno.[11]

Haeckel feiert Bruno im Sinne des Selbstbewußtseins der Renaissance als Vertreter einer außergewöhnlichen Menschlichkeit, als „Übermensch" und „Menschheitsbeglücker", der am Angelpunkt zweier Jahrhunderte der überlieferten Lehre mit „gänzlicher Voraussetzungslosigkeit" entgegentrat und die Befreiung des denkenden Menschengeistes ins Werk setzte. In diesem Gedanken treffen sich Borngräber und Haeckel, dessen Geleitwort, als fervente Parteinahme in einer zeitgenössischen Auseinandersetzung von höchster Virulenz geboren, dem Drama zweifellos das Gepräge des Besonderen gibt.

---

11 S. VI.

III. Eugen Diems *Lebende Flamme*. Ein Drama um Giordano Bruno [1946]

Die dritte und zugleich letzte Etappe dieses rezeptionsgeschichtlichen Ganges bildet, knapp ein halbes Jahrhundert nach Borngräber, Eugen Diems Prosadrama *Lebende Flamme*. Die überaus einfühlsame Version Diems, die mit einem enthusiastischen Bekenntnis zu dem großen Italiener beginnt („Giordano, wir lieben Dich!/ In unserer Liebe auferstehst Du, lebst Du! –") ist wiederum stark an der Darstellung der Reformationszeit durch Moriz Carrière orientiert und illustriert den gedanklichen Klärungsprozeß sowie das unabwendbar sich vollziehende Schicksal Brunos in enger Bindung an seine Odyssee durch Europa: Die Stationen Salerno, Genf, Toulouse, Paris, London, Wittenberg, Venedig und Rom liefern das jeweilige Szenario für das erschütternde Martyrium des Protagonisten, der zum Symbol Christi und Propheten einer besseren Welt wird, unter der Diem eine Ära der Gewissensfreiheit versteht.

Dieses extrem knappe Resümee ist kaum annähernd in der Lage, die spezifische Akzentuierung des Stoffes durch Diem zu verdeutlichen. Ich will daher an dieser Stelle einige Informationen über den Autor und seine Zielsetzung einfügen, die einen besseren Zugang zu dem Stück ermöglichen. Der 1896 in Würzburg geborene Diem war Dozent an der Volkshochschule München, bevor er 1939 nach Jugoslawien emigrierte, wo er sechs Jahre lang unter fremdem Namen lebte. 1945, nach dem Zusammenbruch des Naziregimes, kehrte er nach München zurück, 1946 veröffentlichte er sein Drama *Lebende Flamme*. Gewidmet ist es „Dem Gedächtnis derer,/ die im Kampf um die Gewissensfreiheit gestorben sind!"

Schon eine erste Lektüre läßt ahnen, daß dem Stück eine doppelte Dimension eignet, und so verhält es sich auch. In literarhistorischer Betrachtung weist es, wie so manches Werk christlich-mittelalterlicher Überlieferung auch, zwei Sinnebenen auf, besitzt es einen *sensus historicus* (die vordergründige Fabel, den erzählten Stoff) und einen *sensus allegoricus* (oder *sensus moralis*, in dem sich das vom Stoff Bedeutete artikuliert). Diem selbst bahnt seinem Leser den Weg zu diesem vertieften Verständnis, wenn er im „Vorwort" schreibt:

> Das Drama um Giordano Bruno gehört zu jener Literatur, die für die ‚geheime Schublade' im Dritten Reich geschrieben worden ist. Sein historisches Gewand entsprang ursprünglich der Notwendigkeit, zeitnahen Stoff im Fall einer plötzlichen Haussuchung möglichst unauffällig den Späheraugen der Gestapo darzubieten. Zum Glück für den Verfasser, der selbst, als Ausländer getarnt, unter anderem Namen im Nazideutschland leben mußte, trat dieser äußerste Fall nicht ein. Aber fremde Augen mögen oft forschend auf den Seiten des Manuskripts gelegen haben, ohne aus dem Gewirr der historischen Ereignisse sofort den Bezug zur allernächsten Gegenwart herauszufinden.

> Im Schatten des drohenden Galgens ist Giordano Bruno entstanden. Und daher mag die Lebenswahrheit des Gehetzten rühren, der von Land zu Land flieht, seiner inneren Berufung treu und doch mit fatalistischer Ergebung sein furchtbares Ende vorausahnt.
> Welches war nun der Ausgangspunkt, die Keimzelle, aus der die Dichtung sich nach einem inneren Entwicklungsgesetz zu ihrer jetzigen Gestalt entfaltet hat?
> Es war der ungeheure Druck einer Umwelt, die nicht nur physisch, sondern auch und vor allem m o r a l i s c h auf dem Einzelgewissen eines von ihr vogelfrei Erklärten gelastet hat. Es war die vollkommenste Isolierung eines Menschen inmitten einer ihn verwerfenden Welt, wie sie höchstens der Geisteskranke, der Kriminelle, der zum Selbstmord Bereite in seiner Einzelzelle erlebt. Kein Hinüber zu anderen Menschen, keine Brücke, die aus solcher Verlassenheit ins allgemeine Leben zurückführt! Ganz allein auf sich gestellt, muß das moralische Bewußtsein, das Einzelgewissen, einen Druck aushalten, der unüberwindlich scheint. Der Kampf mit einer ganzen Welt, als deren Teil, als deren Mitglied man sich einst gefühlt hat, muß zu einem Vernichtungskampf in der eigenen Brust führen, und ehe das Opfer in die Schlingen der Häscher fällt, scheint es vorher schon an seinem eigenen Zwiespalt sich auflösen und zugrunde gehen zu müssen.[12]

Auf dem Hintergrund einer allegorischen Dimension, die es zu erkennen gilt, wird Giordano Bruno zur Identifikationsfigur des Emigranten Diem. Spitzelsystem, Zensurprobleme, Gesinnungsterror, Menschenjagd, Folterungen, Pressionen des Gerichts – all jene Elemente, die auf der buchstäblichen Ebene den Sbirren Roms und dem Tribunal der Inquisition zugeschrieben werden – sind auf der allegorischen Ebene der Gestapo und dem Naziregime zuzurechnen. So werden denn in der Allegorie die Verfahren des Volksgerichtshofs ebenso deutlich wie die nazistischen Menschenversuche, die *historice* ein Dr. Fust in seiner Wittenberger Alchimistenküche mit einem Programm absoluter Mitleidlosigkeit durchführt, und die Sprache aus dem Wörterbuch des Unmenschen, für den das menschliche Wesen nichts als lästiges Getier ist, das nach Belieben zertreten werden kann.

Diem gelingt es, einem Bruno Gestalt zu geben, der mehr als Prophet denn als Denker bewegt. Sein Giordano Bruno ist nicht nur äußerlich verfolgt, sondern auch innerlich umgetrieben, und zwar von dem unwiderstehlichen Drang, die einmal als richtig akzeptierte Erkenntnis auch um den Preis der eigenen Existenz zu verkünden. In diesem Sinne wird die Gestalt des Italieners zu einem exemplarischen Fall, über den der Autor in seinem Vorwort abschließend schreiben kann:

> Das Drama der G e w i s s e n s f r e i h e i t vollzieht sich dann, für das Giordano Bruno immer einer der leuchtendsten Repräsentanten der Menschheit bleibt. Dieses Drama, das in unserer verwüsteten Zeit Tausende und aber Tausende unbe-

---

12 S. 5.

kannter und schlichter Opfer gefordert hat. Sie hatten nicht die Genialität, die glockentönende Sprache des großen Nolaners; kaum daß einer von ihnen um dieses heroische Vorbild wußte. Aber sie hatten den durch ihr Blut, ihren Schmerz besiegelten Opferwillen für die als menschlich erkannte Pflicht: sich dem Schrecken n i c h t zu beugen. Und so haben wir in unserer Zeit neben dem Massenaufgebot von Henkern und Mördern einen ergreifenden Zug von namenlosen Helden, die aus allen Schichten der Gesellschaft, aus allen Ländern der Erde, aus allen Zonen und Religionen den ununterbrochen blühenden Baum der Menschheit und Menschlichkeit mit ihrem Blut genährt haben.

Auf sie alle, auf ihr anonymes Kämpfen und Sterben fällt ein Strahlen aus der Märtyrerkrone des Giordano Bruno, der die Einheit von Gedanke und Tat, den höchsten Triumph der Gewissensfreiheit ihnen vorgelebt hat.[13]

Das jüngste Schauspiel zum hier interessierenden Stoff, das Stück *Phönix aus unserer Asche – Giordano Bruno* des gebürtigen Tschechen (und heutigen britischen Staatsbürgers) Benjamin Kuras (geb. 1944), welches im übrigen strukturell und inhaltlich der Bruno-Version Erwin Guido Kolbenheyers am nächsten steht, zeigt – ohne Kenntnis der vorangehend skizzierten Tradition –, daß das dramatische Potential des Bruno-Stoffes nichts von seinem Reichtum und seiner Energie eingebüßt hat. Es weist unverkennbar die strukturellen Vorgaben der Materie auf, die paradigmatisch anhand dreier Fälle veranschaulicht werden konnte, aber auch ihre Anpassungsfähigkeit an historisch gewandelte Situationen – in Kuras' Fall das zähe Ringen von „Charta 77", das mit dem Beispiel und im Geist eines Vaclav Havel zum schließlichen Sieg gelangt.[14] Das Leben und

---

13 S. 6.
14 In dem Programmheft zur Uraufführung seines von Merve Hölter eingedeutschten Werkes am 30. November 1990 im EuroTheater Central Bonn schreibt Benjamin Kuras:
"Schon seit langem beschäftigte mich der Gedanke, ein Stück mit historischem Hintergrund zu schreiben. Für mich, der bisher ‚science-fiction'-Komödien und politische Thriller verfaßt hatte, die Herausforderung durch ein neues Genre. Die Wahl eines geeigneten Stoffes war davon abhängig, inwieweit sein Inhalt Beziehungen zu Problemen und Themen unserer Zeit herstellen konnte.
Giordano Bruno, seine Schriften und seine Lebensgeschichte – ein Kampf gegen ideologische Bigotterie und institutionalisierte Macht für individuelle Freiheit und Entfaltung aller kreativen Fähigkeiten eines Menschen – schien mir eines der relevantesten Themen auch am Ende unserer Epoche zu sein. (...)
Es waren Ereignisse und Personen um die ‚Charta 77', die meinem Stück allmählich plastische Form geben sollten. Man hatte mich beauftragt, unter anderem die Schriften eines ihrer führenden Unterzeichner, Prof. Patocka, ins Englische zu übersetzen. Seine semantisch wie syntaktisch komplizierte Sprache erinnerte mich unmittelbar an Giordano Bruno.
Patocka kam ins Gefängnis und teilte seine Zelle wahrscheinlich mit Mitgefangenen, die nicht imstande waren, überhaupt zu verstehen, was er zu sagen hatte.

Sterben Giordano Brunos stellt ein offenbar zeitloses Identifikationsmuster für jene bereit, die sich kritisch mit den herrschenden Ordnungen ihrer Lebenssphäre auseinandersetzen und etablierte Machtstrukturen auch unter Opfern in Frage zu stellen bereit sind.

Das Stück nahm Gestalt an: Bruno im Kerker zusammengebracht mit zwei unbedarften Komödianten auf der einen Seite, Domenico, der Vertreter der Inquisition – die dramatische Komponente, die die Handlung vorantreibt – auf der anderen.
Wir kennen sie alle, die ‚Domenicos': Intelligent, mit einem Anflug von Zynismus, keineswegs bösartig, oft sogar wohlmeinende Individuen, die sich mit der Macht arrangieren und glauben, deren Strukturen von innen heraus verändern zu können. Sie werden zu den eifrigsten Mitläufern.
Doch die ‚Brunos' und diejenigen, die sie lieben, wenn auch nicht immer verstehen, gewinnen zunehmend Respekt und Einfluß. Das Stück ist denen gewidmet, die Zweifel haben an ideologisch und machtpolitisch begründeten Strukturen und die verfolgt werden wegen ihrer Überzeugung, daß die Welt ein heller und freundlicher Ort sein kann."

Bertolt Brecht und Giordano Bruno

Norbert Oellers

Mit großer Leichtigkeit, in nur drei Wochen, brachte Brecht, nach gründlichem Quellenstudium und der Sammlung umfänglichen Materials, im November 1938 die erste Fassung seines Schauspiels „Leben des Galilei" zu Papier. Nur die allerletzte, die vierzehnte Szene habe ihm Probleme gemacht, notierte er in sein Arbeitsjournal[1], die Szene also, in der Andrea Galileis Triumph besiegelt: dessen „Discorsi" passieren die italienische Grenze. Die Szene[2] konnte, als Brecht sein Stück später, unter dem Eindruck der Atombombenabwürfe auf Hiroshima und Nagasaki, mit wenigen Textänderungen radikal umschrieb (aus dem Helden Galilei wird der Verräter), fast unverändert übernommen werden: Ob Galileis Widerruf zu preisen oder zu verdammen sei, hatte der Dichter bereits (einmal so, einmal anders) vorher entschieden; nun war nur das Große ins Kleine zu bringen: Jungen (zwei von dreien; der dritte von ihnen zeichnet sich durch mangelnde Schulbildung aus) wissen, daß im Häuschen an der Grenzstation eine Hexe wohnt, die „nachts durch die Luft" fliegt und, weil sie eine Hexe ist, im Dorf keine Milch bekommt; und dieselben Kinder wissen auch, daß die Kiste, auf der Andrea gesessen hatte, plötzlich vom Teufel hergebracht wurde oder, was dasselbe ist, von der Hexe. Das unwissende Kind, Giuseppe, fragt Andrea: „Kann man durch die Luft fliegen?" – Daneben der Grenzwächter und der Schreiber: ein fauler Mann aus dem Volke dieser, ein törichter Mann des Staates jener; kein Hindernis für Andrea, der die „Discorsi" als ein Werk des großen Aristoteles ausgeben kann und eine Prüfung seiner Kiste verhindert, da er durch die Angabe, es seien in ihr 34 Bücher, den Arbeitseifer der Kontrolleure im Keim erstickt. Andrea überschreitet die Grenze, mit Galileis Werk, mit der Bücherkiste. Einen Krug mit Milch, den er bei sich hatte, weil einer der Jungen ja sagen würde, der Hexe nebenan gebe keiner Milch, läßt er zurück – für die Alte. „Die Milch ist bezahlt und der Krug", sagt er von jenseits der Grenze; und dann noch die Belehrung für den unwissenden Giuseppe, die letzten Sätze des Dramas überhaupt „[...] ich habe dir noch nicht auf deine Frage geantwortet, Giuseppe. Auf einem

---

1 Vgl. Bertolt Brecht: Arbeitsjournal. Hrsg. von Werner Hecht. 2 Bde. Frankfurt a. M. 1973. Bd 1. S. 35 (Eintragung vom 23. November 1938).
2 Vgl. Bertolt Brecht: Werke. Große kommentierte Berliner und Frankfurter Ausgabe. Bd 5 (= Stücke 5). Bearb. von Bärbel Schrader und Günther Klotz. Frankfurt a. M. 1988. S. 107-109. – Die folgenden Zitate nach dieser Ausgabe.

Stock kann man nicht durch die Luft fliegen. Er müßte zumindest eine Maschine dran haben. Aber eine solche Maschine gibt es nicht. Vielleicht wird es sie nie geben, da der Mensch zu schwer ist. Aber natürlich, man kann es nicht wissen. Wir wissen bei weitem nicht genug, Giuseppe. Wir stehen wirklich erst am Beginn."

Was diese Szene, die schwierige, mit Galilei zu tun hat (und warum sie für alle Fassungen des Stücks zu brauchen war), kann an dieser Stelle nicht erläutert werden. Sie ist hier in Erinnerung gebracht, weil sie etwas mit „Der Mantel des Ketzers", Brechts Giordano Bruno-Geschichte, zu tun hat – ein Miniaturbild der Weltgeschichte: Großes zum Faßlichen verkleinert.

„Der Mantel des Ketzers" entstand, weil das Galilei- und Inquisitions-Studium Brecht auch mit Bruno bekannt gemacht hatte[3], unmittelbar nach der ersten Fassung des Galilei-Stücks (und zwar noch in Dänemark, nicht, wie es meistens heißt, schon in Schweden). Am 12. Februar 1939 trägt Brecht in sein Arbeitsjournal ein: „drei novellen geschrieben (MANTEL DES NOLANERS, DER VERWUNDETE SOKRATES DIE TROPHÄEN DES LUKULLUS)."[4] Worauf sich Brecht bei der Abfassung der Bruno-Geschichte gestützt hat, ist – vielleicht: noch – nicht zu sagen. In seiner Bibliothek (im Berliner Brecht-Archiv) befindet sich Leonardo Olschkis, des bekannten Bruno-Forschers, 1927 erschienenes Buch „Galilei und seine Zeit", das Anstreichungen, auch neben Bruno-Passagen, enthält – ob diese freilich von Brecht stammen, ist nicht gewiß[5]; die Beantwortung

---

3 Vgl. ebd. S. 16: Im Gespräch mit dem Kurator erinnert Galilei an die Auslieferung Giordano Brunos nach Rom: „Weil er die Lehre des Kopernikus verbreitete." Darauf der Kurator: „Nicht, weil er die Lehre des Herrn Kopernikus verbreitete, die übrigens falsch ist, sondern weil er kein Venezianer war und auch keine Anstellung hier hatte. Sie können den Verbrannten also aus dem Spiel lassen." Wenig später ist – im Gespräch Galileis mit Sagredo – wieder vom „Verbrannten" die Rede, dessen Schicksal Galilei nicht zu beunruhigen scheint: Bruno habe seine Lehre „nicht beweisen" können, er habe sie „nur behauptet"; deshalb sei er zu Tode gebracht worden. (Vgl. ebd. S. 30). Sagredo indes hat schreckliche Ahnungen: „Als ich dich vorhin am Rohr sah und du sahst diese neuen Planeten, da war es mir, als sähe ich dich auf brennenden Scheitern stehen, und als du sagtest, du glaubst an die Beweise, roch ich verbranntes Fleisch." (Ebd. S. 33.). Und der sehr alte Kardinal, mit dem Galilei sechs Jahre später im Collegium Romanum zusammentrifft, erinnert auch noch einmal an Bruno: „Wissen Sie, ich sehe nicht mehr allzu gut, aber das sehe ich doch, daß Sie diesem Menschen, den wir seinerzeit hier verbrannt haben, wie hieß er doch? auffallend ähnlich sehen." (Ebd. S. 54.)
4 Vgl. Arbeitsjournal (wie Anm. 1). S. 37.
5 Mitteilung von Prof. Dr. Gerhard Seidel, dem Leiter des Bertolt-Brecht-Archivs, vom 14. März 1991.

dieser Frage ist in unserem Zusammenhang aber auch nicht von großem Belang. Es mag genügen zu wissen, daß die Episode, die Brecht erzählt hat, zur Biographie Brunos gehört, von Brecht also nicht erfunden wurde.

Ein halbes Jahr nach seiner Entstehung erschien die Geschichte (unter dem Titel „Der Mantel des Nolaners") in der Moskauer Zeitschrift „Internationale Literatur"; ein Jahrzehnt später – nun als „Der Mantel des Ketzers" – in den „Kalendergeschichten", plaziert hinter der – ebenfalls Anfang 1939 entstandenen – Francis Bacon-Geschichte „Das Experiment" und dem „Schneider von Ulm"-Gedicht aus dem Jahre 1934. Auf den Zusammenhang mit diesem und jener wird noch einmal hinzuweisen sein.

„Der Mantel des Ketzers" handelt nicht von der Philosophie Giordano Brunos; ja es scheint, als habe Brecht von seinen Lesern nicht erwartet, sie sollten von dieser Philosophie wenigstens eine ungefähre Ahnung haben. Als Voraussetzung des Verständnisses seiner Geschichte genügte ihm die im Titel gelieferte Information, daß sein ‚Held' ein Ketzer war, und die sich daraus ergebende Folgerung: daß er ein Opfer der römischen Inquisition wurde. Die Beurteilung des historischen Ereignisses kann sich der Erzähler sparen: Weil Bruno als Ketzer verbrannt wurde, ist seine Größe gewiß. Die Inquisition als das böse Prinzip der Zeit(en) hat ja – unter weltgeschichtlichem Aspekt – das einzige Verdienst, die Errichtung von Denkmälern für die von ihr Vernichteten vorzubereiten. Da sich Giordano Bruno als Gegner der Kirche bis in den Tod treu blieb, hat die Nachwelt ihm auf verschiedene Weise Reverenz erwiesen; Bruno, dem Philosophen.

Die Bedeutung von Philosophen ist eines; ihre menschliche Größe ein anderes. Aus der Verbindung beider ist Stoff für Rührung und Belehrung zu gewinnen. (Daß Goethe, als er an der „Iphigenie" schrieb, an die hungernden „Strumpfwürcker in Apolda" dachte ...⁶)

Wie menschlich Bruno, der den schrecklichsten Tod erlitt, gewesen ist – davon handelt Brechts kurze Geschichte. Doch der Reihe nach.

„Giordano Bruno, der Mann aus Nola, den die römischen Inquisitionsbehörden im Jahre 1600 auf dem Scheiterhaufen wegen Ketzerei verbrennen ließen, gilt allgemein als ein großer Mann [...]."⁷ So beginnt's. Warum Giordano Bruno „als ein großer Mann" gilt, erwähnt Brecht nur beiläufig. Nicht der allgemein bekannten (anerkannten) Größe des Verbrannten gilt sein Interesse, sondern der unbekannten und daher ‚wahreren', von der er eine Geschichte zu erzählen verspricht, „eine Geschichte, die unsere Achtung vor ihm vielleicht noch steigern kann.

Es ist die Geschichte von seinem Mantel."

---

6 Vgl. Goethe an Charlotte v. Stein vom 6. März 1779 (Goethes Werke. Sophienausgabe. 4. Abt. Bd 4. Weimar 1889. S. 18).

7 „Der Mantel des Ketzers" wird zitiert nach: Bertolt Brecht: Prosa. Bd 2. Frankfurt a.M. 1965. S. 41-51.

Die Geschichte hat mit dem venetianischen Patrizier Mocenigo zu tun, wie sich noch zeigen wird. Dem Leser bleibt das zunächst verborgen; ihm wird nur mit kargen Worten das Ungeheuerliche mitgeteilt: daß Mocenigo seinen Lehrer Bruno, der in seinem Hause wohnte, der Inquisition ausgeliefert habe, weil dieser ihn nur in Physik, nicht aber, wie gehofft, „in schwarzer Magie" unterrichtet hatte. Bruno habe, so Mocenigo, „in seiner Gegenwart übel von Christus gesprochen, von den Mönchen gesagt, sie seien Esel"; auch habe er der Bibel widersprochen: daß es nur *eine* Sonne gebe. Bruno wurde verhaftet. „Das geschah am Montag, dem 25. Mai 1592, früh 3 Uhr, und von diesem Tag bis zu dem Tag, an dem er den Scheiterhaufen bestieg, dem 17. Februar 1600, kam der Nolaner nicht mehr aus den Kerkern heraus." – Daß der Erzähler nicht sagt, um wieviel Uhr Bruno den Scheiterhaufen bestieg und welcher Wochentag der 17. Februar 1600 war (es war ein Donnerstag), kann manche Gründe haben; erzähltechnisch ist das so zu verstehen: Es geht nicht um den Prozeß gegen Bruno und seinen Ausgang, sondern um die Geschichte eines Mantels, die mit der Verhaftung Brunos in ihr wahrhaft dramatisches Stadium trat und sich über acht Monate, also bis Ende Januar 1593 hinzog. Präzise, historisch gesicherte Zeitangaben sollen die Authentizität des im folgenden Berichteten fraglos erscheinen lassen.

Die Geschichte des Mantels also. Bevor sie – nur noch sie – erzählt wird, heißt es, daß sie sich in der für Bruno „verzweifeltsten" Zeit seines Lebens ereignet habe: als er, schließlich vergeblich, darum kämpfte, nicht von Venedig nach Rom ausgeliefert zu werden. Eine kleine rührende Geschichte in der von Menschen verwalteten Vorhölle. Warum die Kerker-Zeit in Venedig die „verzweifeltste" war, deutet Brecht, der Bruno-Literatur folgend, nur an: Bruno wollte sein Leben retten, notfalls um den Preis des Widerrufs seiner Lehre; erst als er nach Rom ausgeliefert wurde, gewann er jene Festigkeit, die zu seinem Tode führte.

Als Bruno verhaftet wurde, war der Mantel noch nicht bezahlt, den er sich vom Schneider Gabriele Zunto gerade hatte machen lassen. Zunto will die Rechnung (32 Scudi) Mocenigo präsentieren, der noch im Besitz des Mantels war, wird von diesem aber davongejagt. Seine Frau (deren Vornamen der Leser nicht erfährt; sie ist nämlich eine beliebige Frau) nimmt sich des Falles an, eilt zur Hohen Geistlichkeit und verlangt die Begleichung der Schulden. Eines ihrer Argumente, mit dem wenig später das Durcheinander in ihrem Kopf angedeutet wird, lautet: „Er [Bruno] braucht keinen Mantel auf dem Scheiterhaufen". Da sie sich derart in das schwebende Prozeßverfahren einmischt, „verwarnte man sie eindringlich, ihr böses Geschwätz aufzugeben." Die Kirche kann ihr nicht helfen, weil sie es nicht will; mit dem Gefangenen selbst solle sie die Sache abmachen.

Es kommt zu drei Begegnungen der Schneidersfrau mit Bruno; diesem erscheinen die Forderungen nur allzu billig; er werde sich drum kümmern, versichert er und schlägt zunächst vor, die Forderungen aus seiner Hinterlassenschaft („Geld" und „Habseligkeiten") zu begleichen; doch Geld, das erfährt die Frau bei ihrem zweiten Besuch, habe sich nicht gefunden. (Der Leser kann sich denken, wo es geblieben ist: im Geldsack des Patriziers Mocenigo.) Aber es gebe weiterhin Hoffnung: Ein Frankfurter Verleger schulde ihm, Bruno, noch Geld; an ihn wolle er sich wenden. Die Frau ist mißtrauisch, gibt dem Gespräch eine Wendung, indem sie die Grundsatzfrage stellt: „Wozu brauchten Sie einen Mantel, wenn sie kein Geld hatten, ihn zu bezahlen?" (Ergo: Arme Menschen dürfen keinen Mantel brauchen.) Brunos Antwort, in biblischem Ton einsetzend, macht den Sachverhalt auf doppelte Weise eindeutig: „Ich habe immer verdient, mit Büchern und Lehren. So dachte ich, ich verdiene auch jetzt. Und den Mantel glaubte ich zu brauchen, weil ich glaubte, ich würde noch im Freien herumgehen."

Frau Zunto hat, als sie nach drei Monaten zum dritten und letzten Mal mit Bruno zusammenkommt, die Antwort auf seine Antwort in die entscheidende Frage konzentriert: „Warum führen Sie sich dann so auf, wenn Sie im Freien herumgehen wollen?" Sie hätte auch fragen können: Warum widersetzen Sie sich der kirchlichen Lehrmeinung (oder: warum forschen Sie), wenn Sie einen Mantel haben wollen? Bruno weiß, daß er darüber mit der Frau nicht reden kann; er weiß ebenso, daß ihr die 32 Scudi zustehen. Er schlägt nun vor, seine Habseligkeiten für sie zu verkaufen; doch auch damit wird's nichts, weil Mocenigo Anspruch auf den Erlös erhoben und das Offizium den Anspruch bereits für rechtens anerkannt hat. (Es ist der Judaslohn, der natürlich, weil er so leicht zu erinnern ist, unerwähnt bleibt.) Was bleibt zu tun? Der Mantel soll dann eben den Schneidersleuten zurückgegeben werden. Aber unter Brunos Hinterlassenschaft, die dem Offizium von Mocenigo übergeben worden ist, findet er sich nicht. Mocenigo hat ihn behalten. Warum wohl? Wollte er ein Andenken an seinen Lehrer bewahren? Sicher nicht. Wollte er den Mantel selbst verkaufen? Auch dagegen spricht alles. Er tat's, um den Mantel als Corpus delicti vorweisen zu können, wenn es ihm zweckmäßig erschien; aber auch: um der Geschichte die Schlußpointe zu ermöglichen.

Eine Woche nach dem letzten Gespräch mit Bruno erhält Frau Zunto den Mantel zurück; der ihn bringt, gibt diese Erklärung ab: „Er [Bruno] hat tatsächlich noch die ganzen letzten Tage sich um den Mantel gekümmert. Zweimal machte er eine Eingabe, zwischen den Verhören und den Unterredungen mit den Stadtbehörden, und mehrere Male verlangte er eine Unterredung in dieser Sache mit dem Nuntius. Er hat es durchgesetzt. Der Mocenigo mußte den Mantel herausgeben. Übrigens hätte er ihn jetzt gut brauchen können, denn er wird ausgeliefert und soll noch diese Woche nach Rom abgehen." Der Erzähler schließt seine Geschichte: „Das stimmte. Es war Ende Januar."

Zur Pointe: Mocenigo behielt den Mantel nicht nur, um Bruno im letzten Stadium seines aussichtslosen Kampfes um sein Leben Gelegenheit zu geben, sich um die Belange des geschädigten Schneiders zu kümmern, sondern auch, um den dummen dicken Beamten, der das Kleidungsstück beibringt, sagen lassen zu können: „[...] er wird ausgeliefert und soll noch diese Woche nach Rom abgehen." Der Textzusammenhang läßt keinen Zweifel daran, daß mit „er" Bruno gemeint ist. Die Grammatik ist ebenso eindeutig: „er" ist Mocenigo. Der Erzähler benutzt den Staatsbeamten, um dem Leser den Gedanken nahezubringen, der ihm vielleicht noch nicht gekommen ist: Mocenigo, der Verräter, der Christ, der die schwarze Magie erlernen wollte, gehört vors Tribunal. Mit diesem Vorschlag entläßt die Geschichte den Leser; sie ist also weiterzudenken. Weiterzudenken wie anderes: Andreas „Wir stehen wirklich erst am Beginn", da jedermann erinnern soll, was aus diesem Beginn in den folgenden drei Jahrhunderten wurde: der Triumph der Naturwissenschaften (wie es Brecht noch 1938 gesehen haben mochte), ihr Versagen (wie es 1945 erscheinen mußte); aber auch: das Ende der Inquisition (wenn auch nicht das Ende kirchlicher Macht), der Rückzug von Hexenwahn und schwarzer Magie, die Erfindung von Flugzeugen („Stöcken mit Maschinen").

Brechts Bruno-Geschichte ist – wie das Galilei-Drama – *ein* Beispiel für sein Interesse an der wissenschaftlichen Revolution um 1600, ein Interesse, das nicht darauf gerichtet war, zu erfahren und darzustellen, „wie es wirklich gewesen" ist oder wie ‚große Persönlichkeiten' sich gegen die Widerstände ihrer Zeit schließlich, und sei es um den Preis ihres Lebens, durchsetzten; es war kein ‚historisches' Interesse, sondern eines an seiner eigenen Zeit. Das heißt nicht, daß Brecht, der die politische Systemveränderung zu *einem* Ziel seiner schriftstellerischen Arbeit gemacht hat, durch kurzschlüssige Analogien zwischen Vergangenem und Gegenwärtigem billige Aktualisierungen (gleichsam aus ‚aktualistischem' Interesse) vornahm, sondern er stellte es so an, daß er sein Publikum mit sanfter Gewalt auf sich selbst verwies durch Anspielungen, die keine unterschiedlichen Assoziationen und Interpretationen gestatten sollten. Zu diesem Zweck ließ er das, was weltgeschichtlich ‚Epoche' gemacht hat, nie zum ‚eigentlichen' Thema seiner Geschichten, Gedichte und Dramen werden; er erinnerte es vielmehr nur, damit es der Rezipient verlängere und dann in *den* Zusammenhang stelle, in dem er sich selbst – wie nicht anders möglich – sehen muß: in den der zeitlosen Menschlichkeiten und Unmenschlichkeiten, der Konflikte, Widerstände, Niederlagen und gelegentlichen Siege; solchen der Vernunft, der Wahrheit, der Freiheit – des Fortschritts im Bewußtsein der Humanität.

Warum Brechts Interesse an den skizzierten Problemen gerade in den dreißiger Jahren besonders lebhaft war, braucht nicht umständlich erörtert zu werden. Es sei nur darauf hingewiesen, daß die Geschichte „Das Experiment"[8] als Komplement der Bruno-Geschichte zu lesen ist: Francis Bacon, der zwielichtig Große, macht die Entdeckung, daß tiefgefrorene Hühner sich frisch halten. Er kommt aus ganz anderen Gründen zu Tode als Bruno, aber daß er seine Entdeckung durch einen *ungebildeten* Jungen an die Nachwelt weitergibt, verbindet ihn – wenigstens ex negativo – mit den italienischen Gelehrten Galilei und Bruno, die sich gegen die Bildung der Herrschenden und die Herrschaft der Gebildeten durchgesetzt haben. Wie tröstlich kann es den Lebenden sein, daß die Wahrheit, für die sie sich opfern, irgendwann einmal siegen wird?

Das zweistrophige Gedicht „Ulm 1592"[9], das einen bekannten Vorfall aus dem Jahre 1811 behandelt (die Gründe für die Umdatierung liegen, im Kontext des hier Berichteten, ziemlich deutlich zu Tage), – auch dieses Gedicht zeigt dieselbe Tendenz wie das Galilei-Drama und die Bruno-Geschichte: Der Schneider, der sich Flügel gemacht hat und vom Ulmer Münster springt, weil er glaubt, fliegen zu können, fällt sich zwar zu Tode (1811 überlebte er), aber das ist so wichtig nicht; denn nicht ihm gilt das Hauptaugenmerk des Dichters, sondern dem sich irrenden Kirchenmann, dem Bischof, der vom Schneider, bevor dieser fiel, sagte: „Das sind lauter so Lügen, / Der Mensch ist kein Vogel, / Es wird nie ein Mensch fliegen", und der nachher den Leuten sagte: „Es waren nichts als Lügen, / Der Mensch ist kein Vogel, / Es wird nie ein Mensch fliegen." Die dritte Strophe, die Conclusio, hat Brecht nicht aufgeschrieben, weil sie auch derjenige, der noch nie geflogen ist, kennt – wie er auch weiß, was aus Brunos, Bacons und Galileis Wissenschaft geworden ist.

„Der Mantel des Ketzers" ist eine ‚Kalendergeschichte', eine jener belehrenden Geschichten fürs einfache Volk, wie es sie seit Jahrhunderten gibt; informativ wie das Kalendarium mit den Angaben über Festtage, über meteorologische und astronomische Ereignisse, aber nicht nur zum Nutz, sondern auch zum Frommen: zum Kennenlernen der Geschichte, aus der abgelesen werden soll, *wie* wurde, was geworden ist; und die an Beispielen menschlichen Glücks oder Unglücks ‚richtiges' Verhalten lehrt in Zeiten der Bedrohung und Ungewißheiten. Kalendergeschichten sind, um

---

8 Vgl. ebd. S. 28-40.
9 In den üblichen Werkausgaben pflegt die versifizierte ‚Kalendergeschichte' „Ulm 1592" unter die Gedichte zu geraten, z.B. unter „Kinderlieder"; vgl. Bertolt Brecht: Gedichte. Bd 4. Frankfurt a.M. 1961. S. 28. – Über den ursprünglichen Zusammenhang der ‚Geschichten' klärt auf: Bertolt Brecht: Kalendergeschichten. (Hamburg) 1953 (= rororo-Taschenbuch 77). (Ebd. S. 31-44: Das Experiment; S. 45: Ulm 1592; S. 46-56: Der Mantel des Ketzers.)

Schillers Terminologie zu benutzen, nie naiv, sondern immer sentimentalisch, meistens elegisch, zuweilen (etwa bei Johann Peter Hebel) satirisch, nie idyllisch. (Selten, wie in Hebels „Unverhofftes Wiedersehen", vermittelt die Geschichte, eine Art ‚Vor-Schein' der Erlösung im Ewigen. Deshalb hat sie Ernst Bloch „die schönste Geschichte von der Welt" nennen können.[10])

Brecht denkt nicht an zukünftiges Glück, wenn er schreibt, sondern an gegenwärtige Not, die er in den erinnerten Geschichten der Vergangenheit spiegelt, damit der Leser wenigstens eine Ahnung davon bekommt, daß seine Existenz eingebunden ist in den Zusammenhang des in den Historiographien gewöhnlich hartnäckig Vernachlässigten: des ‚eigentlich' Menschlichen diesseits der Schlachten, Kabinettsbeschlüsse und Heldentaten Einzelner. Seine Geschichten basieren nicht weniger als die der Historiker auf sogenannten Tatsachen, aber sie dienen einem ganz anderen Zweck: Da er weiß, daß alle überlieferten Fakten nichts sind als „ein Aggregat von Bruchstücken"[11], die nur künstlich zu einem System zusammenzubringen sind, wählt und ordnet er die Bruchstücke so, daß sie auf die Lücken, das Nichtüberlieferte des Zusammenhangs hinweisen, der demnach nur durch Interpretation herzustellen ist; mit anderen Worten: seine Geschichten sind poetische, von denen der Leser betroffen ist, die ihn aber nur befriedigen können, wenn es ihm gelingt, durch Nachdenken die Leerstellen zu füllen. Kalendergeschichten sollen Geschichten fürs sogenannte ‚einfache Volk' sein von der Art der „Fragen eines lesenden Arbeiters", etwa dieser: „Wer baute das siebentorige Theben?" „Der junge Alexander eroberte Indien. / Er allein?" „Friedrich der Zweite siegte im Siebenjährigen Krieg. Wer / Siegte außer ihm?" (Daß „Fragen eines lesenden Arbeiters", eines der meistzitierten Gedichte Brechts, auch zu den Kalendergeschichten gehört[12], mag erwähnenswert sein, weil die Brecht-Editoren es gewöhnlich in die Lyrik-Bände überführen.)

Kein Arbeiter stellt Fragen in Brechts Mantel-Geschichte; fünfmal fragt Bruno, fünfmal fragt die Frau des Schneiders Zunto. Die Fragen Brunos sind einfach und klar; wie auch immer sie beantwortet werden, verlieren sie nichts von der Eindeutigkeit ihrer Funktion: den Fragenden in seiner Menschlichkeit, seiner Mitmenschlichkeit zu charakterisieren: Was sie, Frau Zunto, von ihm begehre (1); „Was bin ich Ihnen schuldig?" (2); ob

---

10 In dem Aufsatz „Hebel, Gotthelf und bäuerisches Tao" (1926); zitiert nach: Ernst Bloch: Literarische Aufsätze. Frankfurt a.M. 1965. S. 373. (Der ganze Aufsatz ebd. S. 365-384.)
11 So Schiller in seiner akademischen Antrittsrede „Was heißt und zu welchem Ende studiert man Universalgeschichte?" (1789); zitiert nach: Schillers Werke. Nationalausgabe. Bd 17. Hrsg. von Karl-Heinz Hahn. Weimar 1970. S. 373.
12 Vgl. Kalendergeschichten. 1953 (wie Anm. 9). S. 91-92.

der Beamte wisse, wieviel Geld zurückgeblieben sei (3); „Wie geht es Ihrem Mann?" (4); schließlich: „Könnte man nicht alle meine Habseligkeiten verkaufen und das Geld diesen Leuten aushändigen?" (5).

Ganz anders, aber nicht weniger menschlich fragt Frau Zunto, auch fünfmal. Beschränkt aufs Geld, um das sie mit Hilfe ihres Schuldners kämpft, spricht sie, wie auch ein beschränkter Leser sprechen könnte, und erwartet als Antwort nur, daß ihre Fragen (von denen wir einige schon gehört haben) berechtigt sind: „Wollte man den Ketzer jetzt wirklich nach Rom gehen lassen, ohne daß er seine Schulden beglichen hatte?" (1); „Wozu brauchten Sie einen Mantel, wenn Sie kein Geld hatten, ihn zu bezahlen?" (2); „Wer wird einem Menschen, dem die Inquisition den Prozeß macht, noch Geld schicken?" (3); „Warum führen Sie sich dann so auf, wenn Sie im Freien herumgehen wollen?" (4); schließlich: „Was sollen wir mit ihm [dem zurückgegebenen Mantel] anfangen?" (5). Rhetorische Fragen, die ein aufgeklärter lesender Arbeiter so nicht stellen sollte – Fragen im Kontext von Herrschaft und Unterdrückung; denn dies soll deutlich werden: Auch Frau Zunto ist ein Opfer der Geschichte, die sie reduziert hat auf das Besitzstreben, ohne das ihre Existenz gefährdet wäre. Wie soll sie verzichten können? Wie soll sie auch nur einen Abglanz der Weisheit, Wahrhaftigkeit und Freundlichkeit Brunos wahrnehmen können, wenn sie nicht einmal gewillt sein kann, das System der Macht, in dem ihr ein Platz und eine Rolle zugewiesen sind, zu durchschauen, geschweige denn dieses System zu verlassen?

Frau Zunto ist eine Schwester der Mutter Courage (das Stück über diese entstand auch 1939, Vorüberlegungen dazu reichen in die Vorjahre zurück); beide sind geschildert aus ihrer eigenen Perspektive, also nicht mit dem ‚Blick von oben'; beide verdienen Mitleid, ohne tragisch sein zu sollen; beide handeln – aus historischer Distanz betrachtet – ‚objektiv falsch', ohne dafür gerichtet werden zu können. (Schlimm genug, daß sie am Ende Verluste erleiden: ihre Kinder die eine, ihr Geld die andere.)

Fast scheint es, als habe Brechts Interesse der Schneidersfrau nicht weniger gegolten als dem Ketzer. Doch die Superiorität des letzteren ist nicht nur eine äußerliche (die sich als durch Wissen verfeinerte Menschlichkeit und als durch Menschlichkeit legitimiertes Wissen zeigt), sondern sie ergibt sich auch aus der Absicht des Dichters, ihn im welthistorischen Rückblick besonders auszuzeichnen, sein Schicksal in die Geschichte der folgenden Jahrhunderte zu verflechten. Mag die Mantel-Geschichte Bruno auch groß erscheinen lassen wie weiland St. Martin die seine, und mag der Dichter auch versichern, die Geschichte selbst interessiere ihn – und solle den Leser interessieren – als ein Zeugnis der Größe Brunos – es ist doch nicht zu übersehen, daß es um mehr gehen soll: Des Ketzers humane Gesinnung erhält ihre exemplarische Bedeutung ja nur vor dem Hintergrund der Allzumenschlichkeit der Zunto (der er in einem Gespräch einmal

„ein wenig christliche Nachsicht" anrät), vor allem aber vor dem Hintergrund der physischen und psychischen Leiden, die ihm von der Kirche, die sich christlich nennt, zugefügt werden und die er erträgt (so insinuiert Brecht) um der Wahrheit willen, die immer eine ewige ist. Die Kenntnis, daß Bruno sterben mußte, weil er die Wahrheit nicht verraten wollte, macht die Geschichte seines unbezahlten Mantels erregend und rührend zugleich. Und es wird verständlich, warum Brecht sich ihr zuwandte, als er den ‚Fall Galilei' abgeschlossen und gleichzeitig mit den Schlußsätzen Andreas wieder geöffnet hatte: Er brauchte Bruno als Ergänzung Galileis; dessen Erkenntnisse konnten, so schien es 1938, durch einen Widerruf, der als List zu feiern war, ‚gerettet' werden, während Brunos Denken nach dem Opfertod verlangte – und nach dem Beweis einer unerhörten, sehr christlichen Menschlichkeit. Als „Der Mantel des Ketzers" geschrieben wurde, wollte der Dichter Bruno nicht als Gegenfigur Galileis verstanden wissen, sondern als dessen ‚Ergänzung'; als der Krieg zu Ende war und Galilei durch seinen Autor gerichtet wurde, als er ihn sagen ließ: „Hätte ich widerstanden, hätten die Naturwissenschaftler etwas wie den hippokratischen Eid der Ärzte entwickeln können [...]. [...] ich überlieferte mein Wissen den Machthabern, es zu gebrauchen, es nicht zu gebrauchen, es zu mißbrauchen [...]. Ich habe meinen Beruf verraten"[13], da hätte Bruno sich anbieten können für die Darstellung in einem größeren, vielleicht einem dramatischen Werk, als Gegenspieler Galileis, als mutiger Bekenner der Wahrheit, die der Menschheit mehr eingebracht haben sollte, als Frau Zunto bei ihrem Kampf um 32 Scudi gewann. Doch Brecht hatte offenbar nie die Absicht, ein Giordano Bruno-Drama zu schreiben; vielleicht, weil er nicht sah, daß – und wie – der Getötete lebendig geblieben war; vielleicht auch, weil er nach dem Krieg der dramatischen Arbeit müde geworden war. So blieb es bei dem Miniatur-Denkmal für den italienischen Philosophen, bei der Kalendergeschichte für jedermann, also auch für uns – „Der Mantel des Ketzers".

---

13 Vgl. Werke. Bd 5 (wie Anm. 2). S. 284 (aus der 14. Szene der letzten „Galilei"-Fassung).

Weitere lieferbare Bände der Reihe "Romanica et Comparatistica"

Band 9
Uwe Dethloff, Die literarische Demontage des bürgerlichen Patriarchalismus. Zur Entwicklung des Weiblichkeitsbildes im französischen Roman des 19. Jahrhunderts

Band 10
Hans Helmut Christmann / Frank-Rutger Hausmann (Hrsg.), Deutsche und österreichische Romanisten als Verfolgte des Nationalsozialismus. Mit einer bio-bibliographischen Dokumentation der verfolgten Romanisten

Band 11
Birgit Tappert, Balzac und die Lyrik. Untersuchungen zur Verseinlage in der *Comédie humaine*

Band 12
Barbara Villiger Heilig, Leidenschaft des Spiels. Untersuchung zum Werk Tommaso Landolfis

Band 13
Rolf Klein, Kostüme und Karrieren. Zur Kleidersprache in Balzacs *Comédie humaine*

Band 14
Klaus J. Mattheier / Paul Valentin (Hrsg.), Pathos, Klatsch und Ehrlichkeit. Liselotte von der Pfalz am Hofe des Sonnenkönigs

Band 15
Monika Keller, Ein Jahrhundert Reformen der französischen Orthographie. Geschichte eines Scheiterns (1886-1991)

Band 16
Dieter Mettler, Sartres *Baudelaire*. Zum Verhängnis von Kunst und existentialistischer Ethik

Band 17
Tobias Eisermann, Cavalcanti oder die Poetik der Negativität

Band 18
Thomas Koch, Literarische Menschendarstellung. Studien zu ihrer Theorie und Praxis (Retz, La Bruyère, Balzac, Flaubert, Proust, Lainé)

Band 19
Christof Weiand, "Libri di famiglia" und Autobiographie in Italien zwischen Tre- und Cinquecento. Studien zur Entwicklung des Schreibens über sich selbst

Romanistik bei Stauffenburg

Leopardi und der Geist der Moderne

Herausgegeben vom Italienischen Kulturinstitut Stuttgart
Wissenschaftliche Koordination: Franca Janowski

Akten des deutsch-italienischen Kolloquiums Stuttgart, 10.-11. November 1989

Stauffenburg Colloquium 25, 1993, 168 Seiten, DM 58,–/ÖS 453,–/SFr 60,–
ISBN 3-923721-28-5

Hans Ludwig Scheel / Manfred Lentzen (Hrsg.)

Giacomo Leopardi

Rezeption – Interpretation – Perspektiven

Stauffenburg Colloquium 24, 1992, XII, 287 Seiten, DM 86,–/ÖS 671,–/SFr 88,–
ISBN 3-923721-27-7

Tobias Eisermann

Cavalcanti oder die Poetik der Negativität

Romanica et Comparatistica 17, 1992, XII, 272 Seiten, DM 78,–/ÖS 609,–/ SFr 80,–
ISBN 3-923721-67-6

Titus Heydenreich / Eberhard Leube / Ludwig Schrader (Hrsg.)

Romanische Lyrik – Dichtung und Poetik

Walter Pabst zu Ehren

1993, 253 Seiten, Ganzleinen
DM 120,–/ÖS 936,–/SFr 125,–
ISBN 3-86057-002-1

Jasmin Lenhart

Die Präsenz Pascals im Romanwerk von Georges Bernanos

Erlanger Romanistische Dokumente und Arbeiten 13, 1993, 220 Seiten,
DM 87,–/ÖS 679,–/SFr 89,–
ISBN 3-86057-003-X

Herbert Schneider / Nicole Wild (Hrsg.)

La Muette de Portici

Kritische Ausgabe des Librettos

Erlanger Romanistische Dokumente und Arbeiten 11, 1993, 234 Seiten, 20 Bildtafeln DM 68,–/ÖS 531,–/SFr 70,–
ISBN 3-86057-001-3

Martin Braun

Emile Zola und die Romantik – Erblast oder Erbe?

Studium einer komplexen Naturalismuskonzeption

Erlanger Romanistische Dokumente und Arbeiten 10, 1993, XII, 280 Seiten,
DM 76,–/ÖS 593,–/SFr 78,–
ISBN 3-923721-99-4

Helene Harth / Susanne Kleinert / Birgit Wagner (Hrsg.)

Konflikt der Diskurse

Zum Verhältnis von Literatur und Wissenschaft im modernen Italien

Erlanger Romanistische Dokumente und Arbeiten 7, 1991, 358 Seiten,
DM 68,–/ÖS 531,–/SFr 69,–
ISBN 3-923721-96-X

Stauffenburg verlag

Postfach 25 67 · D-72015 Tübingen · Fax (0 70 71) 7 52 88